Zoë Bee
Lichtfängerin

www.fontis-verlag.com

Für meine Großmutter,
die nie aufhörte, für unsere Sippe zu beten.

Zoë Bee

Lichtfängerin

*Mein langer Weg
vom New Age nach Bethlehem*

fontis

Bibliografische Information der Deutschen Nationalbibliothek
Die Deutsche Nationalbibliothek verzeichnet diese Publikation in der
Deutschen Nationalbibliografie; detaillierte bibliografische Daten sind
im Internet über www.dnb.de abrufbar.

Um die Rechte einzelner Personen zu schützen,
wurden einige Namen im Buch geändert.

Die Bibelstellen wurden folgender Übersetzung entnommen:

Lutherbibel © 2017 by Deutsche Bibelgesellschaft, Stuttgart

© 2018 by Fontis-Verlag Basel

Umschlag: Spoon Design, Olaf Johannson, Langgöns
Fotos Umschlag: Fotoshooting by Peter Sturn
Fotos im Innenteil (Bildteil): © by Zoë Bee
Satz: InnoSet AG, Justin Messmer, Basel
Druck: Finidr
Gedruckt in der Tschechischen Republik

ISBN 978-3-03848-150-8

Inhalt

KAPITEL 1
Mein Name ist Beigemüse
....

Strafe musste sein. In unserer Familie sowieso.

Das Beste am Hochzeitsbild der Eltern war die Linde. Unter ihr hatte man sich um ein wackelndes Bänkchen bemüht, damit die «Schande» nicht gleich auffiel: Papa konnte nur liegen oder sitzen, er war gelähmt. Er war ein Schönling im falschen Körper. Dunkle Locken, Dauerbräune, Charme à gogo ...

Treu sein ist da hart, logisch, oder? Na ja, wer macht schon keine Fehler? Den Heimweg fand er jedenfalls immer wieder.

Doch an diesem Tag umklammerten sie sich an den Händen, als wenn sie gleich mit der Titanic untergehen und sich nie mehr loslassen wollten.

Die blasse Holde mit den Vergissmeinnicht-Augen war meine Mami. Sie war von Kopf bis Fuß in Tiefschwarz gekleidet. Und das bei ihrer Hochzeit. Sie hatte eine zarte Figur mit einem geschwollenen Bauch. Das sah unnatürlich aus. Was, noch eine Schande? Oder diesmal sogar eine Schandtat? Deshalb also das düstere Schwarz.

Pikantes Detail: Mami hatte ihr gequältes Dauer-Höflichkeitslächeln schon damals aufgesetzt.

Hinter dem Brautpaar standen die beiden Familien wie zwölf grimmig starre Akropolis-Säulen. Hofknecht Ernst war einer davon. Der Vater von Mami wollte mit diesem Tag nichts zu tun haben, dafür weinte ihre Mutter für mindestens zwei. Wen wundert's, dass der Hochzeitstag unserer Eltern Platz eins auf unserer internen Tabu-Checkliste einnahm?

Auf keine dieser Fragen erhielten wir Antworten:

– Wie habt ihr euch kennen gelernt?
– Wieso habt ihr die Verlobung nicht aufgelöst, nachdem Papa an Kinderlähmung erkrankte?

- Was geschah genau, als du an Kinderlähmung erkranktest?
- War das nicht schrecklich für dich, so als begeisterter Bergsteiger und Velofahrer?
- Was war diese «Eiserne Lunge», in der du wie in einem Sarg monatelang lagst und beatmet wurdest?
- Wieso sagten dir die dich pflegenden Nonnen nie etwas anderes als: «*Memento mori!*»: «Sei dir der Sterblichkeit bewusst!»?
- Was ging in dir vor, als du nach über einem Jahr Klinik-Aufenthalt als Lahmer nach Hause zurückkehrtest?
- Hattest du manchmal Selbstmordgedanken?
- Hättet ihr auch geheiratet, wenn Mami nicht schwanger geworden wäre?

Es gab noch mehr Unverständliches, worüber nie gesprochen wurde. Beispielsweise ihr Leben zu dritt mit meinem ältesten Bruder in einer winzigen Kammer. Fünf Jahre lang lebten sie so. Nach drei Jahren kam das zweite Kind zur Welt, meine Schwester. Sie wurde für eine Zeit weggegeben, weil niemand sich um sie kümmern konnte.

Mami verdiente den Lebensunterhalt als Lehrerin, Papa lag im Bett. Nach der Geburt meiner Schwester war die Familienplanung meiner Eltern abgeschlossen: *Finito con bambini!* Mami verschenkte alles, Kleider, Windeln, Kinderwagen. Trotzdem trudelte mein zweiter Bruder ein. Wieder verschenkte sie alles. Diesmal *definitivamente finito con bambini!*[1] Und dann kam noch ich.

«Ihr beide seid mitten in der unfruchtbaren Phase gezeugt worden!», sagte Mami.

Sie habe viel geweint während der Schwangerschaft mit mir. Sie sei verzweifelt gewesen, habe nicht gewusst, wie sie auch das noch bewältigen könne.

«Warum hast du mich dann nicht abgetrieben?»

«So etwas kam für mich überhaupt nicht in Frage. Man findet immer eine Lösung.»

Ich kam am 30. Dezember 1954 zur Welt. Es war Donnerstag und neblig.

Meinem Vater half schließlich eine Sozialarbeiterin wieder «auf die Beine». Dank ihr erhielt er einen Job beim ehemaligen Arbeitgeber. Das Geld für Beinschienen, Gehhilfen und ein auf seine Möglichkeiten umgebautes Auto kratzten meine Eltern selbst zusammen. Papa war ehrgeizig und machte eine erstaunliche Karriere.

Mami arbeitete nach meiner Geburt weiter mit vollem Pensum, aber nach zwei Jahren konnte sie endlich zu Hause bleiben. Ihre größte Freude war, jetzt endlich wieder Zeit zum Malen zu haben, und schon bald fand die erste Bilderausstellung statt.

Im ausgebauten Dachstock richtete sie ihr Atelier ein. Wenn sie arbeitete, hing wie im Hotel ein Schild an der Tür: BITTE NICHT STÖREN! Bluteten Knie oder Herz und klopften wir trotzdem an, zeigte die normalerweise in sich Gekehrte, dass sie auch ganz anders kann.

Uns gegenüber wohnte ein alkoholkranker Mann mit seiner Frau. Er roch nach saurem Haferbrei. Ein grausiger Mensch. Immer wieder sollte ich seine Kaninchen anschauen gehen. Weshalb nur musste gerade ich ihn jeweils sturzbetrunken von der stinkenden Spelunke nach Hause bugsieren? Weshalb läutete seine Frau immer bei uns, und ich wurde dann zu diesem Monster geschickt? Ich hasste ihn.

Es gab noch einige Dinge, die ich nicht verstand und die mich verwirrten.

«Mami, die Haare meines Teddybären wachsen nach, ich muss sie schneiden!»

Nach ein paar Wochen und viel Rumgeschnippel dann der entsetzte Aufschrei:

«Mami, da kommt Sägemehl raus. Der Bär stirbt!»

Ich gestehe: Noch heute bin ich unschlüssig. Vielleicht

war mein Bär doch ein wenig lebendig, und seine Haare wuchsen nach?

Ein weiteres Thema war das Wachstum. Ich gehörte zur kleineren Sorte, deshalb nannte man mich «Winzi» – von winzig. Ich liebte nur kleine Dinge, Tierkinder, Mäuse, Igel und natürlich Puppenmöbel.

«Mami, ich will zum Herrn Doktor, dass er mir eine Spritze gibt, damit ich klein bleibe.»

Ich fürchtete mich vor dem Wachsen, stellte mir vor, dass die Knochen dadurch zerbrechen und ich dann auch Beinschienen tragen muss wie Papa.

Ich weigerte mich, Pilze zu essen, denn das waren die Häuser der Zwerge. Wo sollten die hingehen, wenn ihr Haus plötzlich weg ist? Bis heute esse ich keine Pilze.

Ein weiterer Frust war das Schlaraffenland. Wir hatten eine Langspielplatte mit einem Ausschnitt des berühmten Bildes «Schlaraffenland» vom niederländischen Maler Pieter Bruegel. Wieso sagte Papa, es gebe kein Schlaraffenland, wenn es doch darauf abgebildet war? Verkehrte Welt.

Ich hasste alles Einengende. Kaum konnte ich eine Schere mit beiden Händen halten und gleichzeitig drücken, war es um die Pullover geschehen: In der Mitte vorn schnitt ich beim Halsausschnitt einen Schlitz rein und ebenso in die Bündchen an den Handgelenken. Nun waren die Pullis komfortabel. Mami schimpfte pro forma, denn ich glaube, sie war stolz auf ihre eigenwillige Tochter.

Die Eltern schenkten mir das Buch *Im Märchenland*. Da war ich sechs und konnte bereits lesen. Es avancierte zu meinem Lieblingsbuch.

Später ergänzte ich meine wichtigen Kommentare unter die Märchen: langweilig, für Zehnjährige, blöd, supergut. Und ich korrigierte selbstverständlich vermeintliche Fehler. So beim Wettlauf zwischen dem Hasen und dem Igel. Da stand: «Das Blut floss ihm aus dem HALS, und er blieb tot liegen.» Ich korrigierte: «Das Blut floss ihm aus der NASE, und er blieb tot liegen.» Für mich war nur das logisch, denn seit wann gibt es ein Loch im Hals, bitteschön?!

Meine reiche Innenwelt war kaum mit dem Familienleben zusammenzubringen. Die Eltern hatten brutal harte Erziehungsmethoden. *Pas joli.* Gar nicht nett. Sie waren der Meinung, dass man Kindern den Willen brechen muss. Konkret bedeutete das, dass unsere Gefühle, Wünsche und überhaupt unsere Meinung nicht zählten. Sie befahlen, und wir hatten zu gehorchen.

Sie waren auch der Überzeugung, dass Kinder möglichst früh selbständig sein müssen. Ihr Motto: Verwöhnen verweichlicht die Kinder. Küssende Menschen wurden bespöttelt. Körperkontakt mit dem Vater gab es außer Ohrfeigen und Schlägen nicht.

Ich musste schwierige Aufgaben lösen. Ziel war Abhärtung. Eine ist mir speziell in Erinnerung geblieben:

Kaum konnte ich einigermaßen lesen, musste ich an einem Sonntag allein nach Zürich fahren und dort einen Brief einwerfen. Das Beweisstück war die abgestempelte Briefmarke. Alleine nahm ich den Bus bis zum Hauptbahnhof, musste den richtigen Zug finden, in Zürich aussteigen und einen Briefkasten finden. Dann den Brief einwerfen und alles wieder zurück. Die Eltern rieten, mich an eine ältere Frau vom gleichen Zugabteil zu heften. So war es dann auch. Es ist schlussendlich gut ausgegangen, aber ein Freudentag war das nicht.

Ich hatte viele Lieblingsmärchen. Noch etwas lieber als die andern hatte ich «Die kleine Meerjungfrau» und die «Sterntaler», später war es «Jorinde und Joringel».

Alle vier Kinder wurden genau gleich erzogen. Absolute Gleichberechtigung war das Motto, um Eifersucht zu vermeiden.

Neben Papa, an die Wand angelehnt, stand ein Holzstecken, er nannte ihn «Liebe». Jedes Mal, wenn wir uns bei Tisch unanständig benahmen und beispielsweise das Messer ableckten oder uns am Kopf kratzten, verpasste er uns einen saftigen Schlag mit dieser «Liebe». So ging das über Jahre. Mürbe Holzstecken wurden umgehend ersetzt.

Bis eines Tages der älteste Bruder den Stecken durchsägte und beide Teile akkurat genau aufeinanderstellte. Als Papa den Stecken wieder einmal schwungvoll packen wollte, hielt er nur einen Stummel in der Hand. Er war perplex, sagte kein Wort. Das war das Ende dieser Liebe aus dem Wald.

Wir wurden zwar nicht täglich, aber bestimmt an den Wochenenden geschlagen, wenn wir alle «vereint» waren. Es war unmöglich, mehrere Stunden zusammen zu sein, ohne dass Streit und Gezänk ausbrachen.

Papa schrie: «Kommt sofort hierher!»

Und zu Mami: «Hol den Teppichklopfer!»

Wir wussten, wie wir uns hinstellen mussten: dem Alter nach nebeneinander. Papa begann immer mit dem ältesten Bruder. Was der alles abbekam. Es war nicht auszuhalten.

Neben mir stand Mami, weinend und schreiend:

«Hör auf, hör auf, es reicht jetzt!»

«Schweig, ich weiß, was ich tue!»

Um das Gleichgewicht nicht zu verlieren, hielt Papa sich mit der linken Hand am Holzpfosten beim Treppenaufgang fest. Er hatte Kraft. Seine Ohrfeigen spürte man tagelang. Meine Geschwister hatten oft geschwollene Wangen. Ich selbst habe mit Abstand am wenigsten abgekriegt, weil er bei mir jeweils keine Kraft mehr hatte.

Das warfen mir die Eltern zeitlebens vor: «Du hast zu wenig Schläge erhalten, deshalb hast du uns später so viel Mühe gemacht!» Sie glaubten das im vollen Ernst.

Es geschah mehr als einmal, dass Papa jede Kontrolle verlor und nicht mehr aufhören konnte, uns zu schlagen. Meistens traf es den ältesten Bruder, aber auch meine Schwester. Einmal hatte sie eine Kleinigkeit vergessen, und deshalb schlug er sie windelweich. Am nächsten und am übernächsten Tag ging sie nicht zur Schule, sie war allzu verunstaltet, um sich zu zeigen.

Das Perverseste an der Geschichte war, dass wir gehorchten, wenn er uns herbeipfiff, wohl wissend, was uns gleich erwartete. Wir hatten so große Angst vor ihm, wenn er explodierte, dass wir uns jedes Mal zusammenkrümmten.

Dabei waren wir ganz normale Kinder, gut erzogen und relativ brav. Jedenfalls vordergründig. Ich glaube, Papa ertrug uns einfach nicht.

Als alter Mann gab er zu, Fehler gemacht zu haben. Er sagte, dass er einiges anders machen würde. Was genau er damit meinte, sagte er nicht – und ich wagte nicht zu fragen.

Trotzdem liebte ich meinen Vater. Er habe mich bevorzugt und gefördert, sagte meine Schwester später.

Wir hatten den engsten Kontakt. Warum? Ich verstand ihn trotz all seiner Nöte. Oder gerade deswegen. Ich war weder nachtragend noch wirklich böse. Aber Angst, ja, Angst hatte ich vor ihm. Seine Unberechenbarkeit, seine Launen und sein Jähzorn waren schlimm.

Wen wundert's, dass wir Kinder nur Beigemüse waren im durchgetakteten, leistungsorientierten Familiensystem. Papa machte Karriere, sobald er wieder arbeiten konnte, denn er wollte es allen zeigen, dass nur seine Beine gelähmt waren, nicht aber seine Hirnwindungen.

Mamis Herz schlug nur für die Kunst.

Und ich? Ich entwickelte einen starken Willen, um nicht ganz unterzugehen. Einer meiner ersten Sätze war:

«Was ich will, das will ich. Und das darf ich. Und das brauche ich!»

Kaum konnte ich einigermaßen durch die Gegend wackeln, war ich auch schon polizeibekannt. Ob aus Langeweile, Einsamkeit oder Unwohlsein, ich haute andauernd von zu Hause ab. Die Eltern konnten um die Wette schimpfen und mich bestrafen, es nützte alles nichts. Bei der erstbesten Gelegenheit huschte ich wieder hinaus und klingelte bei wildfremden Menschen.

«Darf ich ein wenig zu uns kommen?» Ich war grammatikalisch noch ungeübt, wollte eigentlich sagen: «Darf ich ein wenig zu euch kommen?»

«Darf ich Zopf?»

«Ich habe keinen Zopf.»

«Brot?»

«Ich habe kein Brot.»

«Bonbons?»

«Hier, nimm. Und jetzt geh nach Hause.»

Man kannte mich. Es gab auch Leute, die von meinen Eltern wissen wollten, was bei uns los sei, dass ein so kleines Kind bei jedem Wetter mutterseelenallein unterwegs sei, oft sogar halbnackt.

Wenn mich die Polizei irgendwo entdeckte, packte sie mich ins Auto. Sie kannten die Adresse. Meist hatte Mami mein Verschwinden gar nicht bemerkt. Sie nahm an, ich sei am Spielen. Meine Geschwister hatten diesen Ausrei-ßer-Virus nie.

Schon als kleines Mädchen sah ich Zwerge zwischen den Steinen verschwinden und Elfen auf den Sträuchern herumspringen. Das ging jeweils «Husch» – und war bereits vorüber. Wenn ich Mami darauf ansprach, kam die senkrechte Stirnfalte zum Einsatz:

«Du hast dir das eingebildet. Es gibt weder Zwerge noch Elfen. Das sind Märchen.»

Wie das, ich hatte sie doch gesehen?! Das verwirrte mich. Ich verschloss mich und teilte mich immer weniger mit. Wollte alles vermeiden, um nicht von meiner Familie ausgelacht zu werden. Denn nur ich sah, was ich sah.

Dafür verspotteten sie mich und fanden einhellig:

«Typisch. Du spinnst wieder.»

Einzig mein Großvater väterlicherseits glaubte mir. Er verstand mich *immer*. Wenn wir in der Webkammer saßen und am alten Holztisch tagelang Mutterkorn aus dem Roggen aussortierten, nur wir zwei, hatten wir alle Zeit der Welt. Großvater erzählte so viele Geschichten. Wenn er lachte, war er der schönste Mensch der Welt. Voller Runzeln und mit leuchtend blauen Augen. Sein Bauch war so groß, weil sein Herz viel Platz brauchte. Jedenfalls erklärte er es mir mit diesen Worten.

Er erzählte mir von Heinzelmännchen, die in seiner Kindheit auf ihrem Bauernhof lebten. Nachts reinigten sie Stall und Futterkrippe und streuten den Kühen frisches Stroh. Die Kühe gaben viel mehr und nahrhaftere Milch als früher. Alle wussten es. Niemand sprach darüber.

Eines Nachts packte seinen großer Bruder die Neugierde. Er stand auf, unbemerkt gefolgt von meinem Großvater. Dieser ahnte Schlimmes. Der große Bruder schlich zum Kuhstall. In der Futterkrippe baumelte eine winzige Laterne, und zwei flinke Heinzelmännchen waren an der Arbeit. Schnell ergriff der Bruder eine Heugabel. Näherte sich. Lautlos. Mein Großvater eng an seine Fersen geheftet.

Die ahnungslosen Heinzelmännchen hörten nichts außer ihren die Krippe reinigenden Besen.

Plötzlich stürzte der Bruder laut schreiend auf sie zu und versuchte sie mit der Heugabel aufzuspießen. Selbstverständlich war er zu langsam.

Die Heinzelmännchen flüchteten und verschwanden auf Nimmerwiedersehen.

Von da an ging allen die Arbeit zäher von der Hand. Die Milchkühe magerten ab, und die Milchleistung ging zurück.

Solche Geschichten erzählte mir Großvater. Das blieb unser Geheimnis.

Auch Mami blieb für mich ein lebenslanges Geheimnis, ein Mensch voller Gegensätze. Unverständlich. Dass sie nie schwitzte, fand ich mondän. Sie sähe aus wie Zarah Leander – sagte Papa, wenn er ihr etwas Nettes sagen wollte, und das tat er in etwa so selten, wie wir bereits im August Schnee schaufeln mussten.

Ich war noch ein Kind, als Mami mein künstlerisches Talent erkannte, wie sie sagte. Sie förderte mich sehr. Sie schleppte mich immer wieder mit zu Kunstausstellungen.

Einmal bockte ich ganz speziell, wir besuchten eine vielbeachtete Ausstellung mit zimmerhoher abstrakter Kunst. Ich fand sie hässlich.

Mami sagte: «Jetzt schau doch einfach nur mit dem Herzen, ohne zu beurteilen oder zu interpretieren.»

Es ist schwierig, den inneren Dialog abzustellen. Doch plötzlich kam dieser Moment, ich stand auf der Treppe und schaute auf die XXL-Bilder hinunter, als der Verstand tatsächlich schwieg. Ich erfuhr Kunst, die Bilder begannen zu leben. Da hat es «Klick» gemacht. Es war ein unbeschreibliches Erlebnis.

Mami war glücklich. Von da an genoss ich die Ausstellungen mit ihr.

Später, als ich selbst die Kunstgewerbeschule besuchte und danach eine Ausbildung als Textilentwerferin (heute: Textildesignerin) machte, löcherte sie mich mit fachlichen Fragen. Kunst und Schönheit verband uns. Als Mutter war sie keine Bombe. Aber als Künstlerin schon.

Sie sagte: «Du willst schauen lernen? Dann beginn mit einem Baum. Zeichne nun aber nicht den Stamm und die Äste, sondern schau ausschließlich auf die Zwischenräume und zeichne nur sie. Stell dir vor, da ist der Baum, und nun zeichnest du alles außer den Baum. Also die Zwischenräume zwischen den Ästen und natürlich das, was zwischen dem Baum und dem Hintergrund ist. Wenn du so vorgehst, steht plötzlich der schönste Baum vor dir. Konzentriere dich also nicht auf das Objekt, sondern auf die Räume dazwischen.»

Als ich sechs Jahre alt war, entschieden die Eltern, ich glaube, es war zur Winterzeit:

«Du gehst in den Ferien zu den Großeltern. Auf dem Bauernhof lernst du richtig arbeiten. Du bist nun groß genug, um ‹den Ernst des Lebens› kennen zu lernen. Es bringt nichts, nur immer mit Puppen zu spielen.»

Ich wäre natürlich viel lieber bei ihnen geblieben. Oder noch lieber wäre ich in allen Ferien mit der ganzen Familie

– im Auto zwischen Gepäck und langen Geschwisterbeinen eingeklemmt – an die Adria getuckert, wie es damals Mode war.

Im Sommer jeden Tag ein riesiges Vanille-Softeis! Das höchste der Gefühle, wenn die weiche Spiralspitze im Mund zergeht, das war noch besser, als im Meer bis zur Schrumpelhaut zu baden. Aber auch da lauerte Gefahr. Wenn ich vor lauter Genießen nämlich vergaß, dass das Eis schmilzt, und den richtigen Moment verpasste und dann – oh Drama – enttäuscht zuschauen musste, wie fast das ganze Eis urplötzlich auf den Boden klatschte. Mein kostbares Eis!

Aber bei den Großeltern gab es kein Eis. Weit gefehlt. Stattdessen erstickte ich beinahe: Saurer Mocken (Sauerbraten) mit verkochten Rüben an einer Sumpfsauce. Die Schweine hatten es besser als ich, die bekamen wenigstens Gschwellti (Pellkartoffeln).

Und die Eltern? «Wir müssen uns von euch erholen, fahren nach Lappland zu den Eskimos!»

So gemein. Wir sind nicht ein einziges Mal als Familie in den Ferien gewesen.

Alle Kinder wurden bei irgendwelchen Verwandten untergebracht, meistens Landwirte, während die Eltern abenteuerliche Ferien verbrachten. Körperliche Ertüchtigung war Papa wichtig. Das sei die beste Erholung, sagte er.

Ich war also im Großeltern-Depot auf dem Bauernhof. Wo auch die Eltern die ersten Ehejahre verbracht hatten. Ich verstand Mami, die sich in Klageliedern an diese Zeit erinnerte. Aber auch Papa kaute zeitlebens an diversen Erlebnissen aus seiner Kindheit.

Auf dem Bauernhof regierte «der General», das war meine Großmutter. Dann gab es noch meinen Lieblingsgroßvater, die Tante und einen merkwürdigen Onkel. Alle waren «überdurchschnittlich fleißig».

Der Sonntag war heilig. Aber auch der war durch und durch geregelt. Morgens auf den letzten Drücker in Sonntagskleidern eine knapp einstündige Eilschrittperformance mit obligatorisch durchgedrückten Knien, sonst gab es einen Schlag von hinten in dieselbigen. Dadurch sackte man ein, das Tempo ebenfalls, den brennenden Stich galt es auch zu verdrängen. Keine Zeit zum Leiden, man musste im Gegenteil noch einen Zacken zulegen, denn man war bereits im Rückstand.

Dann alle selig lächelnd im Gottesdienst. Die Frauen auf der einen Seite, die Männer auf der anderen, dazwischen der Mittelgang. Nicht einschlafen, Onkel!

Nach einem Mittagsschlaf dann ein endlos langer Waldgottesdienst. Zwar gab es noch keine Zeckenplage, dafür dermaßen harte Bänke, dass mein zartes Popöchen sich regelmäßig rosarot weinte.

Im Keller waren eingelegte Eier, die schon sechs Monate in einer Flüssigkeit mit undefinierbaren Ablagerungen vor sich hin dümpelten – das sei angeblich mal Wasser gewesen. ABSCHEULICH!

Überhaupt grauste mir vor diesem Keller. Der Boden bestand aus gepresstem Lehm. Wer den planiert hatte, musste alles mindestens doppelt gesehen haben, so uneben war er. Logisch, dass man eine Laterne brauchte, und logisch, dass es keinen Strom gab. Es war ein Sich-Vorantasten mit allen Sinnen in Radarstellung – mit ausgebreiteten Armen.

Trotz aller Vorsicht schlug ich dauernd Kopf oder Beine an etwas Bösem an. Ab und zu sagten Mäuse oder noch größere Viecher Grüezi, oder es verfing sich eine kohlrabenschwarze Spinne mit dicken Beinen in meinem Haar! Mir kann niemand etwas weismachen: Hitchcock dienten solche Keller als Vorlage für seine Gruselfilme!

Also nix mit tagelang Kälbchen streicheln und Blümchen ausreißen. Es fehlte nur noch ein Metzger, um das Bild abzurunden. Tatsächlich war da eine Muttersau, die dran glauben musste. In wenigen Minuten würde ihr der Metzger mit hocherhobenem Messer in der Pranke die Haut abziehen. Mir blühte irgendwie dasselbe.

18   Doch eins nach dem anderen.

Ein neugieriges kleines Mädchen im rotweißkarierten Röckchen und kurzen Zöpfen tänzelte mit überkreuzten Beinen über die Holzbalken in der Scheune, den linken Fuß auf dem Balken rechts vor ihr und den rechten Fuß auf dem Balken links vor ihr. Das war lustig. Unter den Balken müffelte die Jauchegrube vor sich hin.

Das Mädchen stand still. Vor ihm das offene Scheunentor, davor der Onkel und ... das musste der Metzger sein. Groß und breit. Nur eine steife Plastikschürze über der blauen Arbeitshose und ein ärmelloses Hemdchen. Dabei schneite es. Und Gummistiefel. Die beiden machten Witze und fanden sie lustig.

Der Onkel schubste das jämmerlich schreiende Schwein aus dem Stall. Es wehrte sich, wollte nicht. Der Onkel fluchte. Musste es mit aller Kraft festhalten.

Ich staunte: Schweine sind stark. Der Metzger schlug dem Schwein mit einem Werkzeug auf den Kopf, dann erschoss er es. Das Tier blutete. Sie hängten es in der Scheune auf, die einrastende Eisenkette hallt noch heute in meinem Ohr. Die beiden Männer waren zufrieden. Nun löste der Metzger die Haut ab, der Onkel hielt das Tier.

Die Tante rief: «Komm, hilf mir, wir wollen einen Imbiss richten!»

Trotz Ekel und widerwärtigem Blutgeruch löste ich mich nur ungern von diesem grotesken Bild. Als ich die beiden Männer etwas später in die Küche rief, war das Schwein ausgeweidet und zerlegt. In zwei Bottichen lagen Füße, Organe, Speck und Darm.

Der Metzger zog die Schürze aus und lachte. Im Brunnen wuschen sie die Hände und rieben sie an der Arbeitshose trocken. Dann schlüpften sie – immer noch in den Stiefeln – in die vor der Küchentür stehenden großen Filzpantoffeln und glitten so geschmeidig wie Eisläufer während des ersten Trainings über den gefliesten Boden der Küche.

Der Metzger setzte sich ganz nahe neben mich. Ich rückte etwas weg. Er rückte nach. Wieso presste der seinen Oberschenkel an meinen? Immer, wenn ich wenig wegrutschte, rutschte er nach. Sollte das ein Spiel sein wie mit meinen Geschwistern manchmal? Irgendwann schaute ich hoch. Er lächelte. Ich sah, dass er genauso blaue Augen hatte wie Mami.

Nach dem Imbiss arbeiteten die beiden weiter, und ich ging mit meiner Tante in die Webstube. Die befand sich gleich neben dem Schweinestall. Nachdem sie mir gezeigt hatte, was ich dort zu tun hatte, schloss sie die Tür hinter mir und ging an ihr eigenes Tagwerk. Ich musste Faden-Enden einziehen und die Knäuel ordnen.

Plötzlich knarrte die Tür, der Metzger trat ein und schloss sie hinter sich. Er fragte, was ich hier mache. Dann nahm er mich auf seine Arme und bohrte seine Zunge in meinen Mund. Die Bartstoppeln stachen. Ich glaubte zu ersticken. Er stank nach Bier und Zigaretten. Ekel. Angst. Ich wollte runter, hatte aber keine Chance gegen seine Männerkraft.

Er sagte, dass ich niemandem etwas erzählen dürfe, sonst passiere etwas Schlimmes. Dann griff er mit seinen großen Fingern unter mein Kleidchen, zog das Höschen etwas weg. Sein Mittelfinger schmerzte grausam. Was tat er nur?! Ich erstarrte, verstummte, eine wehrlose Puppe.

Im Nachhinein gesehen war das damals nur das Vorspiel. An den meisten Wochenenden und in allen Schulferien war ich bei den Großeltern. Der Metzger hatte viele Gründe, vorbeizukommen, denn er war Freund und Nachbar. Mit eigener Familie wohlgemerkt.

Die Missbrauchsgeschichte dauerte, bis ich etwa zwölf war. Ich habe alles tief in mir vergraben und verdrängt. Niemand ahnte auch nur das Geringste. Im Nachhinein finde ich das schon auch seltsam. Aber jeder war nur mit sich selbst beschäftigt. Und es konnte nicht sein, was nicht sein durfte.

Ich fühlte mich wie eine Orange, die man halbiert und ausdrückt. Natürlich hätte ich mein Herz jemandem ausschütten müssen. Aber wem? Angst, Schuld- und Schamgefühle verklebten Mund und Herz. Zudem: Meine Rolle war das vom Beigemüse. Hauptgang oder Dessert belegten andere.

Nach all dem war logisch, dass mir speziell Männer suspekt waren. Gleichzeitig gab ich mir die Hauptschuld am Verhalten dieses Mannes.

Lieber Gott!
Warum hast du mich in diese Familie gegeben?
Warum waren die so zu mir?
Warum müssen kleine Kinder so leiden?
Warum?
Amen.

KAPITEL 2
Der bodenlose Blues über Macht, Ohnmacht, Schuld und Scham

Wenn der Missbrauch geschah, war der Schmerz buchstäblich nicht auszuhalten. So floh ich aus meinem Körper, um nichts mehr zu fühlen.

Diese Reaktion bezeichnet man im Fachjargon als «Abspaltung» oder «Dissoziation». Dabei handelt es sich um einen unwillkürlichen Schutzmechanismus des Menschen auf eine überwältigende Situation.

Wie ich bei diesem «Aus-dem-Körper-Gehen» vorging, kann ich nicht sagen. Es geschah auch nicht mit einer willentlichen Absicht im Sinne von: So, jetzt halte ich es nicht mehr aus und gehe darum aus meinem Körper. Nein, es geschah ohne mein Dazutun, völlig unbewusst. Ich war dann einfach plötzlich unter der Decke der Webkammer, umgeben von Staub, Schmutz und Spinnweben, grauseliges Zeug, das von den Holzbalken herunterhing. Ich sah das stumme Mädchen und den großen Mann mit den dicken Fingern unter mir. Eine weiche Gliederpuppe von Mädchen und daneben einen *Brutalo*. Punkt und fertig. Dem gibt es nichts hinzuzufügen.

Dieses Aus-dem-Körper-Hinausgehen wurde so selbstverständlich, dass ich es immer wieder machte, wenn ich etwas nicht ertrug. Ich reagierte sensibel auf Stimmungen, und wenn der Krieg bei uns zu Hause wieder so richtig tobte, ging ich auf diese Weise auch «an die Decke». Immer, wenn mir etwas zu viel wurde, ging ich aus dem Körper. Ich dachte immer, das sei normal. Dass das alle machen.

Erst Jahrzehnte später, als ich schamanische Ausbildungen absolvierte, stellte ich fest, dass dieses Aus-dem-Körper-Gehen kein alltägliches Verhalten war. Was bei mir durch diese traumatische Flucht von selbst geschah, mussten die anderen Schüler erst mühsam erlernen, und einige schafften es überhaupt nie.

Wir lernten in geführten Visualisierungen, in einer Art

Schritt-für-Schritt-Anleitung, aus dem Körper zu treten und astral zu reisen. Bis die anderen es endlich schafften, war ich längst draußen und drehte langweilige Runden. Aber ich will nicht vorgreifen ... mehr dazu später ...

Zweifeln war mir sehr vertraut. So zweifelte ich auch, ob die Vergewaltigungen tatsächlich stattgefunden hatten. Da ich jeweils in meinem Körper nicht anwesend war, hatte ich auch keine Körper-Erinnerung. Nicht mal Schmerzen. Ich redete mir ein: Da es anscheinend keine Zwerge gab, obwohl ich sie immer wieder vorbeihuschen sah, war wohl auch die Vergewaltigung eine Täuschung.

Aber das Blut, der Gestank, der Biergeruch? Verwirrend. War auch das nur Einbildung? Die Selbstzweifel zerstörten jedes Vertrauen in mich.

Die normale Umgangssprache in unserer Familie war Spott, Sarkasmus und Ironie. Wie konnte ich wissen, ob es wahr war oder bloßer Spaß? Fragte ich nach, ging die Zweideutigkeit weiter. Wir waren Meister darin, ich übrigens auch. Begann ich zu weinen, setzten sie noch einen obendrauf:

«Typisch, nicht mal das kapiert sie. Dumm, dümmer, am dümmsten.»

Es stimmt, ich hatte wirklich ein Problem damit, weil ich immer alles wörtlich nahm.

Fragte ich Mami, was ich zu Weihnachten erhalte, antwortete sie:

«Ein silbriges Nichts und ein goldenes Nirgendwo.»

Sorry, aber das ging einfach nicht in meinen Kopf. Wenn es ein «Nichts» war, wie konnte es dann silbrig sein?

Das Thema «Vergewaltigung» habe ich mir nicht eingebildet. Der Mann wurde später verurteilt und gab alles auf Anhieb zu. Wie es dazu kam, erläutere ich später. Mir fiel ein Klumpen vom Herzen.

Meine Familie lebte vor, dass man sich bis zum Tod erträgt, komme, was wolle, und wie auch immer man sich derweil fühlte. Das kurze Leben hier unten sei in der Ewigkeit ganz,

ganz schnell vergessen. Ich aber bewunderte Liz Taylor: Die war ganze *acht* Mal geschieden! *Acht* Mal! UNFASSBAR! WUNDERBAR! Was musste das für eine eigenwillige Frau sein. Dieser Mut! Wohl kaum eines dieser hechelnden Opfer, von denen ich regelrecht umzingelt war. Viel lieber wollte ich ein Liz-Taylor-Leben.

Übrigens war ich gesegnet mit einem sonnigen, optimistischen Wesen. Ich lachte gern. Das half mir, auch das Schmierentheater zu Hause zu ertragen. Ist es nicht traurig, wenn jeder sich vor dem anderen abkapselt und aus Angst vor weiteren Verletzungen schon mal vorsorglich ein paar Giftpfeile abschickt? Oft markierte ich die Fröhliche, um eine Eskalation zu vermeiden. Ich empfand uns alle wie durchwachsenes Siedfleisch. Was uns zusammenhielt, war das Durchwachsene, das Fett, und das waren die gegenseitigen Verletzungen, die kitteten uns zusammen.

Meine Eltern stammten aus Elternhäusern mit einem erstarrten, engen evangelischen Glauben. Wie ein Wandanstrich, der dringend überstrichen werden sollte. Mamis Eltern waren, glaube ich, beim evangelischen Brüderverein. Die Mutter von Papa war eine Anhängerin von «Radio Werner Heukelbach». Morgens um vier Uhr hörte sie bereits irgendwelche Predigten. Wer bei ihnen schlief, wachte davon auf. Erstens waren die Riemenböden dünn, zweitens drehte sie großzügig auf. Dazu betete Großmutter immer ganz laut und sang Kirchenlieder. Ich glaube, sie hatte das Motto: Je lauter, desto wirksamer.

Trotzdem bin ich ihr *unendlich* dankbar, denn sie hat bis ans Lebensende immer für die ganze Sippe gebetet. Ich weiß nicht, ob ich die Kurve sonst noch gekriegt hätte.

Papa gab sich in puncto Glauben bedeckt. Jedenfalls outete er sich nicht. Aber christliche Prinzipien befolgte er schon. Was halt grad bequem war. Gewiss war: Er war suchend, wollte die existenziellen Fragen verstehen. Woher kommen wir? Was geschieht nach dem Tod? Was ist der Sinn des Lebens? Das trieb ihn um. Er ging nie zur Kirche, weil er anscheinend Angst hatte, im Gedränge umgestoßen zu werden. Das war eine Ausrede, die ich recht lang glaubte. Wie auch immer. Als Bücherwurm las er reihenweise Bücher, ohne Antworten auf seine Fragen zu finden.

Er verbrachte viel Zeit mit der Bibellektüre. Seine Bibel war abgegriffen, voller Zettel, unterstrichener Sätze und Notizen. Dazu benutzte er prinzipiell nur einen roten Korrekturstift. Wehe, ich hatte den geklaut oder nicht haargenau zwischen den silbrigen Caran-d'Ache-Kugelschreiber mit Monogramm und die Papierschere gelegt – dann wechselte er die Gesichtsfarbe.

Niemand durfte sich an seinem Pult zu schaffen machen. Und wenn, musste man seine Ordnung einhalten. Das alles vergaß ich halt immer wieder, denn sein honigbraunes, ausrangiertes Bundesbahn-Pult aus Massivholz mit ausziehbaren Schubladen war abnormal anziehend für ein neugieriges kleines Mädchen.

In seiner Freizeit saß er bei jeder Witterung draußen und las in der Bibel. Zwischendurch schaute er in den Himmel, träumte in die vorbeiziehenden Wolken, hörte einer Amsel zu und verdaute wohl das Gelesene. Im Sommer auf dem buntgestreiften Campingstuhl mit hellen Holzlehnen und verstellbarem Rückenteil, mit nacktem Oberkörper, einem bunt bemalten, abgewetzten Sombrero, hochgerollter Hose und einer stinkenden Zigarre im Mund. Kaum an der Sonne, sah er aus wie ein Südländer. Er liebte es, bei jedem Wetter draußen zu sitzen.

In unserer Familie war Mami offiziell für den Glauben zuständig. Wie sie glaubensmäßig wirklich gestrickt war, weiß ich nicht. Jedenfalls hätten wir nie mit dem Essen begonnen, ohne dass sie rasend schnell ein Kürzestgebet herunterhaspelte. Ab und zu ging sie in die Kirche. Solange wir klein waren, betete sie abends mit uns oder las einen Bibeltext vor. Wir besuchten auch alle die Sonntagsschule. Mich interessierten dabei vor allem die orientalischen Gewänder und die Turbane.

Mit etwa elf Jahren las ich das Buch *Heimatlos* von

Hector Malot. Es ist die Geschichte eines Findelkindes, das mit acht Jahren die Wahrheit über seine Herkunft erfährt. Ich verschlang das Buch, fraß jedes Wort in mich hinein und war unendlich erleichtert. Endlich wusste ich, wieso mir in dieser Familie so unwohl war: *Ich war ein Findelkind!* Die zwei Fremden im Erdgeschoss, die sich meine Eltern nannten, hatten mich aus was für Gründen auch immer bei sich aufgenommen. Das war die Erklärung! Warum hatten sie mir nichts gesagt? Wo war meine richtige Familie?

Mit klatschnassem Kopfkissen lag ich da, als Mami die Tür öffnete:

«Was hast du denn, warum weinst du?»

Ich fand es schön, dass sie kam, aber warum blieb sie im Türrahmen stehen? Warum setzte sie sich nicht zu mir und nahm mich in den Arm? Auf meine Frage hin holte sie aus: «Diese Gefühle von Heimatlosigkeit und Findelkind-Situation entsprechen genau der Entwicklungsphase, in der du dich gerade befindest. Das ist völlig normal und geht vorbei. Aber hör auf, einen solchen Mist zu erzählen, selbstverständlich bist du unsere Tochter! Und jetzt schlaf endlich, es ist schon spät, und du musst morgen zur Schule!»

Das war typisch Mami. Sie gab ihr Bestes, aber Trösten war nicht ihr Ding.

Ich malte mir aus, wie ich aus dieser Familie flüchtete. Schwierig, schwierig. Ich beschloss: Bei der erstbesten Gelegenheit haue ich ab! Tatsächlich sollte dies nur wenige Jahre später der Fall sein. Die Jüngste ging als Erste.

Was mir in dieser kritischen Zeit half, waren Beobachtungen. Mir fiel auf, dass Mami lange, ganz gerade Finger mit ebenfalls geraden, länglichen Nägeln hatte. Die Finger von Papa hingegen waren kurz mit gegen die Fingerspitzen breiteren Nagelbetten.

Ich hatte Ring- und Kleinfinger genau wie Mami und die anderen Finger und die Handform von Papa. Auch bildete sich bei Papa und mir ein identischer kleiner sechseckiger Stern, wenn wir den linken Daumen nach vorne an die Zeigefingerspitze legten. Also musste ich doch ihre Tochter sein!

Meine Eltern waren abartig streng. Ich musste lügen, wenn ich meine Ziele erreichen wollte. Beispielsweise ging ich offiziell in die Bibliothek, aber inoffiziell traf ich Freunde. Ich hatte ein Händchen für sonderbare Typen.

Tja, und dann wurde ich vierzehn Jahre alt. Und genau da musste Großvater spüren, dass es Zeit sei zu sterben. Er war wenige Jahre vorher gläubig geworden, dank einer einfachen Bibelübersetzung in die berndeutsche Sprache. Seither las er nichts anderes mehr als diese Bibel. Und nun war es also so weit.

Der 84-Jährige ließ die ganze Familie nacheinander zu sich ans Bett kommen, um sich zu verabschieden. Jedem gab er etwas mit auf den Weg. Ich hatte Angst, mich alleine von ihm zu verabschieden, und so ging Mami mit. Die Kammer war klein mit den Betten der Großeltern auf der Schmalseite und hintereinander – und gefühlten 45 Grad Celsius. Ich musste ihm Psalm 131 vorlesen.

«HERR, mein Herz überhebt sich nicht, nicht hochmütig blicken meine Augen, ich gehe nicht um mit großen Dingen, mit Dingen, die mir nicht begreiflich sind. Vielmehr habe ich besänftigt, habe zur Ruhe gebracht meine Seele. Wie ein gestilltes Kind bei seiner Mutter, wie das gestillte Kind, so ist meine Seele in mir. Israel, warte auf den HERRN von nun an bis in Ewigkeit!»

Einheitsübersetzung

Dann wollte er mir noch etwas mitgeben: «Setz dich zu mir und hör mir zu. – Es war einmal ein junger Mann, der wollte Dieb werden. Als die Ausbildung zu Ende ging, musste er ein Meisterstück präsentieren. Die Prüfung musste er bestehen, um in die Liga der Diebe aufgenommen zu werden. Also plante er, einen Amboss zu stehlen. Der Amboss war aber viel zu groß und viel zu schwer für

27

den Lehrling. Er schaffte es nicht und wurde *in flagranti* ertappt – und schon war seine Karriere als Dieb beendet.»

Und damit war auch Großvaters Geschichte fertig. Er segnete mich, und schon kamen die Nächsten herein.

Ich fragte mich, was er mir damit wohl sagen wollte. Mami konnte es mir auch nicht erklären. Wollte er mir sagen, dass ich es nicht übertreiben solle?

Großvater starb tatsächlich in dieser Nacht. Niemand verstand, wieso die Wanduhr in seinem Zimmer genau zum Zeitpunkt seines Todes stehen blieb. Das war noch nie vorgekommen. Es war eine Uhr, die man nur einmal pro Woche aufziehen musste, und sie musste noch überhaupt nicht aufgezogen werden.

Zu der Zeit verbrachten wir die Wochenenden im Ferienhaus oberhalb des Bauernhauses der Großeltern. Auch bei uns geschah Sonderbares. Papa und ich schlossen wie immer alle Türen und Fenster, bevor wir zurückfuhren. So auch an diesem Sonntagabend. Zusätzlich machte Papa wie immer den Kontrollgang – und er war zuverlässig!

Am Montagmorgen rief die Tante an: «Wieso habt ihr die Balkontür nicht abgeschlossen? Die beiden Fensterflügel standen sperrangelweit offen.»

Papa meinte, das sei Großvaters Art gewesen, sich zu verabschieden.

Beide Vorkommnisse fand ich verwirrend.

Mit dem Tod des Großvaters begann ich auf einen Schlag zu pubertieren. Ohne es zu wissen, wurde ich zum Punk und zur Rasta-Queen, bevor diese überhaupt existierten.

Tagaus, tagein zog ich nur noch ein Helanca-Pyjama-Oberteil[2] an und darüber eine große Melkerkutte vom Großvater. In die Jeans schnitt ich zum Entsetzen der Eltern lange Schlitze, die schnell ausfransten. Aber vor allem wusch ich die Haare nicht mehr, sondern wickelte sie jeden Abend auf superkleine Wickler. Dadurch war mein Nachtlager hart, aber das nahm ich gerne in Kauf. Am Morgen zog ich die Wickler nach unten weg, kämmte das Haar selbstverständlich nicht, so dass ein Rasta-Look entstand, der zwar nicht zum eigentlichen Punk-Look passte, aber der war ja auch noch gar nicht bekannt. Diese Punkphase dauerte über ein Jahr.

Meine Eltern schämten sich, besonders wenn vornehmer Besuch kam. Egal, ich bockte.

In meinem Herzen war die Sonne weg. Ich erbettelte eines von Großvaters Sonntagshemden, und es hängt bis heute im Schrank. Es ist so groß, lang und breit wie er. Auf der vorderen Brustblende waren seine Initialen in roter Anglaise-Schrift[3] mit winzigen Kreuzstichen aufgestickt.

Die anderen schienen seinen Tod relativ locker zu nehmen. Ich schaffte das nicht. Für mich gab es ein «Vorher» und ein «Nachher». In der Zeit begannen meine stundenlangen heißen Bäder, um meine eiskalten Knochen ein wenig aufzuwärmen. Äußerlich konnte ich schwitzen, aber mein Knochengerüst war immer kalt.

Obwohl ich ein auffälliges Auftreten hatte, war ich nicht halb so souverän, wie ich wirkte. Im Gegenteil, ich hatte die Diagnose «Unwohlsein». Ich wäre gern einer der asketischen mittelalterlichen Mönche gewesen, die sich zur Strafe regelmäßig geißelten und blutig schlugen, um sich zu bestrafen. Meine Strafe bestand in selbstzerstörerischen inneren Dialogen, es war ein Sport, mich selber zu zerhacken, und ich stellte mich dabei ganz gut an.

Es gab so vieles, wofür ich mich schuldig fühlte. Für den Krieg zwischen meinen Eltern. Dass ich zur Welt kam, obwohl meine Eltern keine Kinder mehr wollten. Dass Mami wegen mir weniger Zeit zum Malen hatte. Mir war nirgends wohl. War ich in der Schule, fühlte ich mich fremd und nicht dazugehörig. War ich allein zu Hause, hatte ich Todesängste. In diesem Haus war mir unheimlich. Dann ständig dieses Absinken ins Leere, die Sehnsucht, wieder mit Großvater zusammen zu sein. Ich wünschte mir, das stabile Wurzelwerk eines starken Baumes zu besitzen.

Und nun kam noch die Berufswahl dazu. Alles interessierte mich und gleichzeitig nichts. Es gab viele verschiedene Berufe, die ich gerne hätte erlernen wollen: eine Hühnerfarm führen, Höhlenforscherin werden, Tierpräparatorin, Zirkusartistin oder sonst ein Job im Zirkus, Hauptsache unterwegs und im rollenden Wagen.

Überhaupt wollte ich an immer neuen Orten sein, mobil, mit Künstlern, viele Sprachen durcheinander. Oder dann Graupapagei-Importeurin oder Vikunja-Züchterin. Journalismus? Soziologie? Aber auch Werklehrerin. Insgeheim supergern Balletttänzerin. Wahnsinnig gerne Kulissenmalerin im Theater. Ja – und Clown, das reizte mich sehr.

Auch träumte ich davon, eine professionelle Märchenerzählerin zu werden, im rollenden Theater, von Dorf zu Dorf fahrend. In vielen bunten Kostümen meine Geschichten erzählend. Modedesignerin. Oder Entwicklungshelferin beim Roten Kreuz, und wenn das nicht klappt, dann Zauberer.

Champignonzüchterin wäre auch gut – meine geliebten Pilz-Zwergenhäuschen! Reiseleiterin eventuell auch. Und eine berühmte Krimi-Schriftstellerin. Oder Hochsee-Matrosin und vielleicht auch Landschaftsarchitektin. Als Schleckermäulchen war auch Confiseurin eine Option und dann vor allem und unbedingt *Erfinderin*.

Da die Eltern mein Talent erkannten, schickten sie mich zuerst in einen Jahreskurs, das nannte sich Modefachklasse und diente dazu, sich für einen künstlerischen Beruf zu entscheiden. Schon in der ersten Schulwoche begann sich der Picasso in mir zu regen. Ich war so glücklich, vom Morgen bis zum Abend nichts anderes zu tun, als zu zeichnen.

Das Höchste aller Gefühle war, mit meiner riesigen Zeichenmappe unter dem Arm ganz wichtig am Bahnhof in den Bus einzusteigen und bei der Kunstgewerbeschule wie zufällig auszusteigen, dann aber zügig auf den Haupteingang zuzuschlendern. Ich stellte mir vor, wie die im Bus Zurückgebliebenen auf meinen Rücken starrten und sehnsuchtsvoll von der Kunstgewerbeschule träumten. Aber sie stiegen im Kornhaus oder am Tierpark aus und schoben dort ihre Runden und kümmerten sich weder um mich noch um meine Mappe.

Pflegeleicht war anders. Mami hatte mich deshalb an Papa delegiert. Dieser diskutierte mit einer höchst eigenwilligen und dezidierten Tochter abendelang über antiautoritäre Erziehung, Anarchismus und Marxismus. Ich vertrat das Gedankengut von Bertrand Russell[4], nahm an Demos teil und war begeistert vom Prager Frühling mit meinen Helden Alexander Dubček und Ludvík Svoboda.

Und selbstverständlich wollte ich auswandern und eine neue Gesellschaft gründen. Vielleicht in Kanada.

Auch liebäugelte ich mit weichen Drogen. Papa verbot das kategorisch, wodurch er genau das Gegenteil bewirkte. Ich schlug ihm vor, nur einen einzigen Joint probehalber mit mir zu rauchen. Überraschenderweise schien er nicht komplett abgeneigt zu sein. Vielleicht dachte er, das sei das kleinere Übel, so hätte er mich wenigstens unter Kontrolle.

Mami war entsetzt, etwas anderes hätte ich auch nicht erwartet. Wir planten das Vorgehen. Doch es sollte nicht so weit kommen, denn leider verspielte ich die Gunst meines Vaters bereits bei der nächsten Gelegenheit …

KAPITEL 3
Die schlechtesten Spaghetti meines Lebens
···

Zu der Zeit wohnte ich sozusagen in meinen zwei Lieblingskneipen, selbstverständlich die übelsten der ganzen Stadt, aber das war ja gerade das Coole an der Geschichte. Provozieren bis zum Abwinken. Da gingen Künstler und romantische Weltverbesserer ein und aus. Auch unglückliche Herzbluter wie ich.

Eines Tages lernte ich dort einen jungen Mann kennen. Mike war blond, sanft und erzählte, dass er Stadtrat werden wolle. Es war die Zeit der Wahlkampagne mit den nackten Stadträten, die als Querdenker die Politszene aufwirbeln wollten. Als Mike erfuhr, dass ich an der Kunstgewerbeschule war, bat er mich, ihm ein Wahlplakat zu zeichnen. Ich sagte natürlich zu. Das Plakat sollte er nie erhalten.

Wir verabredeten uns für den Folgetag, damit er mir alles genauer zeigen konnte. Er wohnte im Hippieviertel der Stadt, war ein alternativer Idealist wie ich und ein paar Jahre älter. Als ich über die enge, fast verfallene Holztreppe bei ihm hochstieg und direkt in der Bonsai-Küche landete, hatte er gekocht. Aber voll schlimm: Apfelmus aus der Dose, dazu etwas Verkochtes mit wenig Hackfleisch. Alles vermischt. Doch anständigerweise beförderte ich ein paar Gabeln in meinen Mund.

Dafür entsprach die Musik meinem Stil. Rauf und runter hörten wir «Proud Mary» und andere Hits von Creedence Clearwater Revival, Black Sabbath, Santana und natürlich Joan Baez. Nicht übertrieben laut, aber doch empathisch genug, dass das ganze Viertel auch mithören durfte.

Mike zeigte mir alle Unterlagen und erklärte mir, was er sich vorstellte. Für mich war alles klar. Ich hätte eigentlich abzischen können. Doch ich blieb. Wir diskutierten und hörten Musik. Dazu tranken wir Wein.

Irgendwann fragte er mich, ob ich nicht nach Hause gehen sollte, weil schon bald der letzte Bus fuhr.

Ich wollte nicht.

Er fragte nochmals, und ich erklärte, dass ich die Nacht bei ihm verbringen wollte. So machten wir es uns auf seinem Bett mit indischem Batik-Überzug in warmen Braun-Orange-Farben gemütlich. Wir blieben die ganze Nacht angekleidet. Es passierte rein gar nichts. Er wusste, dass ich noch nicht mal sechzehn war.

Am nächsten Morgen trottete ich wie gewohnt und pünktlich zur Kunstgewerbeschule.

Doch plötzlich stand meine Mutter vor mir. Völlig aufgelöst, außer sich, entsetzt. Sie befahl mir mit eiskalter Stimme, dass ich jetzt nicht zur Schule gehen, sondern auf der Stelle mit ihr nach Hause kommen müsse. Mit ihr. Wie ein Kleinkind fasste sie mich an der Hand und ließ mich nicht mehr los. Was ziemlich kompliziert war, denn in der anderen Hand trug ich die obligatorische XXL-Zeichnungsmappe.

Während der ganzen Busfahrt schwiegen wir. Zu Hause angekommen, schickte sie mich auf mein Zimmer. Kein zusätzliches Wort, und ich stellte auch keine Fragen.

Ich hörte, wie Mami telefonierte, ganz lange, immer wieder. Später sagte sie mir, dass sie eine Beratungsstelle gesucht hatte, weil sie als Eltern mit mir überfordert waren. Und jetzt, wo ich nicht mal mehr nach Hause gekommen sei, hätte ich den Bogen endgültig überspannt.

Das war immer noch zu der Zeit, als ich die Haare weder kämmte noch wusch und mit meinem Rasta-Look provozierte. Mami wurde von einer Stelle zur andern weitergeleitet, bis sie schließlich blöderweise bei der Polizei landete. Die wurde deutlich hellhörig, als sie vernahmen, dass ich als noch nicht Sechzehnjährige die Nacht auswärts verbracht hatte. Ergo erhielten wir eine Vorladung.

Es war schon speziell: Papa, dem die Arbeit wichtiger als alles andere war, hatte plötzlich Zeit und fuhr uns höchstpersönlich hin. Neben mir waren Mami und die Ich-weiß-nicht-wieso-die-auch-dabei-sein-musste-Schwester dabei. Papa hielt vor dem Polizeigebäude. Es sah genauso düster aus, wie ich mir ein Polizeigebäude vorstellte, mehr gibt es dazu nicht zu sagen.

Papa stieg sonst normalerweise nur dann aus, wenn er wirklich aussteigen musste. Aber hier war es ihm offenbar extrem wichtig, jedenfalls vollbrachte er das ganze Aussteige-Prozedere.

Das heißt: Zuerst mit der linken Hand das linke Bein auf die Straße stellen. Arretierung der Beinschiene lösen. Ein wenig nach links rutschen auf dem Fahrersitz. Rechte Hand unter das rechte Bein legen und dieses fassen. Rechtes Bein unter dem Steuerrad durchziehen und ebenfalls auf die Straße stellen. Dann die linke Hand auf die linke Autotür legen, fassen und sich hinaus- und hochziehen. Das ist eine ganz schöne Quälerei.

Dann nach den beiden Stöcken greifen. Die sind hinter dem Fahrersitz aufgestellt. Sie sind individuell angepasst, er hatte einen für die rechte und einen für die linke Hand. Und schon stand er da neben dem Auto.

Er schaute mich unerträglich ernst an, als wenn mein ganzes Leben verpfuscht wäre. Gemeinsam Haschisch rauchen war wohl endgültig vom Tisch.

Er gab mir die Hand und sagte mit angestrengter Stimme: «Was auch immer geschieht, ich bleibe immer dein Vater!»

Und prompt meldete sich die Schwester und zischte vom Rücksitz her: «Aber für mich bist du nicht mehr meine Schwester, dich gibt es nicht mehr!»

Ich sagte gar nichts. War sprachlos. Irgendwie fühlte ich mich wie ein Spielball. Dass mein Vater sich zu mir bekannte, freute mich zwar sehr, aber die Reaktion meiner Schwester tat brutal weh.

Mami ergriff meine Hand und zog mich zum Polizeiposten.

Es wurde das erste von mehreren Interviews. Die waren dermaßen penetrant überzeugt, dass ich mit Mike geschlafen hatte. Es ging ihnen gar nicht um mich, sondern um Mike. Sie wollten unbedingt wissen, wer das ist, damit sie ihn anzeigen konnten. Und ich wollte das unbedingt nicht. Ich wollte ihn nicht in die Bredouille bringen, warum auch?

Sie kurvten mit mir im zivilen VW-Käfer durch die Stadt, und ich sollte sagen, ob er in dieser Gegend wohne. Ich sagte mal das, mal jenes. Es konnte doch wohl sein, dass man sich nicht mehr so genau erinnerte. Jedenfalls stellte ich mich blöd.

Dann schickten sie mich in die Frauenklinik. Die sollten abklären, ob ich noch Jungfrau sei. Nun wurde es heikel. Bisher konnte ich immer die gleiche Geschichte auftischen und verhaspelte mich nie, obwohl sie mich auf unterschiedlichste Weise testeten. Aber ein Jungfernhäutchen würde ich nicht herzaubern können. Und dann würden sie selbstverständlich Mike verdächtigen, da ja niemand von der Vergewaltigungsgeschichte wusste.

Die Untersuchung im Krankenhaus war grässlich. Kaum auf der kalten Liege, konnte ich mich schon wieder anziehen, denn von Jungfrau keine Spur. Was jetzt?

So entschloss ich mich zu einem radikalen Schritt. Flucht nach vorn sozusagen. Ich hatte nichts mehr zu verlieren. Also überwand ich mich und erzählte der Polizei vom jahrelangen Missbrauch. Wer, was, wie, wo? *Tutto*. Plötzlich war Mike unwichtig, denn nun hatten sie endlich eine Fährte. Sie gingen zu meinem Vergewaltiger. Konfrontierten ihn mit meiner Aussage. Er gab sofort alles zu. Alles!

Meine Familie wurde durch die Polizei informiert. Sie glaubte es nicht: «Ach, die hat sich das zusammenfantasiert.»

«Nein, nein, wir haben Beweise, der Täter hat gestanden!»

Dann Schweigen. Schock. Es übertraf ihre Vorstellungskraft, passte nicht in ihr Bild einer Familienidylle. So fühlten sie sich gezwungen, alles sehr schnell mit einer dicken Tabudecke zu verdunkeln. Mit mir wurde nie auch nur ein Wort darüber gesprochen. Ich wurde nicht einmal von jemandem gefragt, wie es dazu kam, wieso ich nie darüber gesprochen hatte. Oder wenigstens, wie ich mich fühlte, ob ich eventuell Hilfe bräuchte.

Für die lupenreine Familie war es schwierig, denn nun stand fest, dass etwas geschehen war, das alle überforderte. Mami hat mit mir nicht ein einziges Mal darüber geredet, das war typisch für sie. Papa reagierte mit Krankheit, das war auch typisch.

Zu Hause erlebte ich alles durch einen dicken Nebel. Sie behandelten mich wie ein Monster oder wie jemanden mit Aussatz oder einer anderen ansteckenden Krankheit und gingen mir aus dem Weg. Die Kommunikation wurde auf das Allernötigste beschränkt.

Auf jedem Stockwerk, in jedem Zimmer und sogar im Bad war in mir das brüllende Schweigen, denn diese Ausgrenzung war unerträglich. Ich hörte, wie sie über mich tuschelten. Es war mir unmöglich, mich zu wehren. War ich wirklich dieses *enfant terrible,* die Schande der Familie, aus der nie etwas Rechtes würde?

Wie es sich für Kriminelle ziemte, hatte ich Einzelhaft in meinem Zimmer, selbstverständlich Hausarrest, durfte weder die Tür öffnen, wenn es klingelte, noch das Telefon abnehmen. Hausschlüssel? Abgegeben. Alleine durfte ich keinen Schritt vor die Haustür setzen. Briefe? Die wurden wie im Gefängnis von ihnen mit dem Brieföffner aufgeschlitzt und gelesen.

Wenn ich mal irgendwo hinmusste, kam immer Mami mit und hielt meine Hand fest umklammert. Und natürlich schrieb genau jetzt ein Brieffreund, ich solle aufpassen mit den Drogen. Ich hatte ihm nämlich geschrieben, dass mein Vater und ich zusammen einen Joint rauchen wollten. Seine Bemerkung wurde nun aber ganz anders interpretiert, ist ja klar.

Ich durfte auch nicht mehr zur Schule, ich musste also noch vier Monate zu Hause herumsitzen. In dieser Zeit zeichnete ich fast andauernd. Meine Gefühle mussten irgendwo raus. Es waren brutale Zeichnungen von Sadisten und Perversen, aber meine Eltern bemerkten es gar nicht.

Ohne es zu wissen, stellte ich unzählige Vergewaltigungsszenen dar.

Ich hatte auch mit der Illustration des Märchens «Jorinde und Joringel» begonnen. Die Jungfrau Jorinde wurde von der Hexe in eine Nachtigall verwandelt und in einen engen Vogelkäfig eingesperrt. Ihr Verlobter Joringel rettete sie.

Bei mir war keine Rettung in Sicht.

Ich fühlte mich wie das Unkraut, das ausgerissen werden muss, damit die Familie sauber bleibt. Die Eltern wollten mich in ein Mädcheninternat abschieben, damit mir Zucht und Ordnung beigebracht würden. Leider war es zu teuer, so wurde diese Idee wieder verworfen.

Schade, ich wäre überall lieber gewesen als in dieser Familiengruft. Meine sechs Jahre ältere Schwester kam damals gerade von einer Weltreise zurück und hatte noch keine Arbeit. So wurde sie ins Ferienhaus geschickt, um dort das Unterdach zu bauen. Trotz ihrer Körperbehinderung, die rechte Hand war seit Geburt missgebildet, und trotz tiefstem Winter schaffte sie diese komplexe Arbeit. Ich wurde als Helferin mitgeschickt, trotz meiner akuten Denk- und Motivations-Beeinträchtigung.

In diesen drei Wochen engen Lebens und Schlafens in einem Raum sprachen wir über nichts anderes als über dieses zu konstruierende Unterdach. Erst viel später erfuhr ich, dass meine Schwester gar nicht wusste, was wirklich vorgefallen war. Die Eltern hatten ihr nur mitgeteilt, sie müsse engmaschig auf mich aufpassen, da ich zusammengebrochen sei.

Zusammengebrochen?!

Es schmerzte mich, dass meine Familie mir so misstrauisch begegnete. Und die Polizei wollte auch nicht aufgeben. Einmal mehr musste ich erzählen, was in dieser Nacht bei Mike geschehen war. Beziehungsweise, dass eben überhaupt nichts geschehen war. Und dass ich den Namen vergessen hatte, genauso wie die Adresse.

Es war anstrengend für mich, dieses Lügengebilde immer haargenau wiederzugeben, denn ich durfte ja nichts aufschreiben. Und sie stellten geschickte Fragen und auch immer wieder subtile Fallen.

Irgendwann stellte die Polizei die Suche nach diesem namenlosen Mann ohne Adresse ein, und ich musste nicht mehr aufs Amt. Hingegen empfahlen sie meinen Eltern, mich zu einer Psychologin zu schicken.

So wurde ich zu einer stadtbekannt anerkannten Frau geschickt. Ich saß in ihrem imposanten Raum mit weichem Spannteppich und war viel zu klein für den riesigen Stuhl. Sie beabsichtigte, mit mir umfassende Persönlichkeitstests und Gespräche durchzuführen. Wahrscheinlich hätte es mir helfen sollen.

Jedenfalls musste ich den Rorschach-Test (der mit den Tintenklecksen) bestehen, einen Baum zeichnen, Fremdwörter übersetzen, logische Reihenfolgen finden und diverse Gedächtnistests absolvieren. Selbstverständlich durchschaute ich Struktur und System und manipulierte meine Antworten. Wie vorauszusehen, erreichte ich alle Resultate im tiefgrünen Bereich und war in jeder Hinsicht normal.

Auch ihr gegenüber blieb ich verstockt. So wurde die Therapie bald beendet.

Übrigens hatte ich ein paar Monate vor der denkwürdigen Nacht bei Mike die Aufnahmeprüfung zum Grafiker-Vorkurs bestanden. Schon damals bewarben sich 280 Personen, und davon nahmen sie nur siebzehn, und ich gehörte dazu! Ich war so happy!

Und nun nahte der Frühling. Die Eltern erlaubten mir, allerdings nur unter düsteren Bedingungen, den Vorkurs zu besuchen – kein abends Weggehen, kein Taschengeld, dafür mittags nach Hause, obwohl ich nur eine Stunde Pause hatte. Sie waren krankhaft streng und misstrauisch.

Diese Schlaufe um den Hals nahm mir den Atem, sprich: jede Lebensfreude. Ich wäre so gern einfach abgehauen und verschwunden. Es gab auch keine Diskussionen mit

Papa mehr, denn ich war die Aussätzige der Familie, das tiefschwarze Schaf.

So begann der Grafiker-Vorkurs, und ich ging unfassbar gern zur Schule. Ich war wissbegierig, begabt und sehr fleißig. Die Situation zu Hause entspannte sich um ein paar Millimeter. Manchmal hörte man Papa wieder jodeln, wenn er sich frühmorgens zurechtmachte.

Doch urplötzlich war wieder die Hölle los. Mami, kreidebleich, verkündete, dass am Mittwochabend dieser Mike zu uns zum Abendessen komme. Mehr sagte sie nicht.

Ich starb vor Angst. *Was sollte das denn jetzt?* Ich hatte ihn nie wieder getroffen.

Mami stellte die riesige hellgelbe Schüssel mit den Tomatenspaghetti mitten auf den Esszimmertisch. Sie hatte sich extra viel Mühe gegeben und ein Tischtuch gewählt, das farblich gut passte.

Mike war kurze Zeit vorher angekommen. Wir gaben uns die Hand, ich erkannte ihn kaum noch. Er war gut gekleidet, sehr höflich und sehr freundlich, die Hippie-Aura hatte er sichtlich zurückgefahren.

Apropos Kleider: Um die Polizei zu beruhigen, hatte ich mich irgendwann wieder gemäßigt, sprich: die Haare gekämmt und normaler gekleidet. Die Familie quittierte das als Zeichen von endlich doch einsetzender Reife.

Die Familie war also um den Tisch versammelt. Wie immer saß Papa mit dem Rücken zur Wand, neben ihm die Brüder. Auf den Schmalseiten saßen Mami und der Gast, meine Schwester und ich hingegen Papa und den Brüdern gegenüber.

Mami schöpfte. Totenstille. Beerdigung. Ich konnte kaum schlucken. Unterdrückte einen Hustenanfall. Ich hätte erbrechen müssen. Aber wäre ich hinausgegangen, könnte ich ja etwas Wichtiges verpassen. So sie denn reden würden.

Wir hatten nicht so oft Spaghetti, waren vorwiegend Kartoffelesser. Mami wollte also etwas Modernes kochen. Aber diese Tomatenspaghetti waren die grauenhaftesten meines

Lebens. An ihnen hafteten all mein Schmerz, meine Enttäuschung, meine Not, meine unsägliche Ohnmacht, mein Unverstandensein.

Und dazu tauchte genau jetzt auch noch dieser Mike auf! Weg mit ihm, der hatte hier nichts zu suchen.

Die Sauce kam mir vor wie frisches Blut. Aber auch wenn die darübergestreuten italienischen Trockenkräuter ihr ganzes Aroma aus sich herauspressten, den süßlichen Geruch würden sie niemals überdecken können.

Die ahnungslosen weichgekochten Nudeln, still in der Schüssel vor sich hinwartend und wohlwissend, dass es ihr Schicksal war, vom Blut übergossen zu werden. Es würde sich auf sie legen, an ihnen kleben, und nichts würde sein wie vorher.

Irgendwann erklärte sich Mike. Dass er so lange gebraucht hatte, um meine Adresse ausfindig zu machen. Dass es ihm sehr leid tat für die Probleme, die er uns bereitete. Dass wirklich und wahrhaftig rein gar nichts geschehen war in dieser ominösen Nacht.

Es entstand ein zähes Gespräch mit unerträglich langen Pausen. Noch nie hatte eine Mahlzeit so lange gedauert. Niemand glaubte ihm. Je schwieriger es wurde, desto mehr versuchte er sich zu erklären und desto mehr wanden sich die Spaghetti in meinem Teller. Die italienischen Trockenkräuter kämpften, sie wollten das Unangenehme überdecken, aber es war aussichtslos.

Auch dieser Abend wurde nie wieder erwähnt.

Mir war so klar wie nie: Ich musste so schnell wie möglich da raus. Diese Familie und meine Baustellen, da war kein Ende abzusehen.

Eines Tages lobte mich die rothaarige Lehrerin, welche «Farbiges Gestalten» unterrichtete. Sie erzählte etwas von der Textilindustrie in der Ostschweiz. Ostschweiz, das war doch die Gegend nach Winterthur, also ziemlich weit weg von uns. Perfekt.

Ich begann sie zu löchern, was man in der Textilindustrie denn so alles lernen könne. Nach diesem Gespräch wusste ich: Ich werde Textildesignerin. Da lernte man, Stoffmuster zu entwerfen. Und das konnte man nur in der Ostschweiz. Und von dort konnte ich *leider* abends unmöglich zu Mami nach Hause kommen.

Ich schrieb einer großen Textildruckfirma im Toggenburg, bewarb mich und wurde ausgewählt, die Ausbildung dauerte dreieinhalb Jahre. Die Eltern wollten natürlich, dass ich von Freitagabend bis Sonnabend bei ihnen zu Hause verdorre, aber das konnte ich *leider* nicht tun, weil ich so viele Aufgaben hatte und an den Wochenenden so oft arbeiten musste.

Vor meinem Umzug bläute mir mein Vater einmal mehr ein: Zuerst kommt die Arbeit und erst dann das Vergnügen. Ich nickte folgsam und gähnte innerlich.

Während eines halben Jahres lebte ich bei einer Schlummermutter, Frau Stehrenberger. Sie war Witwe und hatte früher mit ihrem Mann eine Metzgerei geführt. Nun war sie alt und froh um ein wenig Gemeinschaft. Dies interessierte mich aber überhaupt nicht, und so zog ich schon bald mit zwei anderen Frauen in eine Wohngemeinschaft.

Wir bewohnten eine uralte Dreizimmerwohnung mit Küche und Bad. Es gab nur winzige Schwedenöfen mit Holzheizung. So durchlebten wir rasante Klimawechsel, denn bei unserer Ankunft zu Hause war es eisig, und wenn wir uns zum Schlafen niederlegten, war es so richtig tropisch.

Ich ernährte mich von St. Galler Brot, Kochbutter und Erdbeerkonfitüre. Am Ende der Lehrzeit hatte ich die Quittung: Sieben Löcher in meinen bisher lochlosen Zähnen! Mami schimpfte natürlich.

Das eine Mädchen ging in die Kantonsschule, das andere war ein mir untergeordnetes Lehrmädchen. Unserer Wohnung gegenüber wohnten ein paar Jungs. Uns trennte nur eine schmale Kopfsteinpflastergasse.

Eines Abends beschloss ich, mich zu betrinken, denn ich stellte fest, dass ich das als Einzige noch nie getan hatte.

Die anderen wollten mich sofort unterstützen. So kauften wir ein paar Flaschen vom billigsten Algerier-Wein und luden auch die Jungs zu unserem Gelage ein. Ich war dermaßen betrunken, dass ich drei Tage mörderische Kopfschmerzen hatte. Das war mein erster und einziger Rausch.

Die ersten Sommerferien nahten. Eigentlich hätte ich nach Hause gehen müssen. Zufälligerweise lernte ich zwei Jungs kennen, die noch in der Schule waren und mit denen ich mich gut verstand. Wir beschlossen, mit unseren Mofas ins Tessin zu fahren. Nichts wie weg.

Vierzehn Tage spannende Ferien, Abenteuer und Action. Es war herrlich! Wir verstanden uns bestens, es lief nichts, einfach gute Kumpel. Wir schliefen in unseren Schlafsäcken unter freiem Himmel. Jede Nacht gab es ein Gewitter. Irgendwann merkte einer, dass der Regen auf die Schlafsäcke prasselte, und weckte die anderen. Schlaftrunken retteten wir uns unter den nächstbesten Unterstand. Das konnte ein wackliger Bretterstapel einer Schreinerei sein, nur etwa halb so breit wie unser Rücken.

Als wir zurückfuhren, hatte ich ein mulmiges Gefühl, weil ich mich wohlweislich nicht abgemeldet hatte von zu Hause. Kaum in der Frauen-WG angekommen, stürzten sich meine Mitbewohnerinnen auf mich: «Du musst *sofort* nach Hause, deine Eltern sind fast gestorben vor Angst um dich!»

Soso. Na, dann auf in den Kampf!

Kaum zu Hause, empfing mich die bestens bekannte eisige Kälte. Die hatte ich noch nicht vergessen. Ich wurde, wie in den guten alten Zeiten, einmal mehr auf mein Zimmer geschickt. Mein Vater war auch einmal mehr seit Tagen krank – natürlich wegen mir.

Nach vier Tagen konnte er aufstehen und kam in mein Zimmer. Er schaute noch viel finsterer drein als seinerzeit, als er uns schlug. Aber diesmal schlug er mich nicht – oder jedenfalls nicht körperlich. Er sagte weder Hallo, noch fragte er sonst etwas. War ja auch logisch, denn er wusste ja immer bereits alles über mich und überhaupt alles, was ich getan hatte.

In zwei Metern Abstand – und die Stöcke «breitbeinig» platziert – begann er ohne Vorspann über Huren zu dozieren. Er kenne Frauen, die Huren geworden seien, und ihr Leben sei nicht lustig.

Wieso kannte Papa denn Huren?

Dass ich aufpassen solle, weil man schnell zur Prostituierten würde, schneller, als man ahnen könne. Und übrigens sei er noch nie dermaßen enttäuscht gewesen von mir wie jetzt. Auch er glaube jetzt, dass ich auf die schiefe Bahn komme.

Was heißt denn «auch», wer glaubte denn noch so etwas?

Er sagte: «Du bist liederlich! Ich frage mich, woher du diesen schlechten Charakter hast.»

Das hätte ich ihm ganz genau beantworten können. Von ihm nämlich, wenn man den Erzählungen seiner Mutter und Geschwister glaubte.

Ich war wieder mal bis zum Bauchnabel im hübschen Sumpf gelandet. Zum Glück musste ich am Folgetag wieder in die Ostschweiz, meine Rettung. Papa sah ich nach seinem dramatischen Auftritt nicht mehr, er lag einmal mehr krank im Bett.

Zugegeben, ich hätte nicht einfach so in die Ferien abrauschen dürfen, ohne irgendjemanden darüber zu informieren. Nein, eigentlich hätte ich auf direktem Weg nach Hause fahren müssen. Das «eigentlich» ist überflüssig: Ich hätte nach Hause fahren müssen. Punkt. Aber. Kein Aber.

Trotzdem verletzten mich Papas Worte sehr. Was der sich alles über mich ausdachte und mir zutraute … Es war ja nichts passiert, zu der Zeit hatte ich keinen Freund, das einzige Laster war das Rauchen. Nur selten mal einen Joint, die kamen erst später so richtig. Die kamen mit dem nächsten Mann …

KAPITEL 4
Ist das Liebe, Mama?

Da ich mich in der Lehre gut anstellte, beruhigte sich die Situation mit meinen Eltern, und auch ich fühlte mich wohler, wenn ich an den Wochenenden manchmal nach Hause fuhr.

In meinem zweiten Lehrjahr lernte ich Georges kennen. Er studierte in Genf und Lausanne und wollte nach Beendigung der Rekrutenschule einen Film drehen. Wozu es übrigens nie kam.

Ich lernte ihn im Zug kennen. Er und sein Kumpel hatten die Rekrutenuniform mit nur locker geknoteter Krawatte an. Georges war ein aufgestellter Typ mit dunklen Locken. Um ihn herum war immer Dauergelächter, denn er war ein richtiger Witzbold, geistreich und klug.

Wir kamen ins Gespräch, und er lieh mir ein Buch aus. Als Büchervielfraß hatte ich es schnell gelesen und schickte es zurück.

Kaum zwei Wochen später klingelte er bei meinen Eltern. In meiner Abwesenheit notabene. Georges schmeichelte sich ein. Selbstverständlich reagierten meine Eltern begeistert, denn er erfüllte alle wichtigen Kriterien: französische Muttersprache, verheißungsvoller Akademiker und charmant. Am wichtigsten war der Akademiker.

Von da an begannen wir uns regelmäßig zu treffen. Er war sehr verliebt in mich, und ich dachte, dass das, was ich für ihn empfand, auch Liebe sei.

Georges und ich entdeckten unbeschwert herumtollend das Leben und die Welt. Wir verstanden uns blendend, diskutierten stundenlang, unternahmen viele Reisen und … kifften, wie es in den Hippie-Siebzigern in unseren Kreisen halt normal war. Unsere Beziehung fand an den Wochenenden und in den Ferien statt.

Schnell gehörte er zur Familie, und alle mochten ihn sehr. Er versorgte uns mit Leichtigkeit und Fröhlichkeit, was allen guttat. Dank ihm entspannten sich alle und schafften es sogar, ein paar Stunden fröhlich miteinander umzugehen. Alle freuten sich über meinen Freund und sahen uns gern zusammen.

Georges war mein erster richtiger Freund. Natürlich war ich schon vor ihm verliebt gewesen, und es war auch zu kurzen Affären gekommen, aber mit Georges war es anders. Er war ernsthaft interessiert und schenkte mir schon bald einen schönen Freundschaftsring. Auch war er romantisch, schrieb Gedichte und war überhaupt einfallsreich. Ich war gern mit ihm zusammen.

Trotzdem: Er war nicht mein Ein und Alles. Georges war mein Kumpel, mein Lieblingsfreund, mein Vertrauter, aber wenn es um körperliche Nähe ging, wurde es schwierig.

Es war nicht so, dass mich Körperlichkeit überhaupt nicht interessierte, aber einfach nicht mit ihm. Als ich kapierte, dass er wirklich mit mir zusammen sein wollte, verliebte ich mich immer wieder in andere Männer. Oft war es nur platonisch, aber verliebt war ich alleweil. Und es gab durchaus Affären.

Danach beichtete ich Georges kleinlaut, was geschehen war. Er nahm es immer locker. Er selbst war zu der Zeit absolut treu. Hingegen beteuerte er mir immer wieder seine riesengroße Liebe. Ohne mich würde er sich sofort unter den nächstbesten Zug schmeißen. Ich sei die Frau seines Lebens.

Das alles nährte meine Schuldgefühle, denn ich war unfähig, dasselbe für ihn zu empfinden. Es machte mich fertig, dass er dermaßen glücklich mit mir war, meine Familie ihn auf Händen trug und ich selbst es nicht schaffte, mich wirklich auf ihn einzulassen.

Insgeheim hätte ich die Beziehung gerne beendet, denn ich konnte mir keine Zukunft mit ihm vorstellen. Doch je länger wir zusammen waren, desto schwieriger schien mir eine Trennung. Jedes Mal, wenn ich ihm sagte, dass ich mich trennen möchte, schluchzte er. Ich sah keinen anderen Ausweg, als zu bleiben und zu hoffen, dass die Liebesgöttin mich irgendwann doch noch küssen würde.

Einmal suchte ich das Gespräch mit Mami, was ja immer schwierig war. Ich fragte sie, wie man weiß, ob man wirklich liebt.

Sie schaute mich wie so oft undefinierbar an und sagte:

«In einer Beziehung gibt es unendlich viel wichtigere Dinge als die Liebe.»

«Was für Dinge denn, Mami?»

«Außerdem löst sich die Liebe sowieso irgendwann auf. Weißt du, jeder hat sein Kreuz zu tragen!»

«Ich verstehe nicht, was für ein Kreuz muss man denn tragen?»

«Das ist für alle so, und schlussendlich ist es sowieso nicht so wichtig!»

Wenn es nicht so wichtig ist, wieso machte sie dann dieses Gesicht? Danach versank sie einmal mehr in ihrer Welt, was bedeutete: Gespräch beendet.

Beunruhigt verzog ich mich aus der Küche, direkt ins Wohnzimmer, und setzte mich neben den wartenden Georges, wie immer händchenhaltend. Wir blieben zusammen, ich blieb, er sowieso, und bis auf das Körperliche erlebten wir lustige Zeiten miteinander.

Einmal war Mami gesprächiger und erzählte mir eine Geschichte. Über Geschichten verstanden wir uns immer gut.

Sie sagte: «Es gab einmal eine junge Frau, die war mit ihrem Leben unzufrieden. Sie ging in den Himmel hoch zu Gott und sagte ihm, dass sie ein anderes Leben wolle.

Er sagte zu ihr: ‹Ich zeige dir etwas›, und führte sie in einen riesengroßen Raum voller Kreuze. Da waren große und kleine, wohlgeformte und verkrüppelte, reich verzierte und ganz schlichte, bunte oder naturbelassene.

Gott sagte: ‹Jeder Mensch auf Erden hat ein Kreuz. Es steht hier in diesem Saal.›

‹Steht auch mein Kreuz hier drin?›, fragte das Mädchen.

‹Ja, klar. Komm, ich zeige es dir› – und führte sie vor ein schön geschwungenes Kreuz aus geschmiedetem Eisen.

‹Das ist dein Kreuz! Aber weil ich deine Not sehe, erfülle ich dir ausnahmsweise deinen Wunsch. Du darfst dir ein anderes Kreuz aussuchen. Ich lasse dich hier und komme in ein paar Stunden wieder. Bis dahin wählst du dein neues Kreuz aus und zeigst es mir.›

Das Mädchen war einverstanden und begann, im großen Saal mit all den Kreuzen auf und ab zu gehen, und suchte ‹ihr› Kreuz.

Das war eine anstrengende, ermüdende Arbeit, denn dort standen so viele Kreuze. Als Gott nach vielen Stunden wieder in den Saal kam und fragte, ob sie ihr Lieblingskreuz gefunden habe, führte das Mädchen ihn zu einem bestimmten Kreuz und sagte:

‹Das ist das Kreuz, das ich fortan haben möchte!›

Gott sah vom Kreuz aufs Mädchen und lächelte: ‹Kind, das Kreuz, das du ausgewählt hast, ist genau dasselbe, das du bisher hattest!›»

Diese Geschichte verstand ich, und sie tröstete mich ein wenig in meiner eigenen Lebenssituation.

Inzwischen hatte ich meine Ausbildung als Textildesignerin abgeschlossen. Meine Noten waren gut, ich durfte mich im «Goldenen Buch» eintragen, und die Lehrfirma schenkte mir eine edle Omega-Uhr.

Der Lehrmeister war so stolz auf mich, dass er mir eine Stelle bei einer berühmten Designerin in Finnland organisierte. Lohn und Zimmermiete übernahm die Firma, dafür würde ich mich verpflichten, nach meiner Rückkehr zwei Jahre in der Lehrfirma zu arbeiten.

So verlockend das Angebot auch war, ich wagte nicht, es anzunehmen, denn ich war überzeugt, dass die Beziehung zu Georges durch meine lange Abwesenheit auseinanderginge – und davor hatte ich Angst! Zwar wäre genau jetzt der perfekte Moment gewesen, um mich elegant aus der Beziehung zu schleichen – stattdessen blieb ich.

Diesmal klebte also ich an Georges und nicht umgekehrt. So zog ich zu meinem Freund in die Westschweiz, wohl wissend, dass ich dadurch auch den Beruf wechseln musste, denn dort gab es keine Textil-Industrie.

Der Lehrmeister war enttäuscht von mir, und ich war es auch. Innerlich wusste ich ganz genau, dass ich mein persönliches Sehnen in diesem Moment zugunsten einer Beziehung beerdigte, die nichts Halbes und nichts Ganzes war, und dass dies mein ganzes weiteres Leben beeinflussen würde. Das kratzte innerlich.

Ich fühlte mich wie im Traum von damals, als ich harsch auf die Familienspur zurückgeführt wurde. Mit dem entscheidenden Unterschied, dass mich dieses Mal niemand anders herumriss als ich selbst.

Meine geliebten, gehegten und gepflegten Pinsel legte ich weg. Sie waren mir so wichtig wie anderen das Auto. Die Pinsel waren ein Teil von mir, ich kannte jeden einzelnen und wusste haargenau, wofür er sich besonders eignete. Aber nun war Schluss. Sorgfältig wickelte ich sie in das japanische Bambus-Etui, und um dieses band ich zwei Satinbänder.

Von diesem Moment an war etwas anders. Ähnlich wie bei der kleinen Meerjungfrau im Märchen, die bereit war, für ihre Liebe zum Prinzen qualvoll zu leiden, indem sie zur Hexe ging, damit diese ihren Fischschwanz in zwei menschliche Beine umwandelte.

So war ich nun in der Westschweiz. Ich fand eine Stelle auf dem Zentralsekretariat einer schweizerischen Vereinigung von Körperbehinderten.

Georges und ich lebten zu Beginn in einer wunderschönen Jugendstilvilla. Allerdings nicht in den schicken Wohnungen mit Erker und Stuckdecke. Bis zum fünften Stock führte eine herrschaftliche Treppe mit Perserteppichen und imposantem Geländer, dann kam eine knarrende Speichertreppe, die zu unseren zwei winzigen Kammern unter dem Dach hochging.

Es gab kein Bad, nur ein Waschbecken, das wir aber multifunktionell einsetzten. Die Wäsche brachten wir in die öffentliche Anlage. Zum Kochen benutzten wir einen kleinen Wasserkocher. Darin bereiteten wir alles zu, sogar Fondue, Sauerkraut mit Wiener Würstchen und Karamellcrème. Der im gleichen Kocher zubereitete Kaffee schmeckte entsprechend unterschiedlich bis ungenießbar.

Wir führten eine typische Studentenbeziehung mit wenig Geld und viel Improvisation.

Im ersten Jahr arbeitete ich nur halbtags, da ich mich sprachlich und kaufmännisch weiterbildete, denn bis dahin hatte ich mit Büroarbeiten nichts zu tun. Zu Beginn wusste ich nicht einmal, wie man einen Postscheck ausfüllt. Doch der anerzogene Leistungswille half, so dass ich nach wenigen Jahren zur Zentralsekretärin befördert wurde. Schließlich blieb ich zehn Jahre dort. In dieser Zeit lernte ich viel Interessantes über das große Spektrum der Schönheit, des Selbstwerts und der Tapferkeit.

Da Papa ja auch beeinträchtigt war, veränderte meine Arbeit mit Körperbehinderten auch unsere Beziehung. Ich verstand ihn plötzlich besser, und dadurch kamen wir uns näher. Nun führten wir wieder wie früher intensive Gespräche, und dabei gab er nun plötzlich auch persönlichere Dinge preis. Auch sonst hatte er sich zum Guten verändert. Er war deutlich seltener zornig und wenn, dann brachte er sich rasch wieder unter Kontrolle. Er schlug niemanden mehr.

Überhaupt war er viel gelassener und für seine Verhältnisse geradezu liebevoll. Und dann, mit gut fünfzig Jahren, verkündete er plötzlich:

«Jetzt habe ich endlich die Antworten auf meine Fragen gefunden. Nun weiß ich, warum wir leben und wie wir leben sollten. Es ist erstaunlich, was ich jetzt erfahre. Und es ist ganz anders, als ich bis jetzt glaubte. Ich habe die Literatur gefunden, nach der ich so lange suchte. In diesen Büchern lernt man den ‹Chef› persönlich kennen.»

Mit «Chef» meinte er Gott. Er füllte mehr als zwei Bretter des Bücherregals mit Literatur eines gewissen Jakob Lorber, der sich «Schreibknecht Gottes» nannte. Dieser lebte im 19. Jahrhundert in Österreich und empfing «prophetisch» detaillierte Auslegungen der Bibel. Er verfasste insgesamt 25 Bücher, Papa hatte selbstverständlich alle.

Da waren ein ganzes Buch über die Kindheit Jesu und ganze zehn Bände allein über das Johannes-Evangelium. Mein Vater wurde geradezu süchtig nach dieser Literatur. Von diesem Moment an diente die Bibel nur noch als Buchstütze für die Jakob-Lorber-Bücher.

Zu der Zeit kam meine Schwester von einer zweiten Weltreise zurück, tief gläubig. Sie hatte sich offenbar in einer Lebenskrise befunden und dann eine Gotteserfahrung gemacht.

Großmutter jubilierte: Gebetserhörung!

Ich selbst und auch andere in der Familie schämten uns und hofften inbrünstig, dass sie bald wieder «normal» würde.

Doch das war nicht der Fall. Meine Schwester und Papa stritten sich oft. Sie waren sich nicht einig. Sie als gläubige Christin und er als Anhänger der Jakob-Lorber-Bücher, das passte einfach nicht zusammen.

Uns wiederum bestätigte diese Streiterei in der Ansicht, dass es nichts bringt, zu glauben, umso mehr, wenn die sich nicht mal einig waren. Zudem hatten wir das Gefühl, gut unterwegs zu sein ohne diesen Gott, der sowieso nie dort war, wo er unserer Meinung nach hätte sein sollen.

Doch meine Schwester gab nicht auf.

Es gab durchaus Momente, da verspotteten wir sie. Gefühlsmäßig schwankten wir zwischen Verachtung und Respekt für den Mut, wie sie für ihren Glauben einstand. Ich vermutete, der Glaube half ihr, sich mit ihrer missgebildeten rechten Hand leichter zu arrangieren.

Meine Schwester hatte einen Hang zu missionieren, denn sie war von einer starken Retterliebe erfasst. Sie wünschte sich sehnlichst, dass auch wir erleben konnten, was ihr widerfahren war. So landeten wir selbst bei den unverfänglichsten Themen regelmäßig und in kürzester Zeit bei irgendwelchen Glaubensthemen. Das langweilte uns.

Georges äußerte sich nur selten, denn er war eher von der skeptischen Sorte und wissenschaftlich unterwegs. Früher war er Ministrant in der katholischen Kirche gewesen, und seine Eltern waren konservative Katholiken.

Aber das war uns alles ziemlich egal. Wir glaubten beide nicht wirklich, echauffierten uns aber auch nicht, wenn die anderen sich stritten. Es war uns einfach nicht wichtig.

KAPITEL 5
Kurztrip ins Land des christlichen Glaubens

Einmal rief mich meine Schwester an: «Du musst unbedingt mit Georges zusammen zu einem Großanlass. Stell dir vor, Nicky Cruz kommt in eure Gegend, das ist *die* Gelegenheit, reinen Tisch zu machen mit Jesus!»

Wer war denn dieser Nicky Cruz?

Damit meine Schwester endlich mal Ruhe gäbe, beschlossen wir hinzugehen. Da war ein rappelvoller Saal, und alle waren wie high. Sangen selig und schwenkten die Arme. Wo waren wir da bloß gelandet? Diese Menschen fanden wir sonderbar. Uns war unwohl.

Dann erzählte dieser Nicky Cruz aus seinem Leben. Früher war er Kleinkrimineller, dann fand er zu Gott, und seither reiste er durch die ganze Welt, um allen Menschen zu zeigen, wie er sich verändert hatte. Dann folgte ein intensiver Aufruf, sein Leben neu auszurichten und Jesus nachzufolgen. Und zu guter Letzt folgte ein Aufruf, Jesus bzw. Nicky Cruz viel Geld zu geben.

Das war zumindest das, was ich verstand. Trotz vieler offener Fragen stürzten wir nach vorn, als es darum ging, das Leben Jesus zu übergeben. Wir wollten doch auch sichergehen, dass wir nach unserem Ableben in den Himmel und nicht in die Hölle kamen. Der Glaube als eine Art Versicherung. So kam mir das damals vor.

Bis dahin hatte ich eine sonderbare Meinung von Gott. Für mich war es der strafende Gott, eine Art Ungeheuer mit Augen überall, der alles sah und nie blinzelte. Und Gott konnte sogar all meine Gedanken lesen, das war eine furchtbare Vorstellung. Zudem war er die fieseste Spaßbremse, die ich mir vorstellen konnte, denn wer an ihn glaubte, durfte überhaupt nichts Lustiges mehr machen.

Ich stellte ihn mir vor wie die große Katze vor dem Mausloch, die geduldig wartete. Als ich klein war, presste ich die

Hände auf meine Augen und dachte: *Nun bin ich für andere unsichtbar.* Schon damals hat das nicht funktioniert.

Nun standen Georges und ich also dort vorn, um uns herum viele andere verlorene Schäfchen. Es kann sein, dass für uns gebetet wurde, ich weiß es nicht mehr.

Jedenfalls stand plötzlich ein älteres Ehepaar vor uns. Der Mann groß und breit, etwas ungelenk, und die Frau klein, mit spitzer Nase und sehr altmodischem Dutt. Ihre Haut war ziemlich gerötet. Vor Aufregung, oder hatte sie Rosacea? Sie stellten sich als Vérène und Alphonse vor und begannen mit uns zu sprechen. Worüber, das habe ich vergessen.

Aber am nächsten Abend klingelten wir an ihrer Tür. Es war ein baufälliges Haus mit einem sehr dunklen, tristen Treppenhaus. Mich überraschte die Pflanzenpracht vor der Haustür, alles echte Pflanzen. Die rankten sich hoch bis zur Decke und hatten offensichtlich Freude, obwohl sie in diesem dunklen Loch wuchsen. Hatten die Leute übernatürliche Kräfte, dass die Pflanzen so wuchsen? Vérène sagte, dass sie auch für die Pflanzen beteten. Ich fand, das war ein interessanter Gedanke.

Ab diesem Tag kümmerte sich dieses Ehepaar um uns. Wir kauften uns schöne Bibeln. Meine war aus bordeauxrotem Leder, mit Reißverschluss, und die Bibel selbst war an allen Kanten vergoldet. Ich liebte sie. Wir begannen intensiv darin zu lesen und löcherten das Ehepaar mit vielen Fragen, die sie uns sehr geduldig beantworteten.

Wir besuchten auch einen Hauskreis, eine Bibelgruppe und natürlich den Gottesdienst. Der Pastor war sehr nett. In dieser Freikirche fühlten wir uns wohl. Wir waren anständige Christen und machten folgsam alles mit, was von uns erwartet wurde. Die Meinung der anderen Menschen war uns wichtiger als die Meinung von Gott.

Dass ich Gott mit meinem Herzen lieben könnte, kam mir überhaupt nicht in den Sinn. Ich dachte, dass ich die Liebe Gottes durch Leistung und gottgefälliges Verhalten zu erkaufen hatte. Je frömmer, desto besser. Gedanken und Gefühle sah eh keiner. Kurz und gut: Glauben war Leisten.

Aber meine Gedanken waren untreu. Ich glaube, wir waren bekehrt und voll guten Willens, aber wir hatten im Grunde noch nichts kapiert.

Plötzlich war das Thema «Erwachsenentaufe für Christen» aktuell. Als Baby war ich ja getauft worden. Aber natürlich ungefragt. Das galt nicht wirklich. Besser sei es, diesen Schritt ganz bewusst nochmals zu tun. Ach so? Ja, dann wollten wir das doch tun, so konnten wir einen weiteren wichtigen Punkt auf der langen Liste abhaken.

Nur tauchte da noch ein klitzekleines Problem auf: Wir lebten in wilder Ehe, sprich: Wir waren nicht verheiratet. Ergo musste zuerst geheiratet werden, bevor wir uns taufen lassen konnten. Georges war sofort dafür, ich wusste nicht so recht.

Jedes Mal, wenn ich mir überlegte, ob wir heiraten sollten oder nicht, umgab mich statt eines Gefühls oder eines Gedankens ein undurchdringlicher Nebel. Das beunruhigte mich, und dieser Nebel ging einfach nicht weg. Dass wir darüber beten könnten, kam uns nicht in den Sinn.

Wir gingen zu beiden Elternpaaren und verkündigten ihnen, dass wir heiraten wollten.

Meine Eltern waren ausnahmsweise einer Meinung und sagten wie abgesprochen: «Muss das denn schon sein, ihr seid ja noch so jung?»

Ich war 21. Seine Eltern hingegen waren sehr glücklich, denn als konservativen Katholiken war ihnen unser Zusammensein ohne Trauschein schon immer ein Dorn im Auge gewesen.

Wir heirateten. Kaum hatte ich auf dem Zivilstandsamt mit dem neuen Namen unterschrieben, war der Nebel weg, und ich wusste glasklar, dass ich soeben die falsche Entscheidung getroffen hatte. Brühwarm erzählte ich es meinem frisch Angetrauten, als ich an seinem Arm aus dem Lokal stöckelte.

Er schaute mich verständnislos an und grinste schief. Wahrscheinlich dachte er, ich mache einen Witz.

Die kirchliche Heirat wurde ökumenisch durchgeführt. Ich war ganz in Krokuslila und hatte knallig orange Haare. Eigentlich wollte ich nur einen kleinen Farbschimmer, schlief aber mit der Farbe auf dem Kopf ein. Die Frisur war stundenlang erlitten und ruinös, ein sogenannter «Coupe Pyramide», das Resultat war für meine Begriffe gewaltig. Ich schwebte.

Dann gingen wir auf Hochzeitsreise in die Türkei. Wir wollten den Berg Ararat besuchen. Nach unserer Rückkehr war unser geliebter Pastor weg. Wir hatten nicht mitbekommen, dass er kurz vor der Pensionierung stand. Mit dem Nachfolger wurden wir einfach nicht warm.

Es kam, wie es kommen musste: Innerhalb kürzester Zeit gingen wir nicht mehr in diese Gemeinde. Nun war auch die Erwachsenentaufe gestrichen. Das uns begleitende Ehepaar meldete sich nie mehr bei uns.

Von da an gingen wir ab und zu in die Landeskirche. Zufällig lernten wir zwei junge gläubige Ehepaare kennen, die im selben Haus wohnten wie wir. Wir fanden uns sympathisch und hatten regen Kontakt, aßen und beteten regelmäßig zusammen. Eigentlich hatten wir eine Art christlicher Wohngemeinschaft.

Es ging alles gut, bis ich eines Tages unverhofft die eine Frau besuchte und ein Stapel Pornofotos von ihr auf dem Küchentisch lag.

Sie errötete und lachte alles weg: «Mein Mann ist Hobby-Fotograf, und manchmal machen wir Sessions. Da ist nichts dabei. Ich war gerade am Aufräumen.» Aber für mich war es schwierig, diese doch sehr speziellen Fotos mit dem Glauben zusammenzubringen.

Und das andere Ehepaar wollte in eine andere Stadt ziehen, damit er Theologie studieren konnte. So suchten Georges und ich eine andere Wohnung und waren zügig weg.

Wir begannen wieder zu kiffen, und der Glaube verblasste mit jedem Joint. In der Zeit, als ich an Jesus glaubte, war ich Georges treu gewesen, aber jetzt hatte ich wieder meine Affären.

Das Ritual danach war stets das Gleiche: Ich kam geknickt nach Hause, setzte mich auf seinen Schoß, weinte und bat ihn um Vergebung.

Er küsste und umarmte mich und versicherte, dass er ja wisse, dass ich ihn liebe und dass nur *das* zähle.

Ich nickte heftig und war sehr erleichtert, aber innerlich nicht ganz anwesend.

Es war sowieso merkwürdig: Beruflich lief alles bestens, ich war geschätzt, anerkannt und versiert. Entscheidungen treffen? Kein Problem: Stets wusste ich, was zu tun war. Ich fühlte mich selbstsicher, es war mir wohl, ich war eine optimistische Leaderin mit klaren Ansagen.

Aber privat lief es völlig anders. Da hatte ich keine Ahnung, was ich wollte oder sollte, wer und wie ich war, ich kannte mich nicht. Sobald Gefühle involviert waren, wurde es schwierig für mich. Plötzlich wurde ich unsicher, ängstlich und melancholisch.

Ich fragte mich oft, wer ich nun wirklich war, ob die Frau im Beruf, die im Privatleben, beide oder noch jemand anderes.

Was mich auch überraschte, war mein Herz, das sich nicht wirklich öffnen konnte. Ganz zuinnerst blieb ich immer unbeteiligt. Ich fühlte mich oft wie ein ferngesteuerter Zombie. Nur: Wer steuerte mich? Meine unverarbeitete Vergangenheit?

War ich auf einer Party oder überhaupt in Gesellschaft anderer, fühlte ich mich hochgradig unwohl. Ich wusste einfach nicht, wie ich mich benehmen und worüber ich reden sollte. Mich in einer Gruppe spontan und entspannt zu verhalten, war unmöglich. Ich fühlte mich ständig fehl am Platz, unverstanden, nicht dazugehörig.

Es gab durchaus Situationen, in denen ich auch gern

mitdiskutiert hätte, aber ich sprach nur wenig. Auch wenn es innerlich brodelte, wirkte ich äußerlich unbeteiligt. Es war, als wäre die Bahnstrecke zwischen Herz und Stimme unterbrochen.

Auch mit Georges war es mir unmöglich, mein Herz zu öffnen, mich einzulassen und mich emotional zu binden. Die Angst, wie Rotkäppchen vom bösen Wolf gefressen zu werden, war zu groß.

Zu gern hätte ich Georges geliebt, denn er war ein echt guter Kerl, aber ich konnte einfach nicht. Die Verliebtheit den Affären-Männern gegenüber bestand auch nur im Kopf; auch ihnen gegenüber blieb mein Herz verschlossen.

Eigentlich suchte ich Liebe und Angenommensein, aber die Liebe von Georges konnte ich nicht annehmen, und bei den Affären verhedderte ich mich stattdessen in Sexualität.

Die einzige Art, wie ich meine Gefühle mühelos zeigen konnte, war über den Weg von Kleidung und Frisuren. Da wusste ich genau, was und wie ich etwas wollte. Ich eckte gerne an. Wählte Farbkombinationen oder mixte Styles, die einige Jahre später plötzlich überall zu sehen waren. Da war ich sehr mutig, und es war mir auch völlig egal, was ich damit auslöste oder was andere darüber dachten.

Beruflich war ich oft von zu Hause weg. Seminare, Versammlungen, Sitzungen. Einmal erlebten wir etwas Krasses, ich schämte mich schrecklich. Aber auch hier schauten wir nicht genauer hin:

Ich war eine Woche lang auf einer Messe in Basel und führte das Messe-Sekretariat. Das war sehr anstrengend, lange Arbeitstage, brennende Füße, zu viele Menschen, unruhiger Schlaf im fremden Hotelzimmer. Verständlich, dass ich völlig erledigt wieder in meinem Heimatbahnhof ankam. Ich stieg ins erstbeste Taxi mit nur einem Ziel, so schnell wie möglich nach Hause zu kommen.

Als der Chauffeur gerade die Wohnadresse erfragte, näherte sich plötzlich ein junger Mann. Er klopfte ans Fenster. Ich schaute nur kurz hin, hatte null Bock auf ein weiteres

Gespräch und bat den Chauffeur, sogleich loszufahren. Dieser aber ließ das Fenster herunter.

Der junge Mann schaute herein und sagte Hallo – er möchte mich gerne zu einem Kaffee einladen. Ich schnauzte ihn an, was für ein unverschämter Kerl er sei! Aber etwas irritierte mich, seine Stimme kam mir irgendwie bekannt vor. Nochmals rief ich dem Chauffeur zu, er solle endlich losfahren.

Überrascht fragte mich der junge Mann, ob ich denn nicht wisse, wer er sei. Das war nun wirklich das Letzte, was mich in diesem Moment interessierte. Er schaute nochmals kurz, verabschiedete sich dann und ging weg. An seinem Gang erkannte ich … Georges! Ups, das war ja Georges!

Aufgeregt sagte ich dem Chauffeur, der bereits den ersten Gang eingelegt hatte, er solle bitte sofort anhalten, ich müsse aussteigen.

Wie war es möglich, den eigenen Mann nicht auf Anhieb zu erkennen? Gut, ich war wirklich sehr erschöpft und hatte ihn zudem überhaupt nicht am Bahnhof erwartet. Außerdem sah er komplett anders aus. Ich hatte ihn noch nie bartlos gesehen, und seit Ende der Rekrutenschule trug er sogar einen wilden Woodstock-Vollbart, wie das in den Siebzigerjahren Mode war.

Er hatte gesagt, dass er sich erst wieder rasiere, wenn er vom Militärdienst befreit würde, denn er war überzeugter Pazifist und kämpfte gerichtlich um seine Versetzung in den Zivildienst. Für ihn war es eine langwierige und hochemotionale Geschichte, die ich passiv mitverfolgte. Da kein Ende abzusehen war, glaubte ich längst nicht mehr an eine Versetzung. Doch genau während meiner Abwesenheit hatte er die richterliche Zusage erhalten, worauf er sich *subito* rasierte und mich damit überraschen wollte.

Wir nahmen das Ganze aber locker, wie alles andere auch, zumindest äußerlich.

KAPITEL 6
Treu sein ist unmöglich
....

Eines Tages verliebte ich mich aber richtig. Er war Film-
journalist. Vom Typ Mann her wie der Jüngling «Tadzio» im
Buch *Der Tod in Venedig* von Thomas Mann. Poetisch, ge-
heimnisvoll und melancholisch. Wir sahen uns unregel-
mäßig, wohnten eigentlich zu weit auseinander. Meistens
ging ich zu ihm, er kam nur sehr selten zu mir, und für
beide stimmte es so.

Waren wir zusammen, verbrachten wir die meiste Zeit
im Kino. Danach stritten und diskutierten wir über die ge-
sehenen Filme.

Er wohnte mitten in einer Großstadt, im Erdgeschoss
eines uralten Hexenhäuschens mit verwildertem Garten,
efeuüberwachsenen Bäumen, zu denen ich immer «Hallo»
sagte, mit neugierigen Zitronenfaltern und mannshohen
karminroten Heckenrosen. Und mit echtem Grillenge-
zirpe!

Im oberen Stock wohnte sein bester Freund, ein Kunst-
maler, der später berühmt wurde. Wenn er mal nicht zeichnete, war er als Frauenversteher beschäftigt.

Zu viert verbrachten wir viele Abende am wackligen
Tisch im Garten, mit großzügig Wein und spärlichem Es-
sen, überquellenden Aschenbechern und unseren wie
Tischtücher ausgebreiteten Träumen. Hier gefiel es mir.

Und Tadzio gefiel mir auch! Führte ich bisher ein Leben
mit gefühlsmäßiger Schonkost, erlebte ich hier intensive
Gefühle. Dieser Quantensprung in puncto Gefühlen ängstigte mich manchmal, aber ich ließ mir nichts anmerken.
Es war fast unerträglich schön. Zudem mochte ich, wie er
mich berührte.

Von diesem Moment an ertrug ich weder Georges' Gegenwart noch seine Berührungen. Ich bastelte die weltbes-
ten Ausreden, um ihm auszuweichen. Er nervte mich. Ich
fühlte mich gefangen und wusste, dass es unmöglich war, 59

bis ans Lebensende mit einem Mann zusammen zu sein, den ich nur theoretisch liebte.

Eines Tages hielt ich es nicht mehr aus. Es platzte aus mir heraus: «Ich ziehe aus, Georges!»

Er reagierte sehr traurig, obwohl ich doch wirklich keine perfekte Ehefrau gewesen war. Er wäre zu einigen Kompromissen bereit gewesen, aber ich konnte einfach nicht mehr. Da waren wir gerade mal zwei Jahre verheiratet.

Ich machte mir große Vorwürfe. Warum hatte ich die Beziehung nicht schon viel früher gestoppt? Am besten, bevor wir überhaupt heirateten? Warum hatte ich gedacht, dass man lieben lernen kann wie beispielsweise Südkantonesisch in einem Sprachkurs?

Und überhaupt war meiner Meinung nach Gott schuld an diesem Schlamassel: Wieso hatte er mich nicht davor bewahrt?

Dass ich Georges so viele Schmerzen zufügen musste, lastete ebenfalls schwer auf mir. Ich verzweifelte fast an meiner Unfähigkeit: War ich etwa Nymphomanin, oder war ich krank? Ich hatte auf der ganzen Linie versagt. Einmal mehr. Ich war zu hundert Prozent am Versagen dieser Ehe schuld, ich ganz allein.

Georges fiel in ein Loch, das war zu erwarten. Allerdings nicht in ein sehr tiefes. Es war nur acht Tage tief. Dann hatte er bereits eine neue Beziehung.

«Sorry, aber ich war noch nie so glücklich wie jetzt!», sagte er dann.

Nach wie vor sahen wir uns zwei-, dreimal pro Woche in unserer Lieblingskneipe. Wir saßen auf abgewetzten Lederstühlen mit vier dünnen Holzbeinen, drei gleich lang und eines kürzer. Echt! Abendelang füllten wir Aschenbecher und leerten Gläser. Wir diskutierten, bis der Kellner die Stühle auf die Tische stellte.

Ich zog in eine kleine Wohnung aus den Dreißigerjahren. Mitten im Zentrum. Dort fühlte ich mich von Anfang an geborgen, obwohl ich sie alleine bewohnte. Der Balkon war nicht vor dem Wohnzimmer, sondern vor der Miniküche.

Das fand ich schick, denn die Häuser im Süden sind oft so gebaut.

Mein Arbeitstisch passte perfekt in den Korridor. Auf dem Boden lag ein funkelnagelneuer Spannteppich aus heller Berberwolle. Das Wohnzimmer hatte perfekte Lichtverhältnisse. Ich fühlte mich so aufgeregt wie in der ersten eigenen Wohnung.

Mein Mobiliar bestand aus einer Matratze, acht Holzkisten für die Bücher und die Schallplatten, einem Plattenspieler, einem Radio, ein paar Stricknadeln, diversen Malfarben und Zeichenstiften sowie einem Kleiderständer auf Rollen. Das war nebst Bürotisch, Küchentisch und zwei Hockern mein gesamtes Mobiliar. Mit dem Citroën 2CV von Georges benötigte ich drei Fahrten für den Transport, schlampig beladen.

Georges und ich ließen uns scheiden, wie man ein Hähnchen stilvoll zerlegt: fein säuberlich. Aber Familie und Freunde waren schockiert: «Waaas, *ihr* lasst euch scheiden?! Ihr, das perfekte Paar?!» Wie wahr. Die nach außen hin makellose Fassade einer langweiligen Ehe hatten wir tatsächlich perfekt aufrecht erhalten. Es war von Anfang an ein Spiel mit verdeckten Karten – irgendwann ist das nicht mehr auszuhalten.

Georges hatte soeben das Staatsexamen als Apotheker mit Bravour bestanden, eigentlich hätte das sorglose Leben nun so richtig losgehen können. Natürlich hatte ich mir darüber Gedanken gemacht, und natürlich hätten wir weiterspielen können. Aber dann wäre ich früher oder später so geworden wie meine Mutter: frustriert. Und hätte mir ebenso wie sie eingeredet, dass ich ein großartiges Leben führe. Sagte nicht Joseph Goebbels, dass man eine Lüge mit der Zeit glaubt, wenn man sie nur oft genug hört? Zumindest schreibt man ihm dieses Zitat zu.

Ich war felsenfest überzeugt, dass es für mich keine richtig tiefe Liebe gibt. Ebenso überzeugt war ich, dass es unmöglich ist, sowohl im Beruf als auch in der Liebe glücklich zu sein.

Tadzio sah ich alle paar Wochen. Ich war schwer verliebt in ihn, ja, aber meine Zunge war unfähig, diese paar Worte zu formen. Obwohl ich mir eine Beziehung mit ihm sehnlichst wünschte, schien er mir unerreichbar, und ich hatte Panik vor einer Zurückweisung. Um dieses Risiko ganz auszuschließen, zog ich lieber jetzt gleich einen Strich unter diese Beziehung.

Mein Vater hatte mir in einem ernsten Moment gesagt, es sei manchmal besser, auf den Verstand zu hören als auf die Gefühle. Dies schien mir so einer dieser Momente zu sein, in dem ich Vaters Rat anwenden sollte. So beschloss ich, mich zurückzuziehen, einen Strich darunter zu ziehen und Tadzio zu vergessen. Ich litt also an präventivem Liebeskummer.

Wenn Tadzio anrief, war ich kurz angebunden und vertröstete ihn. Ich dachte, dadurch würde er verstehen, dass Schluss sei zwischen uns. Wie ich mich ablenkte? Selbstverständlich mit immer wieder neuen Kurzzeit-Beziehungen.

Bei einer Routineuntersuchung erfuhr ich, dass ich an einem aggressiven Gebärmutterhalskrebs erkrankt war. Zum Glück erst ganz im Anfangsstadium.

Sofort wurde ich operiert und lag einsam in der Klinik. Ohne jeden Zweifel hatte mich Gott bestraft, weil ich geschieden war.

Einmal mehr fragte ich mich ernsthaft, weshalb ich dieses Leben leben musste. Was für einen Sinn sollte das haben? So kompensierte ich mit Arbeit, im Büro fühlte ich mich am wohlsten.

Georges ermutigte mich, neue Menschen kennen zu lernen. Ich zwang mich dazu, weniger zu arbeiten und regelmäßig auszugehen. Zu meinen Favoriten gehörte ein stadtbekanntes Jazzlokal. Die plüschige Einrichtung war ziemlich abgenutzt. Aber die Musik war gut. Beim Eingang standen der Flügel und andere Instrumente. Die Stühle waren in nur einer Reihe längs der Wände aufgestellt, Stuhl an Stuhl.

Einmal war ich etwas spät dran, der Raum im qualmigen

Dämmerlicht, das Blues-Konzert hatte bereits begonnen. So ließ ich mich auf den erstbesten freien Stuhl fallen. Links von mir roch ich einen typischen Männerduft.

Der junge Mann offerierte mir in der Pause eine Zigarette, und wir begannen zu quatschen. Er sei Student, fünf Jahre älter als ich, komme ursprünglich aus Algerien und heiße Yasser. Mich erstaunte seine Herkunft, denn seine Haare waren blond, zwar gelockt, aber trotzdem. Und die Augen groß und unschuldsblau. Nur die Hautfarbe deutete auf nordafrikanische Wurzeln hin.

Wir redeten und tranken Bier. Noch nie hatte sich ein mir unbekannter Mensch dermaßen für mich interessiert wie Yasser.

Irgendwann gegen Morgen landeten wir bei mir zu Hause. So harmlos begann eine sehr spezielle Beziehung, die mich zwei Jahre später beinahe das Leben gekostet hätte.

In dieser ersten Nacht verbrachten wir nette Stunden. Danach, ganz Gentleman, holte Yasser Blumen, frische Croissants, Butter und ein großes Glas meiner geliebten Erdbeerkonfitüre. Am Nachmittag ging er, um später wiederzukommen und über Nacht zu bleiben. Von diesem Moment an wohnte er bei mir.

Wenn er sprach, fühlte ich mich wie auf einem fliegenden Teppich, denn er erzählte abenteuerliche Geschichten. Aber ich wusste nie, ob sie erfunden waren oder ob sie der Wahrheit entsprachen. Wir redeten oft die ganze Nacht hindurch. Noch nie hatte ich mich mit einem Menschen so austauschen können. Und noch nie hatte sich jemand so für mich interessiert.

Er erzählte auch aus seinem Leben: die Jugend in Nordafrika, dann die Uni in Frankreich und nun die ETH hier in der Schweiz. Wir hörten die gleiche Musik, liebten dieselben Filme und gingen gerne zusammen aus. Ich genoss es, mit diesem schönen Mann unterwegs zu sein, der nur Augen für mich hatte und so galant war.

Wenn ich abends von der Arbeit kam, roch es bereits im Treppenhaus intensiv nach Zimt, Curry und Paprika.

Was war nur mit mir los? War ich hypnotisiert? Ich nahm wahr, dass ich gefährlich dahinschmolz. Aber ich dachte, dass diese rosarote Phase meinem Herz guttäte. Trotzdem gab es eine Stimme in mir, die mich immer wieder zur Vorsicht rief.

Manchmal machte mir Yasser auch Angst, besonders wenn sein Gesicht sich kurzzeitig als Fratze zeigte. Ich überhörte alles andere, denn die Faszination war stärker. In puncto Glaube war er nicht-praktizierender Moslem – und ich war indifferente Christin. Der Glaube war für uns kein Diskussionsthema, dafür umso mehr die unsichtbare Welt: Hexen, Derwische, Schamanen, Geister, Dämonen, Hellsehen.

Er war überzeugt, dass wir uns in diesem Leben begegnen mussten und dass wir in sehr vielen früheren Leben bereits zusammen gewesen waren.

Über solche Geschichten und Thesen konnte ich mich unendlich austauschen, sie interessierten mich seit meiner Kindheit – und nun hatte ich sogar meine Dualseele[5] gefunden, mein energetisches Gegenstück, das auf der genau gleichen Frequenz schwang wie ich. Dualseelen gehörten zusammen, das war überhaupt keine Frage. Und diese Tatsache war stärker als jede innere Warnung.

Seit Jahren las ich Ratgeber für ein erfülltes Leben und Selbsterkenntnis. Das waren Bücher zu psychologischen Themen, Lebenstipps, Reinkarnationstheorien, Astrologie, Enneagramm und vor allem verschiedenste Typologien. Ich war hungrig danach, mich selber kennen zu lernen, zu verstehen und vor allem, mich weiterzuentwickeln. Ich kannte mein Astrologie-Profil, den Enneagramm-Typ, meine Lebenszahl, das Pentagramm-Profil und vieles andere.

Aber alles befriedigte nur für einen kurzen Moment, dann war wieder alles beim Alten. So landete ich irgendwann bei den Tarotkarten und speziell beim Zigeunertarot. Ich las ein paar Bücher und besuchte Kurse und begann, übungshalber selbst Karten zu legen. Und nun war ich mit jemandem zusammen, der diese Leidenschaft mit mir teilte!

Wir legten Zigeunertarot-Karten für alle großen und kleinen Entscheidungen, es gehörte zu den Tagesritualen. Yasser hatte eine für mich völlig neue Art, die gelegten Karten zu interpretieren. Gebannt hörte ich ihm zu, wenn er seine höchst erstaunlichen Schlüsse zog.

Woher wusste er all diese Dinge über mich? Details, die er unmöglich wissen konnte, weil ich sie nie verraten hatte. Seine Mutter hatte ihm das Kartenlegen beigebracht, und er war begabt. Er lehrte mich seine Legeweise, und irgendwann wurden die Karten auch bei mir lebendig.

Das war der Moment, als sie «zu tanzen» begannen. Das heißt, obwohl alle Karten auf dem Boden ausgebreitet lagen, nahm ich sie in unterschiedlichen Höhen wahr, und sie bewegten sich scheinbar. Manchmal waren ein paar Karten auch durch farbige Linien verbunden. Wenn ich den vorwiegend pinkfarbenen oder blauen Linien folgte und ich meiner Intuition vertraute – was nicht einfach war –, dann waren die Aussagen sehr präzise.

Tagsüber ging ich wie gewohnt arbeiten, und Yasser ging studieren. Er war, wie er bemerkte, ein «ewiger Student», der sich seit jeher von gutverdienenden Damen aushalten ließ.

Aber es gab etwas, das mich überforderte: seine ständigen Anrufe. Er rief täglich an, mehrmals. Zu Beginn schmeichelte es mir, aber mit der Zeit irritierte es mich nur noch.

Er war sehr eifersüchtig. War meine Leitung besetzt – im Geschäft notabene –, wenn er anrief, so konnte ich sicher sein, dass mich kurze Zeit danach ein völlig aufgebrachter Yasser am anderen Ende der Leitung anschrie und wissen wollte, mit wem ich gesprochen hatte, warum so lange und über was genau wir gesprochen hätten.

Ich verstand diese Eifersuchtsanfälle überhaupt nicht. Aber sie schmeichelten mir auch ein wenig. War das nicht ein Beweis seiner intensiven Gefühle für mich?

Von mir aus gesehen war seine Eifersucht absolut überflüssig, denn neben ihm war sowieso kein Millimeter Freiraum für etwas anderes, nicht mal für ein Aquarium mit

Fischen. Zudem war ich völlig auf ihn fixiert und hatte keine anderen Interessen mehr.

Zwar kam es vor, dass ich ab und zu noch an Tadzio dachte. Aber in der Vergangenheitsform. Für mich war diese Beziehung längst zu Ende und, wie ich meinte, bestimmt auch für ihn. Ich hatte schon ein paar Monate nichts mehr von ihm gehört. Was mich auch nicht im Geringsten störte. Mehr und mehr füllte Yasser mein ganzes Leben und Sein aus.

Doch plötzlich, aus heiterem Himmel, kündigte Tadzio seinen Besuch an. Um Himmels willen! Ich wusste ja, wie eifersüchtig Yasser sein konnte. Plötzlich erinnerte ich mich, dass Tadzio diesen Besuch schon lange angekündigt hatte. Das war bereits, bevor ich präventiv Schluss gemacht hatte. Damals hatte ich selbstverständlich zugestimmt. Und es dann vergessen.

Und jetzt? Ich beschloss, Tadzio anzurufen, ihm abzusagen und die Beziehung am Telefon gleich zu beenden. Aber dieser Mann nahm einfach nie ab. Er reagierte nicht. Ich konnte ja nicht wissen, dass er im Ausland war und auf der Heimreise bei mir vorbeikommen wollte.

Mein Gefühl flüsterte mir zu, dass bald etwas Schreckliches geschehen würde. Ich wagte es nicht, Yasser die Wahrheit zu sagen.

Vorsorglich meldete ich mich bei ihm für Freitagnachmittag ab. Er war schlagartig beunruhigt, als wenn er etwas ahnen würde. Er quetschte mich so lange aus, bis ich zugab, dass ich meinen Ex nicht hatte erreichen können, und nun käme er auf einen Kaffee vorbei, und ich wolle ihm bei dieser Gelegenheit mitteilen, dass die Beziehung beendet sei.

Hätte ich geahnt, was an diesem denkwürdigen Freitagnachmittag geschehen würde, ich hätte Tadzio versetzt und wäre gar nicht zu Hause gewesen.

KAPITEL 7
Keine Meisterleistung

Tadzio kam.

Kaum saßen wir am Küchentisch, sagte ich: «Hey, für mich ist unsere Beziehung beendet. Ich habe mich außerdem in einen anderen Mann verliebt.»

«Was sagst du?» Ungläubig schaute er mich an. Ich suchte nach einer Antwort, doch genau in dem Moment klingelte das Telefon. Ich ahnte, wer es sein musste. Tatsächlich, es war Yasser.

«Wo bist du? Ist der Typ schon eingetroffen? Was macht ihr, wo seid ihr?», fragte er, deutlich um Beherrschtheit bemüht. Seine Stimme war belegt, aufgewühlt, er musste sehr nervös sein.

Ich versuchte, ihn zu beruhigen, und legte auf.

Keine zwei Minuten später klingelte es wieder: «Wirf ihn raus!», schrie er.

Was ist denn mit dem los?, dachte ich.

Beim zweiten Anruf musste er bereits bei uns im Viertel gewesen sein, denn gleich darauf klingelte es an der Tür. Auf direktem Weg stürzte er in die Küche, sah Tadzio, schmiss ihn raus, verriegelte die Tür und steckte *meinen* Wohnungsschlüssel in seine Hosentasche.

Dann drehte er sich um und lächelte mich merkwürdig an. Gleich danach verfinsterte sich sein Ausdruck zu einer Fratze. Er kam auf mich zu:

«So, und jetzt zu uns, *ma biche* [mein Rehlein].»

Ich stand da, konnte mich weder bewegen, noch brachte ich einen Ton heraus. Die Angst lähmte mich.

Es fällt mir unendlich schwer, über diese Beziehung zu schreiben. Denn ich habe genau das gemacht, wovon ich stets mit vollster Überzeugung behauptete: «Also, so was würde mir nie und nimmer passieren. Wie kann man nur dermaßen doof sein?»

Und um noch eine weitere steile Theorie von mir wiederzugeben: «In unserer Kultur, mit unserer Bildung und unserem Niveau würde sich auch die idiotischste Frau nicht auf diese Weise erniedrigen und unterdrücken lassen. Das gibt es bei uns einfach nicht, ist hierzulande absolut undenkbar.»

So.

Das dachte ich.

Das glaubte ich sogar.

Wie so viele andere auch.

Genau diese Unterdrückung, diese Gewalt und diesen Sadismus habe ich aber selbst erlebt. Ich, die gebildete junge Frau mit gutem Einkommen, attraktiv und beruflich erfolgreich. Ich, die kluge Frau, der das nie widerfahren könnte.

Ich war die Frau mit dem Doppelleben, tagsüber in der tadellosen weißen Bluse mit gestärktem Kragen – und nachts … Ja, was war nachts? Was wäre wohl aus mir geworden, wenn Georges mich nicht gerettet hätte?

Doch schön eins nach dem andern.

Ich bin nicht stolz auf diese zwei Jahre meines Lebens. Es begann, als ich ein junges Ding war, erst 24. Wie viel lieber würde ich schreiben, dass das missbrauchte, geschlagene und überflüssige Kind auf Anhieb die Kurve kriegte, trotz seiner Kindheit. Aber es verlief anders.

Worüber ich jetzt schreiben werde, ist zeitweise grausam, schmuddelig und alles andere als edel. Es geht um Dinge, die man nicht erleben muss, um zu reifen.

Yasser kam auf mich zu. Sein Gesicht glühte. Er war dermaßen unter Strom, dass er ganz New York hätte versorgen können. Die sonst unschuldsblauen Augen blickten jetzt eiskalt. Er war außer Kontrolle, ohrfeigte mich mehrmals, beschimpfte mich aufs Gröbste. Ich hätte ihn belogen und betrogen, brüllte er, ich sei mit einem anderen Mann untreu gewesen, er sei schwer enttäuscht von mir, und ich würde das büßen müssen.

Damals hatte ich sehr lange Haare, die ich meistens offen trug. Er riss mich brutal daran und stieß mich ins Zimmer nebenan. Dort fluchte und schrie er weiter und warf mich voller Wucht gegen eine Wand. Ich schrie auf vor Schmerz und Angst.

Mein Hinterkopf und die Lippe bluteten. Das Gesicht war geschwollen. Ich weinte in mich hinein, wollte nur noch sterben. Ich hatte Angst. Eine wehrlose Puppe in den Händen eines Wahnsinnigen.

Erneut schrie er, ich solle zugeben, dass ich ihm untreu war. Als ich den Kopf schüttelte, verlor er den letzten Rest von Kontrolle. Diesmal warf er mich aufs Bett, riss mich an den Haaren hoch und ohrfeigte mich so brutal, dass mein Kopf mit aller Wucht zur Seite schnellte. Dann warf er mich wieder mit voller Kraft aufs Bett, um mich gleich wieder an den Haaren hochzureißen. Ich weiß nicht mehr, wie oft er das wiederholte.

Zwischendurch forderte er mich immer wieder auf, meine Untreue zuzugeben.

Ohne ein Vorzeichen beruhigte er sich plötzlich von einem Moment auf den anderen. Ich lag kaum hörbar wimmernd da. Längst hatte ich meinen Körper verlassen. Er strich mir sanft über die Wange und sagte, er hole Verbandszeug. Da er meine Wohnung bereits in- und auswendig kannte, wusste er, wo es sich befand.

Dann kümmerte er sich um meine Wunden. Ganz zärtlich küsste er meine Tränen weg und tröstete mich, massierte und liebkoste meinen verletzten Körper. Abschließend wollte er meine Haare kämmen, aber die Kopfhaut brannte dermaßen, dass es trotz größter Vorsicht unmöglich war. Fast unter Tränen sagte er, wie leid es ihm täte, dass er mich habe bestrafen müssen. Er war wieder der Alte, ganz lieb. Kochte Kaffee für uns beide und später ein Abendessen.

Später am Abend tickte er nochmals ein wenig aus: «Komm, ich will dir zeigen, wo ich bisher gewohnt habe. Ich will dich demütigen, weil du mich angelogen hast.»

Wir fuhren etwa zwanzig Minuten in ein Viertel mit dreigeschossigen Mietshäusern. Keine spektakuläre Architektur. Er hatte dort mit einer Kindergärtnerin zusammengewohnt. Es war hübsch eingerichtet, aber sehr dunkel. Sie war nicht zu Hause. Yasser zeigte mir mit ein paar Fotos, wie hübsch sie im Vergleich zu mir sei.

«Marion», meinte Yasser, «hat mich nie angelogen, sie war mir immer treu. Auch wenn ich im Ausland war. Nimm dir ein Beispiel an ihr, das ist eine wertvolle Frau. Nicht wie du. Kaum sind wir zusammen, enttäuschst du mich aufs Gröbste!»

Ich fragte mich, weshalb er nicht einen Strich unter unsere Beziehung setzte, wenn Marion doch so viel besser war als ich.

Er schien meine Gedanken lesen zu können: «Ich kann es ja selbst auch nicht verstehen, aber ich habe mich sehr in dich verliebt. Ich weiß, dass du es nicht wert bist und dass du mich wieder enttäuschen wirst, aber was soll ich tun? Ausgerechnet dich liebe ich so sehr, ich liebe dich sogar mehr als meine Eltern! Ich glaube, ich gebe dir noch eine Chance, eine letzte!»

Bei mir begann die Hirnwäsche bereits zu wirken. Ich war gebrandmarkt für etwas, das ich zwar nicht gemacht hatte, fühlte mich aber, als ob ich schuldig wäre.

Mit dieser scheinbaren Schuld meinerseits begann er mich in der folgenden Zeit zu bedrängen, immer wieder zu schlagen und immer wilder zu bestrafen. Jede Kleinigkeit wurde zum Anlass genommen, um mich zu bestrafen.

Der Telefonterror während der Bürozeiten belastete mich ganz besonders, denn ich wollte keinesfalls, dass die Mitarbeiter etwas bemerkten. Ich war recht geschickt im Vertuschen und Verharmlosen und glaubte, dass sie keinen Verdacht schöpften.

Nach Arbeitsschluss stand er dann da, neben meinem geparkten Auto. Wutentbrannt. Er wartete, bis wir im Wagen saßen und die Türen geschlossen waren. Dann begann eine neue Welle von verbaler und körperlicher Misshandlung. Immer wieder knüpfte er an meine vermeintliche Untreue mit dem Journalisten Tadzio an und nahm sie zum Anlass für neue Strafen und Drohungen.

Wir waren ständig unterwegs und reisten auch an den

Wochenenden schnell nach Paris, Mailand oder Marseille. Nachdem wir uns ein halbes Jahr kannten, nahm ich acht Wochen Ferien, die wir in Südspanien und an der Algarve verbrachten. Die war fast menschenleer, denn es gab dort erst wenige Hotels.

Wir campierten «wild», außerhalb der offiziellen Plätze, was man damals noch konnte. Unser Lager lag hoch oben in einem Felsen, wir schliefen auf einer Luftmatratze und kauften eine große Pfanne, in der wir auf offenem Feuer kochten.

Zwischendurch gingen wir in winzige Restaurants essen – Insidertipps von Einheimischen. Das fast einzige Kleidungsstück war der Badeanzug.

Wir spazierten kilometerlang im nassen Sand, schwammen um die Wette, rauchten unsere selbstgedrehten Zigaretten mit Maispapier und dem billigsten Tabak, der aufzutreiben war. Wenn wir uns in einem Spiegel sahen, kriegten wir uns kaum mehr ein: Ich war dunkelbraun, und Yasser hatte weißblonde Locken.

Über diese Zeit kann ich nur sagen: Sie war herrlich! Yasser explodierte nie, es gab auch keine Schläge. Dafür war er zärtlich, humorvoll und erzählte berauschende Geschichten.

Auf der Rückreise fuhren wir die ganze Nacht durch und hörten dazu «Exodus» von «Bob Marley and the Wailers» rauf und runter. Am Morgen dann hing die Sonne wie eine riesige goldene Weihnachtskugel direkt vor uns, zum Greifen nah. Es war gewaltig.

Ein paar Monate nach unserer Rückkehr hatte Yasser wichtige Prüfungen, die er leider nicht bestand. Wer war schuld daran? Natürlich ich. Über das gewohnte Bestrafungs-Szenario hinaus fuhr er mich nun zum ersten von vielen weiteren Malen ins nahe Ausland und demütigte mich. Bis auf ein paar wenige Erinnerungen habe ich alles verdrängt. Danach war Yasser immer sehr fröhlich, wollte shoppen und gut essen gehen.

Aber etwas fand ich sehr speziell. Georges ließ mich nicht in Ruhe, seit ich mit Yasser zusammen war. Er verfolgte mich ziemlich penetrant, wo immer er konnte und in einer Aggressivität, die ich von ihm nicht kannte. Er versuchte mich anzurufen oder mich an Orten abzupassen, von denen er wusste, dass ich sie frequentierte.

Irgendwann schaffte er es.

Wir befanden uns zufälligerweise in derselben «Migros», Yasser wartete beim Metzger auf Fleisch, ich suchte Nudeln, als Georges mich sah.

Schnell stellte er sich neben mich: «Ich bin in großer Sorge um dich. Etwas stimmt nicht. Dieser Typ gefällt mir nicht. Du veränderst dich. Du siehst nicht gut aus. Sag mir, wenn du Hilfe brauchst.»

Nett lächelnd versuchte ich ihn zu beruhigen.

Er glaubte mir kein Wort.

Yasser suchte mich mit den Augen und bemerkte Georges neben mir. Er lief vom Fleischstand weg und explodierte vor allen Umstehenden. Er bediente das Klischee des aggressiven, unberechenbaren Nordafrikaners und brauchte nicht annähernd sein Bestes zu geben, um trotzdem mehr als zu überzeugen.

Kaum zu Hause, ging es zünftig weiter.

Georges gab glücklicherweise nicht auf und verfolgte uns weiter. Er schaltete auch meine Eltern ein. Die waren verständlicherweise beunruhigt. Sie versuchten mich zu kontaktieren. Leider erfolglos.

Einmal besuchten sie mich sogar, ich war mit Yasser in der Wohnung eingesperrt und wagte es nicht, die Tür zu öffnen.

Georges kontaktierte auch die Polizei, welche sagte, sie könne nicht ohne konkreten Vorfall eingreifen. Das erfuhr ich erst später, als alles vorbei war.

Es gab mir so viel Hoffnung, zu wissen, dass Georges die Situation erfasst hatte und keine Ruhe gab. Ich war nämlich isoliert, außer Yasser sah ich niemanden mehr. Wenn alte Freunde mich treffen wollten, konnte ich sie ein paar Mal vertrösten, aber irgendwann ging es nicht mehr, also verabredeten wir uns in seltenen Fällen eben.

72 Dabei spielte es keine Rolle, ob Yasser von Anfang an da-

bei war oder nicht, denn das Resultat war in jedem Fall dasselbe: keine Freunde mehr! Er führte sich ekelhaft auf, es war beschämend.

Wenn ich zu einem Familientreffen wollte, rastete er fürchterlich aus. Es war so schlimm, dass ich immer irgendeine Ausrede erfand, um nicht hinzufahren.

In diesen zwei Jahren habe ich kein Familienmitglied gesehen, nicht ein einziges Mal. Rief ich Mami an, was höchst selten vorkam, stand er daneben und «dirigierte» das Gespräch. Mami rief nicht mehr an, denn ich nahm ohnehin nie ab.

Selbstverständlich hatte er einen eigenen Schlüssel zu meiner Wohnung. Irgendwann hatte ich die glänzende Idee, doch einfach das Schloss auszuwechseln.

Doch meine Hoffnung währte nicht lange. Dieser Mann war fähig, auch andere mit seinem Charme einzuwickeln. Er schmeichelte sich bei der Nachbarin ein, die wir beide überhaupt nicht kannten, und tischte ihr eine derart glaubhafte Geschichte auf, dass sie ihn bei sich reinließ. In der Küche stieg er auf den Balkon, von dort auf meinen Balkon, und dann stand er plötzlich in meiner Küche.

Siegessicher lächelte er mit einem drohenden Unterton in der Stimme: «Siehst du, mein kleines Rehlein, ich brauche nicht einmal einen Schlüssel. Wenn ich kommen will, gehe ich sogar durch Wände.»

Nach dieser Aktion erhielt ich die schlimmste Strafe *ever*. Ich erinnere mich nicht mehr, wo er den Eisenstab herhatte. Jedenfalls zückte er ihn plötzlich, erhitzte ihn, und als er rotglühend war, musste ich mich freimachen, und er brannte mir einen achteckigen Stern auf meine linke Pobacke, der noch heute sichtbar ist. Ich konnte wochenlang kaum sitzen.

Nun taktete die Perversion immer lauter und schneller. Yasser wollte, dass ich ihn anbete wie Gott: «Du gehörst mir, mir allein. Ich bin dein Gott, verstehst du?»

Es stimmte, ich war ihm hörig und ausgeliefert. Aber dass ich ihn über Gott stellen sollte, war zu viel. Obwohl

73

ich den Glauben längst vergessen hatte, schauderte mich bei dieser Vorstellung. Ich wusste und sagte ihm auch, dass ich mich dem verweigere. Worauf er natürlich wieder ausrastete.

Sein Drängen nach absoluter Allmacht wurde immer absurder: «Komm, wir machen einen Blutsbund, nur wir zwei, dann gehören wir uns für immer!»

Ich widersetzte mich auch da. Wie ich die Kraft dafür plötzlich mobilisieren konnte, ist mir schleierhaft. Vielleicht weil Georges uns immer wieder irgendwo auflauerte und ich mich deshalb nicht komplett auf verlorenem Posten fühlte? So lange Zeit war ich Yasser unterlegen gewesen, und nun plötzlich begann ich mich zu wehren.

Zu dem Zeitpunkt hatte ich viel Gewicht verloren, war seelisch geschwächt, erschöpft und einfach nur müde. Auch geistig. Ich hatte Konzentrations-Schwierigkeiten und machte plötzlich Rechtschreibfehler wie ein Drittklässler. Die anspruchsvolle Arbeit, die ich tagsüber ja immer noch leistete, zehrte ebenfalls an mir.

Ich fühlte mich steinalt.

Dennoch begann ich mich innerlich von Yasser abzunabeln, Schicht um Schicht und sehr vorsichtig. Ich suchte fieberhaft nach einer Lücke, um ihm zu entkommen. Aber es war sehr schwierig, denn er hatte an alles gedacht.

Beispielsweise hatte er mich bereits sehr früh auf eine dermaßen ausgeklügelt raffinierte Weise erpresst, dass ich mich wohlweislich hütete, mich jemandem anzuvertrauen oder Hilfe zu holen.

In dieser Zeit wurde Yasser sanfter und liebevoller, und er schlug mich viel seltener. Das Drohgehabe drückte natürlich immer noch durch, aber er riss sich zusammen, denn wahrscheinlich spürte er, dass sich etwas veränderte. Er machte mir zuckersüße Angebote und Versprechungen und zeigte sich von seiner charmantesten Seite.

Dies alles brachte mich immer wieder in die Bredouille.

Ich zweifelte dann: «Könnte es nicht doch möglich sein,

dass jetzt alles gut wird zwischen uns?», und wurde wieder schwach. Ich fühlte mich wie im Treibsand steckend.

Eines Tages ergab sich *die* Gelegenheit. Aus einer Telefonkabine rief ich ratzfatz Georges an und bat ihn um Hilfe. Er reagierte sehr souverän und schnallte sofort, um was es ging: «Ich werde Onkel Alain einschalten, den Anwalt.»

Nach wenigen Tagen wurde Yasser abgeholt. Er kam in Untersuchungshaft. Dort schrieb er einen seitenlangen Brief, in dem er sich rechtfertigte und seine «Unschuld» belegte.

Georges packte mich in sein Auto und brachte mich zu meinen Eltern. Dort fühlte ich mich in Sicherheit. Sie stellten keine Fragen, und ich schwieg ebenfalls. Ich war Georges unglaublich dankbar, dass er mich rettete.

Yasser sah ich erst wieder beim Prozess, als ich als Hauptzeugin neben anderen Zeugen gegen ihn aussagen musste. Er saß dort auf einem Stuhl und blickte undefinierbar in meine Richtung.

Ich traute meinen Augen nicht. Dieses klägliche Stück Armseligkeit dort drüben, das sollte der großartige Yasser sein? Der Lack war ab, komplett weg. Er erhielt viele Jahre Landesverweis.

Das einzig Gute an dieser Geschichte war, dass ich dadurch Verständnis für alle Arten von Versagern bekam. Ich verstand sie, hatte ja selbst erlebt, dass es manchmal ausreicht, ein Bier mit einem Unbekannten zu trinken und ein wenig zu plaudern, um sich danach zu verstricken und wie gefangen in bodenlosen Abgründen zu verlieren – und beinahe zu ertrinken.

Ich hatte erfahren, dass man sich an Abartiges gewöhnen kann, so sehr, dass es beinahe normal wird. Und ich wusste nun, wie wenig es braucht, dass ein Mensch sich verliert, besonders wenn der Boden unter seinen Füßen schon vorher wacklig war.

Ich schwor mir, mich nie, nie, nie wieder von einem Mann abhängig zu machen. Und ich wollte lernen, mein Herz nur noch so weit zu öffnen, dass mich niemand mehr verletzen konnte.

Nun war ich 26 und hatte jede Selbstachtung und Würde verloren; ich fühlte mich komplett wertlos. Ich dachte: *Entweder nehme ich mir das Leben, oder ich begebe mich in Therapie.* Wobei ich lieber gestorben wäre. Dreimal wollte ich mich umbringen, aber es klappte nicht.

So entschied ich mich für eine Therapie. Es fiel mir schwer, obwohl mir sehr bewusst war, dass ich dringend Hilfe benötigte. Ich musste mich verändern, um lebensfähig zu werden. So ungern ich es tat, ich musste mich meinen Gefühlen stellen. Dem «Wer bin ich?».

Ich hatte Angst vor mir, hielt es mit mir alleine kaum aus. Zu meinem Glück erhielt ich Unterstützung von anscheinend verschwundenen Freunden, die gerade jetzt wieder auftauchten und sich um mich kümmerten. Die meisten kannten einander und sprachen sich wahrscheinlich untereinander ab. Jedenfalls musste ich in den ersten Monaten «nach Yasser» jeden Freitagabend zu jemandem gehen und das Wochenende dort verbringen. Unter der Woche war ich zum Glück beschäftigt.

Für mich war die Psychotherapeutin mein rettender Engel, denn sie verurteilte mich nie. Eliana war nur wenig älter als ich, eine kleine, zierliche, dunkelhaarige Frau mit einem Sixpack, obwohl sie zwei Kinder geboren hatte und keinen Sport machte. Das gefiel mir.

Bereits zu Beginn erlebte ich sie als anthroposophisch angehaucht, ihre Kinder gingen in die Rudolf-Steiner-Schule. Sie bot Gestalttherapie und Transaktionsanalyse an, wenig später auch Psychodrama. Zuerst ging ich etwa zwei Jahre in Einzeltherapie, dann war ich für eine Gruppentherapie fit.

Eliana war mir eine große Stütze. Nach und nach vertraute ich ihr und wagte es, mich ihr zu öffnen. Sie war eine begabte Therapeutin, die sich immer weiterbildete, und wenn sie eine neue Technik hilfreich fand, wendete sie sie bei ihren Klienten an. Zuerst waren ihre Therapien rein psychologisch fundiert, später aber immer esoterischer mit stark buddhistischem Einschlag.

Als den vielleicht wichtigsten Boden für ihre Arbeit bezeichnete sie eine bestimmte Art von Astrologie. Natürlich wollte ich diese Art von Horoskop auch kennen lernen. Ich fand sie so aufschlussreich, dass ich auch Horoskope über meine Herkunftsfamilie bestellte, sowie über Georges und über Yasser. Ich glaubte nun viel besser zu verstehen, warum die Dinge so abgelaufen waren.

Ich begann, mich nicht primär immer nur zu verurteilen und zu zerfleischen, sondern lernte größere Zusammenhänge und energetische Gesetzmäßigkeiten kennen und verstehen. Diese Dinge faszinierten mich von Anfang an. Es war eine Sprache, die ich schnell verstand. Dann lehrte Eliana mich das positive Denken und vor allem erste Meditations- und Visualisierungstechniken.

Da ich sowieso immer das Falsche wählte, wollte ich keine Entscheidungen mehr treffen. Also beschloss ich, meine Wohnung zu kündigen und nur noch im Auto zu wohnen. Ich richtete meinen VW Golf zur XXS-Wohnung um – und das ging!

In diesem kleinen Raum fühlte ich mich geborgen. Da ich auf der Steuerseite auf dem Sitz schlief, konnte ich jederzeit den Motor anschalten und wegfahren. Perfekt. Ich brauchte nicht mal mehr eine Privatadresse, was mir entgegenkam. Offiziell wohnte ich bei einer Freundin, inoffiziell im Auto.

Ab und zu übernachtete ich auch im Büro, aber niemand hatte auch nur den leisesten Verdacht von einer Matratze zwischen den Bürostühlen in den Nächten. Auch duschen und Haare waschen konnte ich dort. Schlussendlich lebte ich weit über ein Jahr auf diese Weise, und diese Unverbindlichkeit tat mir gut.

Dann kam eine zweite Phase. Über zwei Jahre lang mietete ich Wohnungen von mir unbekannten Menschen, die eine Zeitlang abwesend waren. Ich wohnte also permanent in einer immer wieder fremden Umgebung bei mir unbekannten Menschen. Die Wohnungen fand ich über Zeitungsinserate.

Ein Ehepaar war ganz speziell, sie Floristin, er Fotograf. Zwei Freaks mit zwei Hunden und sechs Katzen – und sie bevorzugten Tiere anstelle von Menschen. Ihre Wohnung war einmalig! Sie wohnten im Erdgeschoss einer romantischen Jugendstilvilla. Der Garten war im Cottage-Stil angelegt, und eine traumhafte Seesicht rundete alles ab. Der Deal war für drei Monate mit Betreuung der Katzen, die Hunde waren anderweitig untergebracht.

Das Paar kam aber zwei Wochen früher zurück, und so hatte ich mich noch in der Wohnung ausgebreitet. Inzwischen umgaben mich übrigens elf Katzen, denn eine hatte die Sitz-Badewanne als Gebärsaal auserkoren. So war nichts mehr mit Baden, dafür krochen zuckersüße Mini-Miauer herum. Die Besitzer waren entzückt.

Wir tickten ähnlich und verstanden uns extrem gut. So schlugen sie mir vor, im unbewohnten Gartenhäuschen zu wohnen. Sie ahnten wohl, dass ich Wunden aus der Vergangenheit mit mir herumtrug, die vernarben sollten.

Ich nahm das Angebot an, und so putzten wir und richteten ein, und meine «Ein-Zimmer-Wohnung» wurde richtig niedlich. Wir stellten einen alten Schwedenofen hinein, Wasser gab es nicht, zum Waschen ging ich ins Haus.

Während mehrerer Monate führten wir eine Art unbeschwerter Wohngemeinschaft, es war eine gute Zeit. Abends aßen wir eine Coupe Dänemark, das war unser Code fürs Kiffen. Als ich merkte, dass ich mich zu sehr daran gewöhnte, hörte ich von einem Tag auf den anderen damit auf, und zwar endgültig.

Die Frau, Christiane, war übrigens der erste Mensch, der mir sagte, dass sie es fast nicht ertrage, wenn ich sie anschaue, da ich einen alles durchdringenden Hexenblick hätte. Ich schämte mich und begann von da an, den Menschen auf die Stirn oder die Nase zu schauen, um sie nicht zu irritieren. Das sollte ich trotzdem immer mal wieder zu hören bekommen.

In der Therapie lernte ich, meine Gefühle überhaupt erst mal wahrzunehmen, zu benennen und schlussendlich auszudrücken. Was für ein Murks, diese Entwicklung vom Zombie zum einigermaßen lebendigen Menschen …

Ich musste nochmals durch jede Lebensphase gehen, mit Start in der Schwangerschaft im Bauch der Mutter, dann die Geburt, die Kindheit. Alles. Der Vater, der Missbrauch, die erste Ehe und die Sadomaso-Beziehung zu Yasser, die verschiedenen Schattierungen von Sexualität und Liebe und natürlich meine versteckte Verachtung den Männern gegenüber.

Danach folgte während mehr als einem Jahr eine sogenannte «Neubeelterung», welche fehlende elterliche Fürsorge ausgleichen sollte. Da nahm ich bereits an der Gruppentherapie teil. Während dieser Zeit lag ich in jeder Sitzung seitlich neben der neben mir sitzenden Eliana, mein Kopf lag auf ihrem Schoß. Es war warm, weich und entspannend. Manchmal schlief ich ein, manchmal weinte ich, manchmal legte sie ihre Hand auf meinen Kopf.

Irgendwann schien dieser Prozess abgeschlossen zu sein, und die Therapie ging normal weiter. Wir trafen uns alle zwei Wochen für zwei Stunden. Der Raum war groß und einfach eingerichtet. Auf dem Boden lag ein beiger Spannteppich mit kleinen dunklen Sprenkeln. Die Wände hatte sie selbst in der Wolkentechnik gestrichen. Zuerst die helle Grundfarbe, dann mit einem Schwamm «Wolken» in zarten Blautönen aufklatschen. Durch diese Technik erschien die Wand weich und luftig.

Wie oft hatte ich diese Wolken gezählt und mich von ihnen irgendwohin wegtragen lassen. Den Wänden entlang standen helle Holzsessel, ganz einfach, mit großen Kissen und hellbeigem Leinenstoff überzogen. Wichtig war der große Korb mit viel Spielzeug, Zeichenmaterial, Tüchern und natürlich vielen weichen Puppen.

Pierre, der Fotograf, erhielt einen interessanten Auftrag in Ägypten. Er wollte, dass Christiane mitgeht, und die kam nur mit, wenn auch ich mitging. Da ich noch nie in Ägypten war, erwiesenermaßen ein Faible fürs Exotische hatte und Pierre Fotos einer berühmten Tanztruppe machte, sagte ich sofort zu.

Zu der Zeit war ich in homöopathischer Behandlung, da mein Nesselfieber erneut ausgebrochen war. Seit meiner Geburt hatte ich immer wieder Schübe. Damals banden sie mir winzige Handschuhe um, damit ich mich nicht blutig kratzte. Beim Homöopathen war ich gelandet, weil man mir schulmedizinisch nicht helfen konnte. Da gab es nur Kortison, das kannte ich zur Genüge und begeisterte mich nicht sonderlich. Der Arzt empfahl mir diese Koryphäe auf seinem Gebiet.

Es war ein Inder mit rundem Gesicht, alle Haare straff in den Nacken gezerrt und zu einem winzigen Dutt gebunden. Als ich ihm zum ersten Mal gegenübersaß, hatte ich scheinbar grundlos einen Heulkrampf. Ich ertrug seinen Blick nicht. Er war nett, sprach sehr leise und stellte viele Fragen. Dann gab er mir ein sogenanntes Konstitutionsmittel, ein weißes Pülverchen. Die Einnahme musste mehrmals erfolgen, das zweite Mal genau am Tag, an dem wir nach Ägypten abflogen.

Um Geld zu sparen, übernachteten wir dort in einem großen Dreierzimmer. Pierre und Christiane im großen Ehebett und ich im Kinderbett. Das war so kurz, dass meine Beine ab Wadenmitte im Nirwana baumelten. Wir schliefen hochanständig und jeder war mit seinen Träumen beschäftigt. Mein Konstitutionsmittel hatte ich folgsam eingenommen.

Mitten in der Nacht hatte ich zum ersten Mal den Albtraum. Urplötzlich begann ich um mein Leben zu schreien. Ich erwachte wegen mir selbst und setzte mich auf. Ein Blick zu meinen Freunden, und mir war klar, dass ich mir nichts eingebildet hatte. Die saßen mit angezogenen Beinen nebeneinander im Bett, zerzaustes Haar, nach Luft schnappend, und kriegten die aufgerissenen Augen nicht wieder auf Normalmaß. Ein säuerlicher Geruch wehte durch den Raum: pure Todesangst.

«Was zum Kuckuck ist denn mit dir los? Spinnst du?»

«WARUM SCHREIST DU WIE AM SPIESS?»
Ich brachte kein Wort heraus. Hätte aber sowieso nicht sagen können, wieso ich dermaßen losgebrüllt hatte. Schnell ließen wir uns wieder auf die Kissen fallen und schliefen weiter.

Ab der zweiten Nacht hatte ich ein eigenes Zimmer. Die Mehrkosten nahmen alle gerne in Kauf. Die Rezeptionsdame und der Hotelier erkundigten sich mitfühlend, ob wir in Schwierigkeiten seien.

Von dieser ersten Nacht an bei den Pyramiden sollte ich diesen Albtraum jahrzehntelang immer und immer wieder träumen. Es war jedes Mal dieselbe Geschichte: Ich musste etwas Kleines oder Spitzes schlucken. Manchmal war es eine winzige Gabel mit messerscharfen Zacken oder ein kleines Messer mit offener Klinge, aber meistens waren es kleine, vergiftete Kügelchen. Ich wusste, wenn ich das, was ich schlucken sollte, geschluckt hatte, dann war ich am Morgen tot. Also versuchte ich, es nicht zu schlucken.

Zum Zeitpunkt des Albtraums wusste ein Teil meines Bewusstseins bereits, was ablief, aber ich war noch nicht wach. Irgendwann ging es wirklich nicht mehr anders, und ich *musste* schlucken. Während ich das tat, begann ich Zeter und Mordio zu schreien.

Manchmal drehte ich mich beim Schlucken zur Seite, hielt den Kopf über den Bettrand hinaus und versuchte, das Geschluckte herauszuwürgen, oder ich flüchtete ins Bad und versuchte zu erbrechen. Aber es funktionierte natürlich nicht.

Dann kam die Todesangst: *Morgen gibt es mich nicht mehr!* Dann wurde mir halbwegs bewusst, dass es nur ein Traum war, ich legte mich wieder schlafen und war sofort wieder ins Traumland abgetaucht.

In Ägypten war das Thema Sexualität omnipräsent, obwohl ich mich als Neutrum präsentierte. Ständig wurde Pierre angequatscht, in der Hotelhalle, im Restaurant, auf der Straße, im Bus:

«Mit wem bist du verheiratet, mit der Langhaarigen oder der Kurzhaarigen?» Variante dazu: «... mit der Größeren oder der Kleineren?»

Was auch immer Pierre antwortete, die andere Frau wurde sofort angebaggert. Wir fanden das alle drei nur peinlich, denn sie behandelten uns wie Sexobjekte. Einmal sagte Pierre, er sei mit uns beiden verheiratet. Schlagartig zwinkerten sich die umstehenden Männer zu und grinsten.

Um uns noch mehr zu neutralisieren, kauften Christiane und ich große Kopftücher sowie traditionelle Kleider über den landestypischen Hosen.

Nachdem Pierre den ersten Auftrag beendet hatte, fuhren wir ins Landesinnere zu verschiedenen Projekten von Hilfswerken, für die er ebenfalls arbeitete.

Eines Morgens besuchte ich in meiner Verkleidung ein Museum. Als ich mich zu Fuß nach Hause kämpfte, ein recht langer Weg, kam ein Junge mit seinem Fahrrad daher und quatschte mich an. Er sprach gut Französisch, ein unschuldiger kleiner Gentleman. Ich sah keine Probleme. Erstens fungierte ich als wallende Zeltmumie, und zweitens hätte ich seine Großtante sein können.

Plötzlich wechselte Bubi die Taktik. Bis dahin war das Fahrrad zwischen uns, und nun war er plötzlich in der Mitte. Ich auf der einen und das Fahrrad auf der anderen Seite. Nun schaltete er drei Gänge höher und wurde aufdringlich. Nochmals beäugte ich ihn: Nein, der war unmöglich älter als zehn. Das Lenkrad auf Stirnhöhe, kein Stimmbruch in Sicht, babyglattes Kinn.

«Du bist so schön, ich möchte dich gerne berühren.»

«Frechdachs! Hör mal, verzieh dich, und zwar auf der Stelle!»

«Bitte entschuldige. Nur einmal. Nur ganz kurz. Nur einmal.»

«Spinnst du? Geh weg! Und putz dir den Milchbart weg.»

«Nein? Dann gib mir wenigstens einen Zungenkuss.»

«HAU AB!»

«Du bist gemein zu mir, ich bin jetzt die ganze Zeit mit dir gelaufen und habe dich beschützt. Wenigstens ein Kuss muss drinliegen. Als Bezahlung.»

«Fifi, wenn du dich nicht sofort verpieselst, rufe ich die Polizei!»

Das wirkte. Schon saß er auf dem Fahrrad, radelte in eine Seitengasse und verschwand bei der erstbesten Gelegenheit hinter einer Häuserreihe.

Diese Begegnung zerriss die hauchdünne Narbe auf einen Schlag. Das Vergangene kam wieder hoch. Bis zur Abreise reagierte ich wieder verschlossen, wenn es um Männer- und Frauengeschichten ging. Wahre Liebe musste eine Lüge sein.

Zu Hause ging es mit der Therapie bei Eliana weiter, und ich war so froh darum, arbeitete vieles auf. Ansonsten ging ich wie gewohnt arbeiten und lebte weiterhin zurückgezogen im Gartenhäuschen.

Die Nähe zur Natur tat mir gut. Ich musste über wadenhohes Gras zu meinem «Zuhause» waten, denn es gab keinen Weg, nicht mal Steinplatten. Dafür hatte ich herrliche Seesicht. Meine engsten Mitbewohner waren Schnecken, Spinnen und Ameisen.

Morgens weckte mich die Sonne. Die Grillen zirpten bereits, ein neuer Tag begann, jeden Tag aufs Neue. Nachts saß ich da oder lag bereits auf meiner Pritsche und zählte die Sterne am Himmel. Ich konnte stundenlang Sternbilder und Sternschnuppen suchen.

Oft war mir auch kalt, besonders bei Regenwetter. So genoss ich mein Ein-Raum-Inselchen, in dem ich mich geborgen fühlte. Toilette und Dusche waren im Keller der Jugendstilvilla meiner Freunde. Es lebte sich auch ohne Kühlschrank gut, einfach anders. Das Einfache war schön, und das Schöne war einfach.

Langsam spürte ich den Boden wieder unter den Füßen. Eliana schlug mir vor, eine Seminarwoche zum Thema «Sterben und Leben» zu besuchen.

Da gab es eine Übung, bei der alle in einem großen Kreis saßen. Man musste sich zu zweit gegenübersitzen und sich wortlos zwei Minuten lang, möglichst ohne mit der Wimper zu zucken, regungslos in die Augen schauen. Dann ging man zur nächsten Person.

Es dauerte etwa eine Stunde, bei mir viel weniger, denn sehr bald musste ich abbrechen. Durch diese intensiven, wenn auch liebevollen Blicke fühlte ich mich bis aufs Innerste entblößt und völlig schutzlos.

Ich hielt es nicht mehr aus, und bei der vierten Person klappte ich zusammen. Es begann ein einmaliger Heulkrampf, der überhaupt nicht mehr aufhören wollte. Ich wollte nichts als sterben. Einer der Seminarleiter hielt mich ewig lang in seinen Armen, bis ich mich endlich, endlich wieder beruhigte.

Ich hatte keine Ahnung, was mit mir los war.

In dieser Seminarwoche mussten wir das Leben nach dem Tod zeichnen. Dabei erlebte ich einen absoluten Höhenflug und hatte das Gefühl, endlich den Sinn des Lebens verstanden zu haben.

Und das lief so ab: Ich zeichnete eine aufsteigende Treppe. Sie führte mit vielen Tritten von der Ecke des Papiers links unten bis zu derjenigen rechts oben. Ganz zuoberst war ein Thron, und darauf saß Gott.

Ich wusste plötzlich, wie das funktioniert: Die Menschen steigen Stufe um Stufe empor. Im Normalfall entspricht eine Stufe einer ganzen Lebensdauer. Auf jeder Stufe erlernen sie das, was sie für die nächste Entwicklungsstufe wissen müssen. Sie können erst zur nächsten Stufe hochgehen, wenn sie ihre Aufgaben erfolgreich ausgeführt haben. Wie viele Leben sie dazu benötigen, ist individuell unterschiedlich und spielt auch keine Rolle, es ist kein Marathon. Denn schlussendlich landen alle früher oder später bei Gott.

Ich dachte: *Wow, auf diese Weise kann ich alles akzeptieren, jede Ungerechtigkeit im Leben der Menschen, den zu frühen Tod eines Kindes, jede Schandtat, die irgendwo geschieht.*

Denn nun weiß ich, dass alle wiederkommen und dadurch eine neue Chance erhalten. Die Hölle, so wie die Kirche sie sieht, als Gegenpunkt zum Himmel – diese Hölle gibt es gar nicht, das ist eine Einbildung der Menschen, ein großes Miss- verständnis. Die echte Hölle ist der Entwicklungsweg über all die Stufen bis zur Erleuchtung, denn der ist nicht immer an- genehm.

«Die Hölle erleben wir hier unten in all den Leben, in de- nen wir uns zur Erleuchtung hin entwickeln!», verkündete ich den anderen in der Austauschrunde. Ich war überglück- lich. Die Erkenntnis über die Reinkarnationen gab mir Hoffnung. Dadurch konnte ich jedes noch so schlimme Ge- schehen einordnen. Es ergab plötzlich Sinn. Das Wissen, dass irgendwann alle ganz oben bei Gott landen, war sehr tröstlich.

Am Reinkarnationsglauben hielt ich fest, bis ich viel spä- ter zu Jesus fand.

Wir mussten auch unser eigenes Grab graben. So richtig im Wald. Mit Schaufel und viel zu großen Arbeiterhand- schuhen. Dann legten wir uns der Länge nach hinein und bedeckten uns mit Ästen, viel Laub und Tannenzweigen. Und meditierten über die Fragen:

– Wer wird an meinem Begräbnis teilnehmen?
– Wie alt werde ich sein?
– In welchem Zustand bin ich gestorben?
– Was erzählen die Überlebenden über mich, während sie um mein Grab stehen?
– Wie ist die Stimmung während der Zeremonie?

Wir notierten alle Verletzungen und alles Schlimme, was wir erlebt hatten. In einer Feuerzeremonie verbrannten wir anschließend diese Papiere. Wir zerstörten das Schmerzliche aus unserer Vergangenheit, falsche Kon- ditionierungen, falsche Haltungen, Werte und Glaubens- sätze, falsche oder verletzende Aussagen, die über uns aus- gesprochen wurden. Wir behielten nur das Gute.

Auf diese Weise waren wir gestorben und wieder neu geboren. Als eigenes «Selbst», als «Ich».

Anschließend fand eine Wassertaufe statt, um das zu besiegeln. Zuletzt ein Luft-Ritual. Wir bezeugten vor allen anderen und dem Element Luft, das seine Winde in alle Richtungen und Winkel der Erde trägt, wer wir wirklich waren und was für Gaben wir in dieses neue Leben mitbrachten.

Danach tanzten wir und feierten unser neues Leben. Wir erlebten viel für mich komplett Neues. Diese Woche war für mich die erste, in der ich ernsthaft in Anderwelten eintauchte. Dort gefiel es mir deutlich besser als in der Realität.

Ich hatte keine Lust, in meinen Alltag zurückzukehren. Aber das Seminar ging zu Ende, und ich *musste nach Hause*.

Auf dem Nachhauseweg erschauerte jede einzelne meiner etwa 100 Billionen Körperzellen beim Gedanken, je wieder in der Gegenwart ankommen zu müssen. Ich wollte nichts anderes, als mich immer in diesen Dimensionen aufhalten.

In dieser Seminarwoche hatte ich viel mehr als eine fremde Sprache erlernt, nein, ich war auf einem riesigen, unbekannten Planetensystem herumgesurft. Ich hatte einen Blick durch die 13. verbotene Tür[6] werfen können und war fasziniert vom Erhaschten. Mein Knusperhäuschen im Garten und mein leistungsorientiertes Berufsleben waren reinster Klimbim im Vergleich dazu. Ein halbseidenes Nichts.

Dieses neue Leben wollte ich! Und noch viel mehr. Das erinnerte mich an das Märchen vom süßen Brei der Gebrüder Grimm, und ich wollte auch ganz viel von diesem süßen Brei.

«Es war einmal ein armes, frommes Mädchen, das lebte mit seiner Mutter allein, und sie hatten nichts mehr zu essen. Da ging das Kind hinaus in den Wald, und da begegnete ihm eine alte Frau, die kannte seinen Jammer schon und schenkte ihm ein Töpfchen, zu dem es sagen sollte: ‹Töpfchen, koche›, so kochte es guten, süßen Hirsebrei, und wenn es sagte: ‹Töpfchen, steh›, so hörte es wieder auf zu kochen.

Das Mädchen brachte den Topf seiner Mutter heim, und nun waren sie ihrer Armut und ihres Hungers ledig und aßen süßen Brei, so oft sie wollten.

Als das Mädchen eine Weile aus dem Haus ging, sprach die Mutter: ‹Töpfchen, koche.› Da kochte es, und sie aß sich satt. Nun wollte sie, dass das Töpfchen wieder aufhören sollte, aber sie wusste das Wort nicht. Also kochte es fort, und der Brei stieg über den Rand hinaus und kochte immerzu, die Küche und das ganze Haus voll und das zweite Haus und dann die Straße, als wollte es die ganze Welt satt machen, und es war die größte Not, und kein Mensch wusste da zu helfen.

Endlich, als nur noch ein einziges Haus übrig war, da kam das Kind heim und sprach nur: ‹Töpfchen, steh›, da stand es und hörte auf zu kochen, und wer wieder in die Stadt wollte, der musste sich durchessen.»[7]

So fuhr ich widerstrebend am Steuer meines kleinen Fiat nach Hause. Ich war unwillig, mich auf die Straße zu konzentrieren, denn der Sog, mich von den süßen Erinnerungsfäden in die vergangene Woche zurückzuversetzen, war dermaßen verführerisch, dass ich mich nur allzu gerne darauf einließ. Das war meine Welt, dort war ich glücklich, dort wollte ich sein. Und nur dort.

Selbstverständlich sah ich die große Kreuzung weiter vorne – und auch die Verkehrsampel auf Rot. Aber ich wollte mich nicht bewegen und aufs Bremspedal drücken, sonst hätte es mich aus meinen Träumen gerissen. Ich kam den Autos, die auf meiner Spur vor der Ampel warteten, immer näher. Schließlich schaltete sich der Verstand doch noch ein, und ich drückte das Bremspedal voll durch.

Zu spät, ein Aufprall mit dem Mercedes vor mir war unvermeidlich. Mein Kopf schlug auf dem Steuerrad auf. Unmittelbar darauf ein harter Schlag im Nacken, als mich ein

Auto von hinten rammte. Mein Auto hatte Totalschaden und ich ein Schleudertrauma. Damals war diese Diagnose zwar noch unbekannt. Erst viel später erhielt ich sie, nach vielen Jahren starker Schwindelgefühle, Übelkeit und Druck im Kopf.

Stunden später landete ich ziemlich belämmert in meinem Gartenhäuschen. Wo war ich wirklich zu Hause? Es fiel mir sehr schwer, in der Realität zu bleiben, denn das, was ich in dieser Woche erlebt hatte, war um so vieles prickelnder. Es war ein wenig wie mein geheimer Garten, in den ich mich immer wieder zurückzog. Das Eintauchen in Märchen und Sagen aus fernen Ländern beruhigte mich.

Speziell die Schwindelgefühle und die Übelkeit beeinträchtigten mich in meinem Alltag. In meinen Kreisen sagte man mir, ich sei nicht vollkommen inkarniert, und deshalb hätte ich diese Symptome. Ein Teil meiner Seele habe nicht wirklich in dieses Leben kommen wollen, und darum befände sich ein Teil davon außerhalb des Körpers.

Was konnte ich tun, um ganz in dieses Leben zu kommen?

Eliana passte die Therapie an, indem sie mir eines ihrer Zusatzangebote empfahl: die holotrope Atemtechnik, welche der Transpersonalen Psychologie angegliedert ist. Dabei handelte es sich um oft mehrstündige Sitzungen für mehrere Personen gleichzeitig. Mehrere Therapeuten begleiteten uns jeweils.

Ich lag auf dem Boden, die Augen geschlossen. Dann begann ich bewusst zu hyperventilieren, also stark beschleunigt und pausenlos tief ein- und auszuatmen. Meist erfolgten plötzlich starke muskuläre Verspannungen und Krämpfe. Der Körper krümmte und wand sich, ich hatte Panik oder erstickte fast.

Es war schmerzhaft, und ich fand es jedes Mal sehr unangenehm. Dann erfolgte der Ausbruch, die Katharsis – die Reinigung –, mit starken Gefühlen, hochkommenden Erinnerungen oder plötzlichen Einsichten.

Wenn man durch war, fühlte man sich tiefenentspannt. Ziel war, Blockaden zu überwinden.

Immer öfter kombinierte Eliana das holotrope Atmen mit Rückführungen oder forcierte nur diese, sobald wir uns in einem tiefenentspannten, meditativen Zustand befanden. Der Begriff Rückführungen besagt wie die Reinkarnationstheorie, dass die menschliche Seele sich immer wieder neu als fleischliches Wesen inkarniert, um Erfahrungen zu sammeln, zu wachsen und zu reifen. Goethe umschrieb diesen Prozess so:

«Des Menschen Seele
gleicht dem Wasser:
Vom Himmel kommt es,
zum Himmel steigt es
und wieder zur Erde muss es,
ewig wechselnd.»[8]

In den Rückführungen reiste unsere Seele unter Anleitung von Eliana in frühere Leben. Diese Technik wurde angewendet, um Antworten zu finden, weshalb man im jetzigen Leben dieses und jenes erlebte, sich immer wieder in einer bestimmten Situation wiederfand oder es einfach nicht schaffte, sich so zu verhalten, wie man es sich wünschte.

Die Theorie der Rückführungen besagt, dass alle unsere früheren Leben, Erfahrungen, Gefühle und Gedanken in unserem Unterbewusstsein abgespeichert sind und auf diese Weise hochgeholt werden können.

Tatsächlich erhielt ich jedes Mal erstaunliche Antworten, die mir schlüssig schienen und mir scheinbar halfen, Belastendes aufzuarbeiten oder zumindest besser zu verstehen.

Da wir an das spirituelle Gesetz glaubten, dass alles mit allem verbunden ist, mussten die erhaltenen Antworten zweifelsohne aus dem Fundus des verschütteten Unterbewusstseins stammen. Und hätten wir einmal keine Antwort erhalten, wäre es ein Leichtes gewesen, auch diesen Umstand überzeugend zu interpretieren. Wenn man an die verschiedenen Leben glaubt, betrachtet man auch die DNA eines Menschen als etwas viel Umfassenderes, da sie alle Inkarnationen berücksichtigt.

Erfahrungen aus früheren Leben konnten sich auch in scheinbar kuriosen Situationen zeigen. Eine Freundin schob jedes Mal eine Riesenpanik und war völlig außer sich, wenn auf den Feldern weiße Silofutter-Ballen waren. Sie konnte sich diese übertriebene Reaktion absolut nicht erklären. Aus unserer Perspektive war die Ursache in Erlebnissen aus drei früheren Leben zu finden.

Trotz holotropem Atmen und vielen Rückführungen hörte ich nach wie vor: «Du bist immer noch nicht angekommen.»

So meldete ich mich auch zu einer «karmischen Horoskop-Analyse» an. Diese berücksichtigte im Gegensatz zum klassischen Horoskop auch die früheren Leben beziehungsweise die Rückstände und unerlösten Themen, die der Mensch in das aktuelle Leben mitbrachte. Dieses sogenannte Karma und die Sternenkonstellation im Moment der Geburt wurden aufeinandergelegt und ausgewertet.

Ich staunte, als mir auch hier das Gleiche mitgeteilt wurde: Ich sei nicht wirklich inkarniert! Dieser «Stempel» beelendete mich. Zu gern wollte ich mich vollständig inkarnieren und voll und ganz im Leben ankommen, wenn ich denn schon mal hier unten war und die Lebenszeit abzusitzen hatte.

Es schien mir, dass all die Anstrengungen mein Grundproblem nicht lösten. Zwar ging ich aus jeder Sitzung mit neuer Einsicht heraus, aber irgendwie reichte es immer noch nicht. Offenbar musste ich mich noch mehr anstrengen.

KAPITEL 8
Ich will Kinder!
. . . .

Mittlerweile war Sommer. Das spartanische Leben in meinem Kokon mit Wackelbett, Wackeltisch und Wackelstuhl begann mich einzuengen. Obwohl ich keine leidenschaftliche Köchin war, hatte ich das Bedürfnis, wieder «richtig» zu kochen mit vielen Töpfen, dass es brutzelt und zischt und möglichst viel Dampf abgeht.

Mein «Hauptnahrungsmittel» waren schon seit vielen Jahren filterlose Zigaretten der Marke «Gitanes». Das waren dieselben, die auch Serge Gainsbourg, ein französischer Chansonnier, rauchte, und den fand ich meist extrem cool. Hauptbestandteil meines Abfalleimers war der Inhalt der ständig überquellenden Aschenbecher.

Irgendwie verblasste der Charme meines jetzigen Lebens. Es roch nach Veränderung. Die Zeit nahte, in der ich das Gartenhäuschen verlassen und der Welt wieder entgegentreten wollte. Seit der Trennung von Yasser mied ich jede Art von Mann. Ich hatte mich seither nur einmal für einen Mann interessiert, aber der war homosexuell und konnte mein widersprüchliches Getue überhaupt nicht einordnen. Zum Glück.

Aus lauter Angst hatte ich um mich eine Mauer aus unüberwindbarem Stacheldraht aufgebaut und mich auch gleich damit eingewickelt. Mit dem Teil innerhalb des Stacheldrahtes, also mit mir selbst – hallo du da, ist da jemand? –, hatte ich mich in der Therapie bei Eliana intensiv auseinandergesetzt. Ich weiß nicht, ob sie es auch als «intensiv» bezeichnen würde, aber für meine Verhältnisse war es das.

Gäbe es ein Fach «Einmaleins des Sich-selbst-Kennen-Lernens», hätte ich mir ohne zu zögern ein «knapp Genügend» gegeben. Und es gab doch einiges, mit dem ich mich versöhnt hatte. Jawohl! Der Mensch «Ich» war mir ein wenig vertrauter geworden. Die Selbstverurteilungen kamen nicht mehr automatisch.

Ich hatte gelernt, dass es nicht nur eine Art gibt, eine Situation zu beleuchten. Ich war sogar fähig – jedenfalls ansatzweise –, über den Vergewaltiger wütend zu sein. Zugegeben: nicht auf Anhieb. Aber ich wusste, dass ich es sein müsste. Wütend. War ich nicht auf ziemlich gutem Weg?

Nun war ich Ende zwanzig. Will heißen: ALT. Überfallmäßig hatte «es» mich erwischt.

Die Welt bestand plötzlich nur noch aus vorbeirauschenden Kinderwagen mit Wonneproppen, Strampelkerlchen, so richtigen Süßjauchzern. Herrlich! Ich war hin und weg und schmachtete die Kleinen an.

Menschenskind, die halbe Stadt hatte einen dicken Bauch, und die andere Hälfte wedelte mit Riesenmengen Aktions-Pampers durch die Menge. Die Jööööö-wie-herzig!-Liga zählte ein neues Aktivmitglied, das zügig aufholte. Das war ich.

An entlegenen Bahnhofkiosks kaufte ich verstohlen die Zeitschrift «Wir Eltern», beschäftigte mich mit jeder noch so unsinnigen These über Kindererziehung und so weiter. Mit sehr viel «und so weiter». Meine Sinne und Gedanken-Muckis bündelte ich auf nur zwei Worte: *mein* Kind. Fokussieren war schon immer eine meiner Stärken gewesen.

Meine Freundin sagte: «Du bist wie eine Dampflokomotive. Wenn du so richtig in Fahrt bist, kann dich nichts aufhalten.»

Nun verstand ich sogar Mami mit ihrer fragwürdigen Überzeugung, dass eine richtige Frau Kinder haben müsse. Dass ausgerechnet meine mutterinstinktfreie Mami an einer solchen Ansicht festhielt, fand ich nachdenkenswert. Die Mutterschaft war also der alles entscheidende Faktor. Selbstverständlich wollte auch ich endlich in die Liga dieser «richtigen Frauen» aufsteigen.

Im Gartenhäuschen war das alles natürlich nicht möglich. Also musste eine passende Wohnung her. Es wurde dann ein fünf- oder sechsstöckiger Altbau, und ich wohnte ganz oben. Ohne Lift.

Ich wurde richtig sportlich. Meine Nachbarn waren Spanier. Zwischen uns ein Luftschacht. Waren die Fenster offen, lernte ich gratis Katalanisch.

Ich schwankte auf der aufregenden Schwelle zum etablierten Spießbürgertum, und um das auch optisch zu demonstrieren, mussten dringend konventionelle Möbel her. Was zu meinem Leidwesen beinhaltete, dass ich auf mein Lieblingsleben auf dem Boden verzichten musste. Fertig mit der ultimativen Lebensspielwiese zum Essen, Schlafen, Lesen, Apfelringe schneiden, Spielen, Stricken, zu einfach allem.

Ich stieg vom Leben in der Zweidimensionalität zum Leben in der Dreidimensionalität auf, indem ich nun auch den Raum erobern wollte. Dazu gehörte ein viereckiger Tisch mit vier stabilen Beinen. Und Stühle. Schöne oder komfortable? Ich entschied mich für zwei, einen schönen und einen bequemen. Fürs Stillen würde ich den bequemen wählen – und fürs Lesen den schönen.

Dann drängte sich ein hässliches Bett aus *Sumpfeiche* vor, um meine herumrutschende Sozialkaufhaus-Matratze zu ersetzen. Der Sumpf war übrigens ein schlechtes Omen, das sich erfüllen sollte – aber wer will auch immer gleich an das Schlimmste denken?

Und dann wälzte sich noch mein erstes richtiges Schrank-Ungetüm mit Achtung-Vorsicht-Schiebetüren durch die Tür und verjagte meine treuen, multifunktionalen Kartonschachteln. Es war hart. Eine richtige Frau zu werden ist etwa so anstrengend, wie schön zu sein.

So, und nun musste der Held in der goldenen Rüstung her – und gleichzeitig der Vater meines Kindes. Da meine Gefühle und ich bekanntlich an gegenseitigen chronifizierten Verständigungs-Schwierigkeiten litten, wollte ich diesmal besonders klug vorgehen und ging die Suche nach dem perfekten Mann wie eine Bilanzrechnung an.

Ich nahm ein Blatt Papier, meinen Lieblingskugelschrei- 93

ber – bringt Glück – und schrieb alle Vorteile und Nachteile, Stärken und Schwächen meines Helden auf. Dabei inspirierten mich verschiedene Figuren, die ich aus den Märchenbüchern kannte, und immer wieder kamen scharf konturierte Bilder von tapferen Slawen mit imposanten Schnurrbärten und Riesenherzen hoch, die mutig und tapfer für Familie und Vaterland einstanden.

So schrieb ich verschiedene Heldenprofile in diese Plus-Minus-Listen, und immer wieder überwog das Slawische. Ich fand es zwar sonderbar, denn ich hätte lieber einen waschechten Schweizer gehabt. Aber vielleicht war es mein Weg, über den Tellerrand zu schauen?

Ich konnte die Listen durchgehen und nochmals korrigieren, beim Zusammenzählen kam ich immer auf die Slawen. Etwas war sicher: Mathematik log nicht, das waren logische Fakten. So etwas wie ein Handschlag. Darauf musste ich doch setzen können, das waren keine dieser Fata-Morgana-Gefühle.

So gesehen war es eigentlich ganz einfach und sogar für mich möglich, für mein Privatleben vernünftige Entscheidungen zu treffen. Das erfüllte mich mit Zuversicht. Ich war jetzt auf dem Weg zur richtigen Frau und ziemlich glücklich. Die Therapie und all meine weiteren Selbstfindungskurven schienen zu fruchten.

In der nächsten Sitzung bei Eliana verkündete ich, ich sei reif für eine neue Challenge: «Ich will alleine in die Ferien fahren, an die Küste von Jugoslawien! Ich will mir beweisen, dass ich das schaffe!»

«Wieso denn gerade dorthin?» Das war Eliana.

«Tja, weil, ehm … tja, ehm, weil ich eine Familie gründen möchte und einen geeigneten Vater suche!»

«Und was hat das bitteschön mit *Jugoslawien* zu tun?»

«Wisst ihr denn nicht: Slawen sind ausgeprägte Familienmenschen! Außerdem gefällt mir ihre Musik und die bunte Folklore. Und der Märchenschatz aus dem Balkan. Zudem: Das Neue kommt fast immer aus dem Osten.»

Zugegeben, das kam ziemlich naiv rüber, was ich ja auch

trotz allem Erlebten immer noch irgendwie war, aber ich fand das ganz okay. Zudem wollte ich meinen Entscheidungsweg nicht breitschlagen.

Die Gruppe und Eliana schienen nicht wirklich begeistert von meinem Vorhaben.

«Hast du es dir auch gut überlegt?»

«Ich habe das Gefühl, dass du dich in etwas hineinstürzt.»

«Nein-nein, und ich habe mir doch geschworen, und ihr wisst das, dass ich mich nie mehr von einem Mann abhängig machen werde. Ich habe aus der Vergangenheit gelernt. Ich werde nichts überstürzen und vorsichtig sein.»

«Warum einen Mann in Jugoslawien finden, du könntest doch auch hier jemanden finden?»

Diese Einwände bewirkten, dass ich Pass und Bikini noch schwungvoller einpackte.

Eine solche Reise ganz allein im Auto, ganz allein an gebührenpflichtigen Autobahn-Zahlungsschranken vorbei, ganz allein im Restaurant sitzen – das war schon ungewohnt, und manchmal hatte ich ein mulmiges Gefühl.

Nachts verschloss ich das Auto von innen und glitt zwischen Bremspedal und Schaltknüppel ab ins Traumland. Es war mehr als unbequem, aber egal. Tagsüber fuhr ich die kurvige Küstenstraße hinunter gen Süden. Mein Ziel war die mazedonische Stadt Ohrid, unweit der albanischen Grenze, ein kultureller Höhepunkt. Doch sollte ich nie dort ankommen.

Eines Nachts blendete der Mond direkt in mein Gesicht. Er schrie: «Verzieh dich von hier!»

Ich bedeckte die Augen mit einem Shirt und schlief weiter. Mitten in der Nacht erwachte ich durch einen Riesenlärm. Das Auto schaukelte hin und her. War ich im Wasser? Ich hörte sonderbare Geräusche und war vor Angst kurz vorm Sterben.

Nach einer Weile zog ich das Shirt von den Augen und schielte ins Dunkle. Meine Güte! Mein Auto stand in einem riesigen Meer von Schafen. Die wollten natürlich genau da durch, wo ich war. Das sonderbare Schaf auf vier Rädern störte sie. Sie schimpften laut. Ein paar Schlaue benutzten das Auto als Kratzbaum für juckende Flanken.

Der Spuk dauerte nur ein paar Minuten. Mein Auto mit Namen Kiwi und ich beruhigten uns wieder, und ich schlief nochmals ein. Diesmal übernahm die Sonne den Weckdienst.

Die Küstenstraße langweilte mich zusehends. Ich wollte weg. Wollte das Land kennen lernen. So begann ich, bei Kreuzungen immer die kleinere Straße zu wählen. Dadurch kam ich auf immer schmalere und staubigere Straßen – also genau das, was ich wollte.

Irgendwann landete ich auf nicht-geteerten Straßen, dann auf Feldwegen mit vielen Schlaglöchern, und schließlich wurde es so richtig volkstümlich. Ich befand mich an einem Ort, wo die Uhr stehen geblieben war. Die Welt schien hier noch schwer in Ordnung zu sein. Es gab weder Wonderbra noch Magersucht.

Dafür starke Bilder. Da war ein schattenspendender Baum. Wohl eine Linde. Darunter saßen Frauen. Das satte Grün als Kulisse, davor die Frauen mit den großen weißen Kopftüchern über den schwarzen Kleidern. Ich konnte mich kaum sattsehen.

Auf der Wiese spazierten fröhlich diskutierende Gänse. Die bewegten sich ganz frei, da war nirgends ein Drahtgeflecht, Wahnsinn! Unter einem anderen Baum die Männer mit breit ausgestreckten Beinen. Sie trugen schwarze Hosen, kurze Westen und weiße steifgebügelte Hemden.

Die Frauen schwatzten miteinander und häkelten, stickten oder mahlten türkischen Kaffee. Dazu klemmten sie die Messing-Kaffemühle zwischen die Oberschenkel und drehten bedächtig Runde um Runde. Das war eine zähe Sache und dauerte entsprechend lange, aber die hatten ja alle Zeit der Welt.

Ich glaube, für sie zählte nur die Gegenwart. Und wenn
man ihren Geschichten lauschte, auch die Vergangenheit:

Familie, Kinder, Enkel, Krieg und natürlich die überteuerten Preise. Die Männer diskutierten eher über Sport, Militär und Krieg, Politik und anstehende Hausrenovierungen. Dazu rauchten sie und tranken Kaffee in zerbrechlichen Porzellantässchen. Immer mit Unterteller.

Weiter hinten schmucke Häuser, Stallungen und Gemüsegärten. Wenn ich im Schritttempo vorbeiholperte, drehten sich sogar die Maiskolben im Garten nach mir um. Autos waren hier eine seltene Spezies. Es war so idyllisch! Albert-Anker-Bilder[9], *made in Bosnia.*

Eines der ersten Wörter, das ich lernte, war *kriv* oder *krivica.* Auf Deutsch bedeutet es «schuldig sein» oder «Schuld». Bei ihren Diskussionen ging es immer darum: *Ko je kriv?* Wer ist schuld?

Darüber wurde in einer für mich nicht nachvollziehbaren Endlosschleife debattiert, gestritten und geweint. Wenn es um die Inflation ging: *Ko je kriv?* Wenn es um ein erkranktes Kind ging: *Ko je kriv?* Wenn es darum ging, warum die Mastküken so langsam zunahmen: *Ko je kriv?* Wer ist schuld?

Einmal fragte ich, weshalb die Schuldfrage für sie so zentral wichtig sei, es ändere doch nichts (mehr) daran, auch wenn man sie beantworten könnte. Alle horchten auf und schauten mich verständnislos an. Schließlich ergriff der imposante Patriarch mit ebenso wildem Stalin-Schnurrbart das Wort:

«Die Osmanen haben unser Land eingenommen und zerstört. Ihre Herrschaft dauerte über zweihundert Jahre, und mit der Zeit vermischten sich beide Kulturen. Die Frage nach der Schuld haben wir von der osmanischen Kultur übernommen. Ebenso andere Dinge wie die Kaffeezubereitung, viele Rezepte, bestimmte Wörter.»

Nicht allen war ich geheuer. Deshalb kaufte ich auf einem Markt ein Riesending von Pluderhose, dazu Bluse und Kopftuch.

Die Verkäufer schüttelten den Kopf: «Sie modern, warum altmodische Kleider? Nicht gut. Besser, viel besser Jeans!»

Schließlich kapitulierten sie und sorgten sich wohl um meinen Geisteszustand. Ich sah tatsächlich aus wie ein hochschwangeres Nilpferd von mindestens Zwölflingen.

Trotzdem, wenn ich jetzt irgendwo auftauchte, dachten die Leute, ich sei eine Einheimische. Ich wurde zum nichtbeachteten Neutrum, und das war die Absicht. Doch wehe, wenn jemand die gloriose Idee hatte, mit mir ein Schwätzchen abzuhalten …

Eines Nachmittags haute mich etwas völlig um. Ich tuckerte mutterseelenallein über Stock und Stein, hinterließ eine gewaltige Staubwolke und genoss es. Der Weg führte durch ein Waldstück und ging recht steil bergauf.

Nach einer Kurve tauchten wie aus dem Nichts und völlig unvermittelt zwei Fahrende auf.

Wow, wo bin ich denn da gelandet?

Die junge Frau saß auf dem Esel. Oder war es ein Maulesel? Jedenfalls war es kein Pferd. Die beiden waren wunderschön. Nein, das stimmt nicht, sie waren viel, viel schöner als wunderschön. Sie leuchteten, erhellten den Wald. Die Luft um sie herum flirrte. Es ging etwas aus von ihnen.

Schlagartig hielt ich an. Starrte. Mit offenem Mund. Wahrscheinlich atmete ich nicht mehr. In einem solchen Moment sollte man auf Knopfdruck sterben können.

Schritt für Schritt kamen sie näher. Sie sahen aus wie Maria und Josef. Fehlte nur noch das Jesuskind. Die Frau schaute mir direkt in die Augen. Dieser Blick: Samt und Honig. Dieses Lächeln: Wie kann man nur so in sich selbst ruhen? War das Erhabenheit? War das ein Engel? Eine Fee?

Wer war das? Ihr Gesicht passte nicht hierher, es war zu lang, zu schmal, zu schokoladig. Das Haar trug sie unter einem Tuch versteckt. Auf dem Arm lag doch tatsächlich ein Kind, ein in Stofflappen gewickeltes winziges Kind. Ohne Witz!

Josef war klein und hager. Er führte das Tier, dazu sang er. Sein Lied berührte den Himmel. Er sah aus wie ein Engel mit schwarzen Locken. *Wieso kann ich nicht den Film an-*

halten? Das war der schönste Moment meines Lebens. Er wiederholte sich nie wieder.

Noch heute frage ich mich, wer das war, ob das wirklich Fahrende waren. Damals deutete ich diese Begegnung dahingehend, dass ich dort richtig war. Dass es das Land war, wo ich fände, wonach ich suchte.

Anfangs der dritten Ferienwoche erreichte ich im Süden Jugoslawiens die hübsche Küstenstadt Budva.[10] Der Sand war weich und hell wie Babyhaut, das Meer sanft und sauber. Ich war offensichtlich nicht die Einzige, die das schätzte.

Meine Welt an diesem Tag bestand aus der Größe meines Badetuchs, das glücklicherweise etwas größenwahnsinnig war. Wenn jemand im Vorbeistapfen darauftrat, war ich beleidigt: Das ist aber *mein* Platz!

Weil es so heiß war, benutzte ich das Buch eher als Sonnenschutz denn als Lektüre. Dafür verbrachte ich die meiste Zeit mit der schönsten Beschäftigung am Meer: Menschen beobachten.

Beispielsweise die Familie mit zwei Kleinkindern gleich vor mir. Eines war folgsam, und das andere krähte ununterbrochen. Was tat der Vater? Er nahm die Schnapsflasche, öffnete dem Kleinen den winzigen Mund und goss ihm einen gehörigen Schluck Schnaps hinein. Offensichtlich war er geübt darin. Nun zeterte zwar die Frau, aber das Kind schlief ein. Ich war geschockt. *Igitt, was sind denn das für Männer?*

Etwas später kam eine Großfamilie dahergeschlendert. Oma und Opa blieben in ihren Kleidern, die Eltern hatten zuerst den Badeanzug angezogen und darüber die Kleider, derer sie sich jetzt zu entledigen suchten. Plötzlich begann eines der Kinder zu rebellieren, wahrscheinlich wollte es ein Eis, und die Eltern verneinten: «Du hast soeben eines gehabt, das reicht.» Oder so ähnlich. Das Kind quengelte immer überzeugender, die Situation eskalierte. Es war August und heiß, das Hirnwasser kocht da schnell über.

99

Der Vater wollte soeben seine Hose ausziehen und die quietschrote Badehose präsentieren, die der Cousin mitgebracht hatte, als dieser aus dem fernen Köln nach Hause zum Urlaubmachen kam. Nun schnellte er den Hosengürtel aus der Hose, sackte im Sand ein, als er drei Schritte in Richtung quengelndes Mädchen machte. Drohend hielt er ihm den Gürtel unter die Nase und sagte wohl so was wie: «Wenn du nicht sofort schweigst, kriegst du eins ab.»

Im Hintergrund schrien Oma, Opa und die Ehefrau und versuchten ihn zu beschwichtigen. Aber das Kind machte einfach weiter. Der Vater glühte. Er hob den Arm mit dem Gürtel, holte weit aus. Mit der anderen Hand packte er das Kind und drosch auf die Kleine ein. Drei-, vier-, fünfmal.

Dann stieß ihn die Mutter weg, auch die Großeltern hatten sich aufgerappelt. Die anderen Geschwister wimmerten oder drückten stumm den Sand zu kleinen Häufchen. Der Vater öffnete fluchend ein Bier. Das Kind weinte sich an Omas Brust aus. Opa holte für alle ein Eis. Alle schwiegen, tranken, rauchten, lasen und schmatzten Eis.

Doch es ging noch weiter. Danach sausten die Kinder nämlich mit dem Vater ins Meer und johlten um die Wette. Ich war verstört. Verstand Bahnhof. *Was für Abartige!* Ich war wütend. Wie kann ein Familiensystem nur so krank sein, und das über Generationen? Bereits die Enkel spielten mit. Was für die normal war, war für mich abnormal.

Ich dachte: *Offenbar ist diese Kultur mir doch zu fremd.*

Abends wollte ich erst einen Schlafplatz suchen, wenn weniger Menschen unterwegs waren. Aber ganz Budva schien spazieren zu gehen. Geduldig wartete ich im Auto. Doch irgendwann begann es auch hier dunkel zu werden, ich musste handeln. Ich entschied, vom Meer weg ins Landesinnere zu fahren, in der Hoffnung, dort ein ruhiges Plätzchen zu finden.

Sogar um diese Zeit, es musste nach zehn Uhr abends sein, kam ich nur im Schritttempo durch die fröhliche Menschenmenge und musste vielen Kinderwagen ausweichen.

Plötzlich beugte sich ein Spaziergänger auf der Fahrerseite zu mir herunter und drückte sich in einer mir absolut unverständlichen Zeichen- und Gebärdensprache aus. Schließlich öffnete ich das Fenster einen Spalt weit, und wir begannen in gebrochenem Englisch miteinander zu sprechen.

«Kaffee?»

«Nein danke.»

«Warum nicht? Es ist ein schöner Abend, und es ist Ferienzeit.»

«Nein, kein Bedürfnis.»

Und tschüss. Ich wollte einen Schlafplatz und keinen Kaffee. Und schon gar nicht mit einem Unbekannten. Trotz seiner Wangengrübchen, die gemäß Gesichtsphysiognomen Glücksbringer sein sollten.

Am nächsten Tag trafen wir uns zufälligerweise am Meer, als wir beide mit dem unter dem Arm eingerollten Badetuch einen schönen Platz suchten. Den Tag verbrachten wir zusammen. Er war ein guter Schwimmer.

Als wir abends zusammenpackten und in Richtung Quai schlenderten, bemerkte ich plötzlich, dass ich meinen Fingerring verloren hatte. Es war ein Siegelring, das Konfirmationsgeschenk meines reichen Patenonkels. Ich hatte ihn auf das Badetuch gelegt, weil ich keinen hellen Streifen auf dem Finger wollte. Offensichtlich hatte ich ihn nun im Sand verloren. Schlau.

Der Ring bedeutete mir sehr viel. Wir gingen zurück und versuchten uns an unseren Platz zu erinnern. Das war ungefähr genauso erfolgversprechend, wie gelegte Eier den entsprechenden Hühnern zuzuordnen. Kurz und gut: null Chance. Keine Bäume, Steine oder sonstige Erinnerungshilfen.

Der Sand war feinstes Weizenmehl Typ 550, das ich für Hefezöpfe verwende. Sogar Kleinkinder sackten bei jedem Schrittchen bis zur Wadenmitte ein. Todsicher war der Ring irgendwo tief in den Sand gestampft. Aber wo?

Ich wollte aufgeben, aber Milan, so hieß er, wollte nicht. Er überlegte und ging dann los. Ich hinterher. Tatsächlich blieb er an einem bestimmten Ort stehen und begann den Sand in einem Umkreis von etwa drei Quadratmetern akribisch genau abzusuchen.

Ich dachte: *Der spinnt. Wir sind doch keine Pfadfinder.*

Doch nach einer Weile schlängelte sich ein Gedanke in mein Herz und grub sich immer tiefer ein: *Wenn der meinen Ring findet, kann ich ihm vertrauen. Dann ist das ein Zeichen von Gott, dass wir füreinander gemacht sind!*

Nun war ich hochmotiviert. Wir suchten und suchten, benutzten unsere Finger wie Rechen, durchkämmten endlos lange den Sand. Immer wieder fischten wir Kostbarkeiten hoch: Muscheln, Holzstücke, Papier, Bierdeckel, eine Adilette.

Doch dann, dann hatte er auf einmal tatsächlich Glück! Er hob den kleinen Siegelring hoch, blies den Sand ab, polierte ihn mit seinem Adidas-Shirt und übergab ihn mir. Die Zeit blieb einen Moment stehen. Plötzlich war alles anders, ich fühlte mich auf einen Schlag vor-verheiratet.

Da er gerade frei hatte, verbrachten wir noch zwei Tage zusammen. Er war Steinbildhauer. Momentan arbeitete er in Budva, aber er kam aus der Nähe der ungarischen Grenze, also ganz aus dem Norden. Er hatte blonde Haare und bernsteinbraune Augen, war groß und muskulös.

Ich kaufte ein Wörterbuch, und wir blätterten rege darin. Was für eine sonderbare Sprache! Solange wir kaum miteinander sprechen konnten, verstanden wir uns blendend …

Ich blieb bis zum Ende der Woche in Budva und genoss die Zeit. Um zwei Uhr nachmittags war seine Arbeit beendet, und von da an waren wir ununterbrochen zusammen.

Seine Sprache war der seelenvolle Gesang. Damit offenbarte er sich am meisten. Das sollte bis zum Schluss unserer Beziehung so bleiben. Er war voller Lieder und sang fast ständig. Mit seinem Gesang erreichte er mein Herz.

Er hatte eine tragende, lyrische Gesangsstimme mit einem unbeschreiblich weichen Klang. Mit den Jahren stimmte er immer öfter traurige, düstere Melodien an, und seine Augen verdunkelten sich verdächtig. Wenn ich ihn darauf ansprach, wich er aus. Doch das war erst viel später.

Als ich wieder nach Hause fuhr, war ich schwer verliebt. Wir schrieben uns regelmäßig. Ich ließ seine Briefe von einer Kollegin übersetzen, und sie übersetzte auch meine Briefe. Er verfasste romantische Prosa und schickte getrocknete Blumen.

Es war mir ein Vergnügen, seine Sprache zu erlernen. Später sollte sogar mein Vater freiwillig Kurse belegen, um mit meiner Schwiegermutter ein paar Sätze auszutauschen. Und Milan lernte Deutsch mit obligatorischem slawischem Akzent.

Um auch bestimmt nicht wieder etwas völlig Falsches zu tun, ging ich nach meiner Heimkehr schnurstracks zur Hausastrologin. Und die meinte:

«Doch, doch, ihr passt wunderbar zusammen. Er hat seine Sonne im Zeichen Skorpion, und dort hast du die Venus und sage und schreibe vier weitere Planeten. Das sind ideale Voraussetzungen für eine sehr große und dauerhafte Liebesbeziehung. Zudem ist er Schütze mit Aszendent Steinbock, und du bist Steinbock mit Aszendent Schütze, ihr könntet also gar nicht besser zusammenpassen.»

Dann ging ich noch zu einer bekannten Kartenlegerin, die mir sagte:

«Du kannst beruhigt sein. Ihr seid gemacht füreinander und werdet eine Familie gründen. Ihr werdet drei, glaube ich, nein, das stimmt nicht, warte mal, nein, ihr werdet sogar fünf Kinder haben. Das erste Kind wartet schon ganz ungeduldig, bis es kommen kann.»

Im Spätherbst fuhr ich nochmals nach Jugoslawien zu Milan, ich wollte mich absichern, dass ich keinesfalls wieder einen Fehler machte. Insgeheim hoffte ich, dass mir beim

Wiedersehen schlagartig bewusst würde, mich kolossal geirrt zu haben.

Auf dem Hinweg hatte ich viele Probleme. Der Motor überhitzte ständig, wodurch ich immer wieder Pausen einlegen musste. Am Zoll durfte ich das Auto vollständig entleeren, die Prozedur dauerte einen halben Tag. Dann erhielt ich kurz vor der Ankunft noch eine völlig unbegründete, tierisch hohe Buße.

Es ist nicht schwierig, für alles stets eine einigermaßen überzeugende Erklärung zu finden. Interpretieren ist *in*.

So sagte ich mir: «Das sind alles Prüfungen, um dich zu testen, ob du auch wirklich mutig genug bist.»

Tatsächlich war mir Milan im ersten Moment sehr fremd. Zudem roch er nach vergorenen Meeresalgen. Natürlich wusste ich, dass man Menschen riechen kann oder eben nicht, aber ich maß dem keine Bedeutung zu. Er kam direkt vom Schwimmen im Meer, das war also Meergeruch. Nicht mein Lieblingsparfum, aber es gibt Wichtigeres, oder?

Hätte ich doch auf meinen ersten Eindruck hören sollen?

Wir gingen gemeinsam essen. Mit jedem Bier wurde er entspannter. Das fand ich auch sonderbar, rationalisierte aber auch hier: Er war wohl aufgeregt wegen meines Besuchs.

Am nächsten Tag fuhren wir zu ihm nach Hause. Er hatte soeben ein schönes neues Wohnhaus fertiggebaut mit Heizung, Bad und fließendem Wasser und beabsichtigte, dort mit seiner späteren Frau und den gemeinsamen Kindern zu leben. Zum Haus gehörten Hühner, Enten, Gänse und natürlich ein Wachhund an der Kette. Dieser kläffte sogar wegen einer Fliege, die zwölf Meter von ihm entfernt durch die Luft schwirrte.

Milans jüngerer Bruder und die Mutter wohnten ebenfalls im Haus. Die Mutter fanden wir im Gemüsegarten, hinter den Kohlköpfen im Maisfeld. Als sie mich erblickte, stürzte sie mit weit ausgebreiteten Armen auf mich zu. Durch diesen herzlichen Empfang fühlte ich mich sehr willkommen.

Überhaupt verstanden wir uns auf Anhieb. Als junge Witwe fünf Kinder alleine großzuziehen und ihnen je eine Berufsausbildung zu ermöglichen, fand ich stark. Sie war eine schöne Frau mit einem breiten Lächeln.

Wenn sie in der großen Pflanzung arbeitete, trug sie nie Gummihandschuhe. Trotzdem hatte sie sehr gepflegte Hände. Es war mir rätselhaft, wie das möglich war. Ich selbst wühlte kaum drei Minuten in der Erde und versteckte danach drei Wochen lang geschwollene Finger mit dunklen Verfärbungen.

Meine Schwiegermutter war die geborene Hausfrau. Sie saß stundenlang freiwillig auf einer Kiste in der Küche vor dem klapprigen Holzofen und führte erfolglose Kämpfe mit dem beißenden Rauch. Sozusagen mit nichts zauberte sie die wunderbarsten Gerichte. Und dies, obwohl ihre Gewürzauswahl äußerst mager war: Salz, Pfeffer, Vegeta (eine Würzmischung, hauptsächlich aus Salz, Geschmacksverstärker und Kräutern), Lorbeer, Paprika, Zimt, fertig.

Es gehörte zum Alltag, dass ständig der Strom ausfiel oder das Wasser abgestellt wurde. Selbstverständlich ohne Vorwarnung. Man wusste auch nie, wie lange es diesmal dauern würde. War man gerade am Wäschewaschen oder am Tortebacken, fand ich es ärgerlich. Sie aber akzeptierte es, ohne zu murren, und freute sich, wenn wieder alles normal funktionierte.

Schmunzelnd erzählte sie beim ersten gemeinsamen Kaffee, sie lese immer im Kaffeesatz. Und natürlich wollte sie sofort meinen Kaffeesatz lesen. Dazu legte sie den zarten Unterteller auf die Porzellantasse, drehte beides schwungvoll, hob die Tasse hoch und schaute auf das «Bild», das mit dem Kaffeesatz im Tellerchen entstanden war.

Sie lächelte: «Du bist eine gute Frau für meinen Sohn, sei willkommen in unserer Familie!» Ihr Sohn Milan habe als einziges Kind die Gabe des Kaffeelesens erhalten, deshalb habe sie ihm all ihr Wissen beigebracht. Wenige Wochen, bevor wir uns in Budva kennen lernten, habe sie im Kaffeesatz gelesen.

«Und, hast du etwas gesehen?»

«Ja, ich sah, dass eine fremdländische Frau von sehr weit her zu meinem Sohn kommt. Er würde kurze Zeit danach in ihr Land ziehen, sie heiraten und dortbleiben.»

Sie bekam feuchte Augen und sagte leise: «Milan ist mein Lieblingskind, weißt du. Er war immer so gut zu mir, bis heute gab er mir immer seinen gesamten Lohn ab. Die anderen waren nie so. Dass ausgerechnet er mich verlässt und so weit weggeht, macht mich traurig! Ich weiß nicht, wie es ohne ihn weitergeht. Sein jüngerer Bruder ist nicht wie er, er versteht mich nicht so wie Milan.»

Sie sprach, als wenn für unsere Zukunft bereits alles klar geregelt wäre.

Nachdem ich wieder zu Hause war, kam mich Milan in der Schweiz besuchen. Meine Eltern luden uns zum Essen ein. Er trug seinen edelsten Maßanzug mit Hemd, Manschettenknöpfen und Krawatte und war sichtlich aufgeregt.

Maßanzug betone ich, weil auch er ebenso wie ich eindeutig eitel war und Freude an schönen Kleidern und Schuhen hatte. Er war wirklich sehr geschmackvoll angezogen und sah apart aus. Die Konversation war höflich und relativ herzlich. Ich übersetzte hin und her und war sehr aufgeregt.

Nach dem Essen, beim Abwasch, fragte ich die Eltern: «Was meint ihr zu Milan? Meint ihr, soll ich Schluss machen, oder sollen wir zusammenbleiben? Wenn wir zusammenbleiben, müssten wir wegen der Aufenthaltsgenehmigung relativ schnell heiraten.»

Mami sagte: «Er ist schon anders als wir. Aber du bist längst erwachsen und kannst selbst entscheiden.» Das bedeutete übersetzt: «Mach Schluss mit ihm, und zwar dalli!»

Papa hingegen sagte: «Ich kann mir Milan durchaus als Schwiegersohn vorstellen. Er ist intelligent, fleißig und hat gute Manieren. Für ihn wäre es ein großer Schritt, hierherzukommen, denn er würde viel aufgeben. Zu Hause hat er eine gute Arbeit, seine Familie und ein schönes Haus. Deswegen dürftest du ihn dann aber nicht plötzlich fallenlassen.»

Diese Antworten bestätigten meine eigenen Zweifel. Es war kompliziert. Und dabei wollte ich diesmal doch alles richtig machen. Das könnte sich aber als ziemlich unmöglich erweisen, denn wir waren mehr als unterschiedlich. Doch genau das fand ich exotisch, prickelnd und irgendwie faszinierend. Ich bin sicher, zwischen uns war eindeutig mehr als nur körperliche Anziehung.

Aber wenn ich genau hingeschaut hätte, wäre mir aufgefallen, dass wir uns eigentlich nichts zu sagen hatten. Er wäre nicht die Person gewesen, zu der ich mich im Zug hingesetzt hätte. Wir waren uns fremder als fremd, ergänzten uns in unserer Andersartigkeit nicht mal. Das Einzige, was uns wirklich verband, war die Musik, da waren wir einer Meinung. Ansonsten stritten wir uns oft.

Etwas war mir unheimlich, und das war sein ausgeprägter «sechster Sinn». Er spürte ständig irgendwelche Dinge im Voraus, und meistens trafen sie zu.

Und er engte mich ein, denn er wollte, dass wir die gesamte Freizeit miteinander verbringen und alles gemeinsam unternehmen. Das war für mich undenkbar, denn ich war ein unabhängiger Mensch und brauchte auch einen eigenen Lebenskreis.

Obwohl mir sein Land gefiel, konnte ich unmöglich dort leben. Seinerseits fand er mein Land auch nicht wirklich berauschend. Wenn keiner einen Schritt auf den anderen zuging, blieb nur die Trennung, doch auch das schien uns unvorstellbar.

Schließlich meinte Milan, er komme hierher, wenn er Arbeit als Steinbildhauer fände, was bald der Fall war. Im Sommer heirateten wir, da war ich 29.

Das Hochzeitsfest sollte bei ihm zu Hause stattfinden. Ein paar Wochen vorher fuhren wir hin, um alles vorzubereiten. Wir schrubbten und dekorierten, organisierten und kauften ein. 107

Diesmal heiratete ich in Weiß. Ich wollte ein Kleid aus Baumwolle und wurde bei «Laura Ashley» fündig. Es war ein romantischer Traum mit Volants und Rüschen über einem gigantischen Reifen-Unterrock. Ich fühlte mich wie eine Prinzessin.

Meine Schwester frisierte meine schulterlangen Locken und fixierte den Schleier. Trotz allen Bedenken war ich ehrlich gesagt ziemlich sicher, dass es diesmal «der Richtige» war. Dass wir es schaffen würden.

Es wurde ein feuchtfröhliches, sinnliches, traditionelles Hochzeitsfest mit gebratenem Lamm, Ziege und Schwein, gefüllten Kohlwickeln und anderen leckeren Spezialitäten. Zum Dessert gab es unerträglich süße Torten. Sie glaubten: Je süßer die Torte, desto süßer die Ehe. Funktioniert nicht immer.

Es war Tradition, sich bereits vor der Ziviltrauung einen Cognac zu genehmigen.

Am Nachmittag war das Fest. Die Männer standen im Kreis zusammen, hielten sich an den Schultern und sangen ein Lied ums andere. Bei fortgeschrittenem Fest und heiser gesungenen Kehlen leerten sich die Flaschen. Es war Sitte, diese rücklings und in großem Bogen ins abgeerntete Maisfeld zu werfen.

Das verstand meine vollzählig erschienene Familie ganz und gar nicht, ich übrigens auch nicht. Für alle anderen gehörte das aber zur Choreografie eines richtigen Festes. So war es auch selbstverständlich, den Folgetag gemeinsam im Maisfeld zu verbringen und trotz brummendem Schädel die Scherben einzusammeln.

Unsere Familientradition war so was von anders. Wir wurden gelehrt, immer Haltung und Kontrolle zu bewahren. Übermäßig zu trinken oder zu essen war ein No-Go. Meine Mutter war diesbezüglich so extrem, dass sie vor Einladungen bereits etwas Kleines aß, um nur ja nicht negativ aufzufallen.

In meiner Schwiegerfamilie galt das pure Gegenteil: enthemmtes Feiern! Keine Show, mach, was du willst.

Spät nachts wankten die Letzten nach Hause.

Da prallten also Fremdlinge aufeinander, und ich fand das natürlich enorm spannend.

Wir packten und gingen gleich danach auf Hochzeitsreise, nach einem tränenreichen Abschied des Sohnes, der ins ferne Ausland zog. Natürlich wünschten wir uns beide Kinder.

Für mich gab es nur eine Option: *Das muss doch klappen. Wenn Millionen von Frauen auf der ganzen Welt gebären, schaffe ich das ebenfalls. Also nichts wie los.*

Doch ich sollte mich zünftig irren.

Innerhalb von zwei Jahren hatte ich zwei Fehlgeburten und drei Eileiterschwangerschaften. Die etwa zwölf Narkosen und vielen Eingriffe waren schmerzhaft. Körperlich und seelisch.

Die Besucher drängten sich ums Krankenhausbett, einer trauriger als der andere. Ich hatte das Gefühl, dass sie enttäuscht waren, weil sie nun nicht Großmutter oder Tante wurden. Es ging um sie und ihre Enttäuschung – und nicht um Milan und mich.

Was für ein miserables Gefühl, unfähig zu sein, ein gesundes Kind zu gebären. Also war es doch nichts mit der «rechten Frau». Und dann hagelte es nur so von gepfefferten Sprüchen. Ich fand das unsäglich.

Immer ging es nur um eins, und man sagte mir: «Es gibt einen Teil in dir, selbstverständlich einen unbewussten, der gar kein Kind haben will. Wahrscheinlich weil er Angst davor hat. Du solltest dir helfen lassen.»

Peng.

Damals war gerade das Buch *Krankheit als Weg* von Thorwald Dethlefsen die gekrönte Bibel meines Umfelds. Mich eingeschlossen. Wir kannten das Buch sozusagen auswendig. Logischerweise übernahmen wir dessen Denkweise. Die besagte, dass jede Krankheit eine seelische Ursache hat.

Stark vereinfacht bedeutete das, dass jedes Leiden psychosomatisch begründet ist. Da gab es weder Pech noch ein steuerndes Schicksal, sondern die Ursache lag in der jeweiligen Person selbst. Sogar ein Autounfall konnte auf diese Weise gedeutet werden. Warum er genau zu dem Zeitpunkt, auf diese Weise und mit den jeweiligen Folgen geschah, hatte also einen Grund, der in der Person zu finden war.

Eine Eileiterschwangerschaft oder Fehlgeburt bedeutete folglich ein unbewusstes Nein. Entweder zur Mutterschaft, zum Mann oder zu beidem. Ich war also selbst schuld, dass es nicht klappte.

Fazit: Zum eigentlichen Problem kam noch meine eigene Schuld hinzu. Nicht auferbauend.

Bei der zweiten Eileiterschwangerschaft bin ich beinahe gestorben. Ich erinnere mich genau, wie das Personal immer wieder meinen Namen rief, Wangen und Schultern berührend und mich sanft schüttelnd:

«Es ist jetzt Zeit aufzuwachen! Kommen Sie, Frau Bee, die Operation ist vorüber!»

«Frau Bee, Sie müssen jetzt aufwachen!»

«Kommen Sie jetzt, Frau Bee, die Operation ist zu Ende, es ist alles gutgegangen!»

«Wachen Sie auf!»

Derweil war ich längst aus dem Körper gegangen, hing an der Decke und beobachtete die Szene von oben. Ich sah die dünne Gestalt im Bett und die Personen rundum, die ein bisschen *allzu* aufgeregt waren.

Gleichzeitig sank ich irgendwie immer tiefer und tiefer. Dann war auf der anderen Seite plötzlich eine watteweiche Helligkeit, ein sanftes Licht, weißer als jedes Persilweiß. Ich sah Menschen, aber nur diffus. Sie schauten mich ernst an. Ich wollte zu ihnen gehen, konnte aber nicht. Plötzlich entdeckte ich Großvater. Auch er blickte mich so sonderbar ernst an. Warum nur kuckte er so? Das war nicht seine Art. Was war denn los? Großvater gab mir mental zu verstehen, dass es jetzt nicht die Zeit war, auf die andere Seite zu kommen.

Ich war fassungslos, wollte nur etwas: hierbleiben. Schaute zu den anderen Menschen, die mich nach wie vor sehr ernst ansahen. Ihren Blick konnte ich spüren, er fühlte sich wie eine Barriere an zwischen ihnen und mir, und mit diesem starken Blick schoben sie mich langsam zurück. Auch Großvaters strenge Miene wies mich ab. Er sandte mich zurück!

Ich konnte das überhaupt nicht verstehen. Er, der Einzige, der mich jemals wirklich geliebt hatte, wollte mich nicht mehr.

Schließlich fügte ich mich. Traurig und widerwillig. Aber ich war absolut unmotiviert, aus dieser Zwischenwelt wegzugehen.

Das Nächste, woran ich mich erinnere, ist, dass ich wieder von der Decke auf die Szene im Krankenzimmer herunterblickte. Nun standen noch mehr Kittelmenschen um mein Bett. Diesmal hatten sie einen Gang hochgeschaltet, berührten mich weniger sanft und riefen lauter als zuvor. Immer wieder riefen sie meinen Namen, ich solle nun endlich aufwachen. In meinen Ohren klang es wie ein Befehl.

Widerwillig spürte ich plötzlich wieder die Leintücher. Ohne mein Dazutun und gegen meinen Willen war ich zurückbefördert worden. War das ein Zufall?

In meiner Wahrnehmung bin ich nicht zu Großvater aufgestiegen, sondern gesunken, gefallen. Offenbar kann man sehr, sehr tief fallen. Ich stelle mir das wie eine Linie vor, die immer tiefer geht, bis zum absoluten Tiefpunkt. Dort stirbt man dann. Oder es legt sich, wenn es noch nicht Zeit ist, wie bei mir, eine Hand – notabene ungefragt – unter den Körper und hebt die Person hoch, zurück ins Leben.

Dieser Vorgang, der freie Fall und das anschließende «Wieder-Hochkommen», schenkte mir ein vorher nie dagewesenes Urvertrauen, das mich seit diesem Tag nie mehr verlassen hat. Ich habe die beständige, zweifelsfreie, absolute, nicht diskutierbare innere Sicherheit und unerschütterliche Gewissheit, dass der freie Fall irgendwann gestoppt wird, wenn die Zeit noch nicht gekommen ist, und dass es dann von alleine wieder aufwärts geht.

Da gibt es offene Arme, die einen allenfalls auffangen.   **111**

Wenn es um Tod und Leben geht, greift die freie Entscheidung also nicht. Seither gehe ich mit dem Autor Arthur Lassen einig, der sagte: «Wer schon auf dem Meeresgrund war, fürchtet sich nicht mehr vor Pfützen.»

In meinen steifen weißen Laken ließ ich die Möglichkeit einer eventuell existierenden größeren Führung einen Moment lang zu. War es ein Jemand? Oder eine Kraft, die über Leben und Tod waltet?

Die Schwestern waren sichtlich erleichtert. Sie meinten, ich hätte fast nicht aufwachen wollen.

Als ich Milan von meinem Erlebnis erzählte, lachte er mich aus:

«Du hast fantasiert. Das waren die Medikamente. So etwas gibt es nicht.» Er ging weg und kam mit zwei Paar Schuhen und einem schönen Pullover zurück, um mich zu trösten – und damit ich das alles vergesse. Er war überzeugter Kommunist.

Mit der Fantasterei «Gott» hatte er nichts am Hut. Und falls er existierte, wäre er sowieso ein bösartiger Sadist und Versager. Denn dieser «Gott» ließ seinen Vater sterben, noch bevor Milan den ersten Milchzahn verlor. Das nahm er ihm übel. Für Milan waren die Religionen eine gewollte Strategie und nichts als pure Erfindung, damit die Menschen dumm und abhängig blieben.

Der Arzt hatte uns informiert, dass das Risiko einer Eileiterschwangerschaft mit jedem Mal zunimmt und ich nur noch eine etwa Zwanzig-Prozent-Chance auf eine erfolgreiche Schwangerschaft hätte. Er empfahl uns eine In-vitro-Schwangerschaft oder eine Adoption, aber das kam beides für uns nicht in Frage.

Nun war ich wieder schwanger – und hatte nochmals eine Eileiterschwangerschaft. Ich war so verzweifelt, dass ich dem Chirurgen vor dem Eingriff sagte, er solle mich gleichzeitig unterbinden[11]. Ich hatte genug von diesen körperlichen und seelischen Schmerzen.

Milan und ich waren unfähig, über unsere Gefühle zu sprechen und den Schmerz gemeinsam zu verarbeiten. Es war ein Tabuthema. Wir hatten auch keine Ahnung, wie es dem anderen ging. Wahrscheinlich wussten wir nicht einmal, wie es uns selber ging. Jeder schmiss die eigenen Gefühle in die tiefste Herzensgrube und schüttete schwere Enttäuschung und Verbitterung darüber.

Es sollte sehr viele Jahre dauern, bis ich fähig war, Wöchnerinnen zu besuchen.

Ich war zutiefst enttäuscht über das Leben, über mich und vor allem über Gott. Das musste Gottes Strafe sein, weil ich geschieden war und liederlich gelebt hatte.

Die Tatsache, dass wir nie Eltern werden würden, war eine zu harte Probe für das ohnehin zerbrechliche Fundament unserer Ehe. Es krachte und donnerte allenthalben. Wir verschlossen uns beide, jeder auf seine Weise. Ich, indem ich mich von ihm abwandte, und er, indem er zu trinken begann. Das wiederum war für mich das Allerletzte, denn ich verachtete Menschen, die sich nicht beherrschten.

Nach zwei Jahren Ehe wusste ich, dass auch diese Ehe zu Ende war, auch wenn wir noch zusammenblieben. Ich bereute bitterlich, dass wir je geheiratet hatten, und fühlte mich gefangen. Ein erneutes Mal hatte ich auf der ganzen Linie versagt.

Trotzdem wollte ich alles unternehmen, um diese Ehe zu retten und schöne Gefühle zu reaktivieren. Ich las viele Ratgeber, besuchte Seminare, war in einer neuen Therapie. Aber nichts griff.

Jahrelang stolperten wir beide ununterbrochen zwischen Hoffnung und erneuter Enttäuschung hin und her, und das in einer sich stets wiederholenden, unaufhörlichen Schleife. Es war für beide zermürbend. Ich wusste, meine Ehe säuft ab wie die Titanic und ist wohl nicht mehr zu retten.

Das war für mich kaum zu verkraften. Einmal mehr bestätigte es meinen Glauben, dass ich entweder im Beruf oder privat glücklich sein kann. Beides zusammen aber ging einfach nicht.

Ich schämte mich, auch meiner Familie gegenüber. Wie auch nicht? Ich war die Einzige der ganzen Sippe, die jemals geschieden worden war. Bei uns blieb man zusammen, komme, was wolle. Und nun war ich auf bestem Weg, gleich zweimal geschieden zu sein. Das ging gar nicht. Niemand würde mich verstehen wollen.

Ich hatte Angst, vorgeführt oder ausgeschlossen zu werden. Es sollte sich übrigens fast so abspielen, jedenfalls eine Zeitlang.

So, und nun hatte ich einen nach Bier und Nikotin stinkenden Feind im Ehebett. Nachts polterte er nach Wirtshausschluss endlich nach Hause. Sein Blick machte mir Angst. In diesem Zustand mutierte er zum Dauerflucher, war unberechenbar und mir gegenüber ein ungebremster Grobian, verbal und körperlich. Wenn er schließlich auf dem Höhepunkt des Dramas seine Kleider, Schallplatten und unseren Hund in den Geländewagen stopfte, wünschte ich mir nur eines, nämlich dass er für immer wegfahren würde! …

Verzweifelte Gedanken einer Verzweifelten.

Er schluchzte: «Ich fahre jetzt nach Hause und komme nie wieder!»

«Mach das. Es ist das Beste, was du tun kannst!»

Seine Abreise wäre die für mich eleganteste Lösung gewesen. Aber nach ein paar Stunden stand er wieder da, verräumte seine Habseligkeiten schimpfend und türenknallend. Ich war in ständiger Angst, weil er in jedem Zustand Auto fuhr.

Und was tat ich? Als Erstes verabschiedete ich mich von Gott. Er war sowieso nur noch eine verblassende Sentimentalität aus der Kindheit. Jetzt musste alles weg, Zeit für eine göttliche Total-Liquidation. Und ich hatte nicht mal Gewissensbisse. Meine Enttäuschung über Gott war so groß, dass sie mehrmals um die Erde ging.

Ich begann mich gegen ihn aufzulehnen. Zu bocken.

War es nicht unverschämt, wie der sich mir gegenüber verhielt? So schlimm war ich doch gar nicht, dass er mich dermaßen bestrafte, oder?! Ich wollte gar, gar, gar, gar, gar nie mehr auch nur ein My mit dem da oben zu tun haben.

NIE, NEVER, NIKAD, NE JAMAIS, NUNCA MÁS, NOOIT!

Ab jetzt war er abgeschrieben, durchgestrichen, inexistent. Endgültig.

Ich trat aus der Kirche aus und warf jede Erinnerung weg: die Bibel meiner Großmutter, die Bibel meiner ersten Hochzeit und meine eigene Bibel mit dem bordeauxroten Einband. Diese Bibeln waren bei all meinen über zwanzig Umzügen immer mitgekommen, aber jetzt war Schluss.

Ich fühlte mich wohl ähnlich wie Witali Kalojew, der nach dem Flugzeugunglück in Überlingen 2002 den Fluglotsen ermordete. Er sagte: «Mit einem Gott, der mir das Liebste genommen hat [Frau und Kinder], will ich nichts mehr zu tun haben.»

Nun vibrierte und begeisterte ich mich für alles, nur nicht mehr für den christlichen Glauben. Hinter meinem Trotz war ich verzweifelt. Und hinter der Verzweiflung war ich traurig. Zu gern hätte ich verstanden, um was es im Leben geht. Gedanken, Sinnfragen und Zweifel prallten aufeinander, flankiert von Rebellion und Stolz.

Warum erhielt ich nicht wenigstens *eine* Antwort? Ich hatte eine Ausbildung in Graphologie absolviert und bereits die Hälfte einer Ausbildung in Transaktionsanalyse. Begonnen hatte ich beides, um als zukünftige Mutter zwischen Fläschchen und Ravioli zu Hause Beratungen anzubieten. Zudem wollte ich Milan besser verstehen. Nun, als ausgeschiedene Kinderschlaflied-Singende, ging alles den Bach runter.

Ich befand mich im Wundenleckmodus. Das darf man doch nach einer Unterbindung! Auch meine Sehkraft verschlechterte sich. Eine neue Brille musste her. Ich ging zu einer mir bekannten Optikerin. Französin, logischerweise klein und dunkle Haare, große Augen, fröhlich, charmant.

Monique kam mir lächelnd entgegen. Doch urplötzlich verzerrte sich das lächelnde Gesicht zu einer abartig hässlichen Fratze. Die war so hässlich, dass ich sie in Worten gar nicht beschreiben könnte. Mir stockte der Atem. Doch schon war der Spuk wieder vorbei, er hatte wohl nur einen Sekundenbruchteil gedauert.

Ich war so verdattert, dass ich fast über meine eigene Zunge stolperte: «Du, Monique, was war da gerade los?»

«Hey, was meinst du?»

«Wieso hast du mich so eigenartig angeschaut?»

«Was meinst du damit?!»

«Ja, sag, hast du denn nichts gemacht?»

«Nein, wieso, von was du sprichst, isch verstehe nischt?»

«Ich kam rein, du hast mir entgegengelächelt. Plötzlich sah ... wurde ... veränderte sich dein Gesicht ... Es war plötzlich ganz anders als sonst.»

«Was meinst du damit, isch verstehe immer noch nischt.»

«Es wurde. Hm, es wurde eine – sorry, gell – eine hässliche Fratze. Nur kurz. Dann war es wieder normal. So wie jetzt.»

Pause.

Immer noch Pause.

Sie: «Also isch verstehe das überhaupt nischt, isch abe nischts gemacht, hihi. Bin ich Hexe, hihi? Wir aben in unserer Familie den sekschten Sinn, weißt du.»

Das Thema war beendet, wir lachten, und sie verkaufte mir eine schöne Brille.

Da einer meiner Grundzweifel mir immer wieder weismachen wollte, dass ich spinne, rief ich Monique, die Optikerin, heute nach über dreißig Jahren Funkstille an und stellte ihr die ominöse Frage – sehr vage verpackt:

«Monique, erinnerst du dich an etwas, das zwischen uns geschah und das wirklich speziell war?»

«Warte mal. Doch, doch, das war doch damals im Geschäft, hihi, als du sagtest, mein Gesicht sei plötzlich ganz

hässlich geworden, hihi. Zum Glück wurde es dann wieder
normal, hihi. Weißt du noch, hihi?!»
Das war, was ich hören wollte.

Hallo!
   *Als kleines Kind habe ich an dich geglaubt, bis ich
merkte, dass DU überhaupt nicht an mich glaubst. Du
hast mich längst durchgestrichen. Nicht mal den hinterletzten Kinderwagen hast du mir gegönnt. Für mein
Leben gibt es keinen Sonnenaufgang mehr. Du und deine
Heuchler auf den Kanzeln – nichts als klebrig mit bitte-
rem Abgang. Du bist kein Gott der Liebe. Mit dir wird
alles noch komplizierter. Verzieh dich.*
   Kein Amen.

KAPITEL 9
Das Rebellinnen-Gen: Euch zeig ich's!

Nach der Unterbindung waren wir seit wenigen Monaten in die Deutschschweiz zurückgekehrt und hatten eine ebenerdige, schöne Jugendstilwohnung mit einer Raumhöhe von 3,60 Metern gefunden. In ein Zimmer ließ ich ein Podest mit drei Stufen einbauen und mit viel feinem Meersand aufschütten. Darauf stellte ich einen gelb-blau-weißgestreiften Liegestuhl und einen Sonnenschirm. Das war fortan meine Rückzugsecke «am Meer».

Ich arbeitete in einer Redaktion, und Milan hatte ebenfalls eine spannende Stelle. Die Therapie bei Eliana war längst beendet – und die Abschriften der Jakob-Lorber-Bücher für meinen Vater ebenfalls.[12]

Durch das Abtippen streifte mich dieses Lorber'sche Gedankengut natürlich auch ein wenig, aber ohne tiefergehende Wirkung. Papa wollte immer mit mir darüber austauschen, vielleicht zweifelte er doch insgeheim, trotz seiner scheinbaren Souveränität, am absoluten Wahrheitsgehalt dieser Bücher. Aber ich war eine schlechte Gesprächspartnerin, denn mich beschäftigte anderes.

Um meinen Schmerz über die Kinderlosigkeit zu verarbeiten und mich auch in der Ehe einigermaßen konstruktiv zu verhalten, ging ich in eine körperorientierte Einzeltherapie mit Schwerpunkt Energiearbeit. Das bedeutete, dass Körperwahrnehmungen nicht nur beiläufig registriert, sondern als maßgebender Fingerzeig in das Therapiegeschehen mit eingebaut wurden. Dass es allerdings ein Therapeut sein musste, der mir empfohlen wurde, passte mir nicht wirklich.

Und dann, oh Schreck, stand ein schwerschöner Orientale in ungebremster Flirtstimmung vor mir. Als Therapeut war er bestimmt sehr fähig, aber als Mann war er für mich unerträglich. Nach drei durchgestandenen Sitzungen war Schluss.

Ich ging wieder ausschließlich zu Therapeutinnen, und das war besser. Sie sollten mir helfen, Orientierung zu finden. Denn es war mir absolut schleierhaft, womit ich nun mein Leben füllen sollte, da ich nie Mutter werden würde.

Vor mir lag ein Leben in der arktischen Wüste. Ich konnte mein Leben drehen und wenden, wie ich wollte, da war nichts. Langeweile, Sinnlosigkeit. Ein Leben ohne Leidenschaft? Undenkbar. *Was sollte ich bloß tun?*

Da war wenigstens meine Arbeit, aber dieses Trostpflaster wollte nicht haften. Konnte ich es ertragen, bis zur Pensionierung irgendwelche Vorgesetzte vor der Nase sitzen zu haben? Chefs, welche die Lorbeeren einheimsten für Arbeiten, die ich verfasst hatte? Nie und nimmer.

Plötzlich brachte mich meine Schwester auf eine gute Idee. Sie sagte: «Mach dich doch als Farb- und Stilberaterin selbständig!»

Das war damals ein noch fast gänzlich unbekannter Beruf mit großem Potenzial. In der Beratung ging es darum, der weiblichen und männlichen Kundschaft aufzuzeigen, wie sie ihre Individualität durch einfach umsetzbare Tipps dank bestimmter Farben und eines Kleidungsstils optimal unterstreichen konnten.

Ich nahm an, dass ich wenigstens das schaffen würde, denn arbeiten, ja, das konnte ich. Wenn ich schon keine eigenen Kinder hatte, wollte ich wenigstens ein «Berufs-Baby». Es sollte doch möglich sein, dass ich irgendwo eine kleine Spur hinterlassen könnte, wenigstens im Nanometerbereich. Ich brauchte etwas, das mich beflügelte, auch wenn ich schlussendlich mit etwas lädierten Flügeln dastehen würde. Ich war bereit zu kämpfen.

Doch da klopfte Tante Zweifel mit dem Stock ein paar Mal hart auf den Boden: «Sei nicht übermütig. Bleib mal schön auf dem Boden der Realität.»

Onkel Bünzli[13] übernahm: «Du hast eine gute Stelle, bist Redaktionsverantwortliche, verdienst gut, und vergiss nicht die gute Rente, die du im Ruhestand erhalten wirst. Und sag, wo sonst kann man die private Korrespondenz während der Arbeitszeit erledigen? Es ist ein absoluter Easy-Job. Sei vernünftig!»

Klein-Rebelli stöhnte: «Nein, bitte nicht. Ich sterbe lieber, als dass ich mit diesen langweiligen Leuten in diesem langweiligen Job und mit dieser langweiligen Materie noch dreißig Jahre weitermache.»

Frau Mut, mit Mädchennamen Hoffnung, hakte nahtlos ein: «Selbständigkeit, Selbständigkeit, Selbständigkeit!»

Doch der Älteste, Herr von Angsthausen, grinste: «Spinnst du?! So ein Blödsinn.»

Frau Mut, geborene Hoffnung, Cousine von Herrn von Angsthausen: «Nein, finde ich nicht. Ich sag dir mal was: Hier, nimm den Kaugummi und steck ihn in deinen Mund. Kau ihn so lange, bis er weich genug ist. Dann drück ihn mit der Zunge gegen den Gaumen, bis er ganz platt ist. Jetzt ist der Kaugummi nur noch ein kleiner Lappen in deinem Mund. Leg ihn um deine Zungenspitze, und öffne den Mund. Neeiiin, nicht so viel, nur ganz wenig. Jetzt bläst du vorsichtig. Ja, bravo, du hast es geschafft. Probier aus, mit welcher Kaugummimarke es am besten funktioniert. Mach eine Erhebung. Vergiss nicht, jeden einzelnen Schritt in einer Excel-Tabelle festzuhalten. Und wenn du dich lange genug damit beschäftigt hast, dann melde dich wieder, und ich verspreche dir: Bis dahin bin ich längst selbständig!»

Ich beschloss, Frau Mut-Hoffnung zu glauben – mit einer kleinen Auflage: «Ich mache die Ausbildung zur Farb- und Stilberaterin erst, wenn ich den ersten guten Auftrag in petto habe, der mir regelmäßige Beratungen generiert.»

Mein Ziel war die Migros-Klubschule, dort wollte ich monatlich Informationsanlässe über die Farb- und Stilberatung durchführen.

Tatsächlich, sie nahmen mich, obwohl ich ein Greenhorn war. So meldete ich mich für die Ausbildung an. Sie gefiel mir extrem gut, ich spürte: Es geht bergauf, beruflich zumindest.

Mein Arbeitgeber bewilligte, dass ich auf achtzig Prozent

reduzierte; daneben begann ich mit den Vorträgen. Ich führte eine genaue Statistik über die Anzahl der jeweiligen Zuhörerinnen; wie viele sich sofort für eine Beratung anmeldeten und wer sich erst später anmeldete.

Das war einerseits motivierend, weil ich meine Präsentationen dadurch permanent verbesserte, andererseits hatte ich durch den ständig zunehmenden Rücklauf immer mehr Arbeit, so dass ich mich per 1. April 1987 im Alter von 33 Jahren ganz selbständig machte.

Zu Hause richtete ich den schönsten Raum für meine Beratungen ein. Dort drin war mir pudelwohl, und mein «Baby» erfüllte mich mit Stolz und Glück. Als Symbol für meine Selbständigkeit kaufte ich mir ein wunderschönes balinesisches Schaukelpferd aus bemaltem Holz.

Kurze Zeit danach zogen wir in mein Elternhaus und die Eltern in eine Alterswohnung. Es war vorgesehen, dass wir es später kaufen würden. Von da an breitete ich mich mehr und mehr aus, so dass ich nach einigen Jahren das ganze Erdgeschoss und einen Keller als Lagerraum beanspruchte.

Milan hatte ein geregeltes Einkommen. Ich war ihm dankbar, dass er meine ersten Jahre finanzierte. Es war schon speziell:

Drei Jahre arbeitete ich voll und machte einen guten Umsatz. Aber wenn man die Kosten abzog, blieben weniger als tausend Franken Jahresgewinn, was dann meinem Jahresgehalt entsprach. Doch vom vierten Jahr an generierte das Geschäft schon ein kleines Monatseinkommen, und zwei Jahre später explodierte es bereits zu einem erheblichen finanziellen Standbein.

Ich arbeitete natürlich auch extrem hart, denn mein «Baby» war mir abnormal wichtig. Ich investierte meine gesamte Kraft, all mein Denken und meine gebündelte Energie in sein Wachstum. Immer und in jeder Situation hatte mein Geschäft die allererste Priorität. Es war mir weit wichtiger als Milan oder sonst irgendetwas.

Das Einzige, was mich neben dem Geschäft interessierte, 121 war die Spiritualität, aber auch nur so weit, wie sie meinen Erfolg förderte.

Es war, als sei in meinem Kopf eine Metallplakette eingebaut gewesen. Darauf war «Beruflich selbständig» eingraviert. Diese Plakette erinnerte mich daran, dass ich ein Geschäft hatte und auch ein Ziel. Ich wollte mit meiner beruflichen Selbständigkeit schweizweit die Nr. 1 werden. Ich stellte mir vor, dass mein Name irgendwann auf einer großen Tafel steht und von vielen Passanten gelesen wird. Ich war ehrgeizig, wettbewerbsorientiert und hatte Biss. Und manchmal auch Glück. Mein Motto: Voller Energie und volle Kraft voraus.

Ich machte meine Sache gut und traf gute Entscheidungen, die das Geschäft voranbrachten. Da Qualität von Qual kommt – das dachte ich wenigstens –, und da ich ja eine diplomierte Leidenserprobte mit Goldsiegel-Auszeichnung war, legte ich die Messlatte hoch an. Hindernisse und Abfuhren spornten mich zu noch besseren Leistungen an.

Mein Erfolgsgeheimnis war wie eine Salatsauce. Immer wieder innehalten und analysieren: Braucht mein Vorgehen noch einen Schuss Öl oder Essig oder gar mehr Würze? So etwas wie Tubenmayonnaise kam nie in mein Geschäftskonzept, das war viel zu beliebig, viel zu billig. Nicht mal Erstklassiges war gut genug. Nein, ich wollte von allem nur das Allerbeste in Premium-Qualität. Und jeder Auftrag bzw. jeder Kunde bedeutete mir so viel, als wenn es der einzige wäre, den ich je haben würde. Ich gab also immer und jederzeit alles, was mir zur Verfügung stand.

In einer Zeitschrift las ich einen Artikel über die Schweizer Designerin Christa de Carouge. Es waren originelle Kleider abgebildet, und bei einigen stand, was das Ganze kostete. Ich fand die Preise völlig überrissen. So viel Geld für Kleider würde ich nie ausgeben.

Doch die Designerin ließ mir keine Ruhe, ich vereinbarte einen Termin in ihrer Boutique in Zürich. Zuerst erklärte sie mir ihr Konzept und wie sie Designerin wurde. Beim Essen bemängelte ich die exorbitanten Preise. Sie reagierte souverän. Sie war diesen Einwand offenbar gewohnt und antwortete versiert.

Provokativ sagte ich, dass ich Farb- und Stilberaterin sei und davon ausgehe, dass sie damit nichts anfangen könne. Sofort lachte sie auf ihre kugelige Weise, denn sie fühlte sich verstanden.

Uns beiden ging es um Befreiung, aber die verstanden wir unterschiedlich:

Sie ging davon aus, dass Befreiung gleichbedeutend sei mit «anders» sein. Sie bot einen (ihren) Style an und war der Meinung, dass dieser eine Style für alle Menschen befreiend sei.

Meine Interpretation von Befreiung hingegen war, dass jede Frau «anders» ist, weil sie einen eigenen Typ repräsentiert. Einige haben tatsächlich den Christa-de-Carouge-Style, aber andere haben auch einen völlig anderen Stil und sähen in ihren Kleidern nicht wirklich gut aus.

Mir persönlich entsprach ihr Style – hauptsächlich schwarze Kreationen –, und da sie mich überzeugte, ging ich mit zwei großen Einkaufstaschen von dannen. Und hatte so viel Geld für Kleider ausgegeben wie noch nie in meinem Leben.

Diese Sachen waren der Beginn einer neuen Ära. Mehrere Jahre lang trug ich sie fast Tag und Nacht und erlebte, wie sie mir Selbstvertrauen schenkten. Ich wusste ja bereits, dass die richtigen Farben und das passende Styling zu einem besseren Aussehen verhelfen, aber damit war es für mich dann beendet.

Dass dadurch sogar das Selbstvertrauen zunehmen sollte, fand ich dann doch etwas gar wundersam. Doch ich erlebte es an mir. Auch daran, dass ich dadurch plötzlich wagte, meine Tagesgagen kräftig anzuheben – und sie erhielt! Ich wagte mehr und mehr und erhielt es immer wieder aufs Neue! Das war eindrücklich. Darum blieb Christa de Carouge für mich lange Zeit ein Vorbild, und ich war eine treue Käuferin ihrer Kollektionen.

Nach ein paar Jahren fühlte ich mich wie die Patriarchen im Alten Testament. Von ihnen hatte ich in der Sonntagsschule gehört. Ihre riesigen Rinderherden, die Schafe und Ziegen. Und nun lebte auch ich in der Fülle, hatte Designerklamotten, hübsche Schuhe und ein außergewöhnliches Einkommen.

Meine Selbständigkeit hatte mit Farb- und Stilberatungen begonnen. Daraus entstanden Seminare zum optischen Auftritt und zu nonverbaler Kommunikation. Viele Unternehmen im In- und Ausland buchten mich, ich war eine gefragte Trainerin und entsprechend oft außer Haus.

Dass ich mein Konzept immer wieder selbstkritisch in die Mangel nahm und unermüdlich daran schliff, bewirkte, dass man mich mit der Zeit unbedingt haben wollte. Nun spielte der Preis keine Rolle mehr, sondern nur noch: Wann kommt sie? Für die Unternehmen war klar, dass ich Garant für höhere Umsätze und zufriedenere Kunden war, und das entsprach ihrem Bedürfnis.

Einer meiner Großkunden neckte mich einmal: «Sie arbeiten wie eine Besessene. Noch im Sarg werden Sie es nicht lassen können und weiterarbeiten!»

Seit Beginn der Selbständigkeit verschlang ich Bücher wie *Denke nach und werde reich* von Napoleon Hill. Darin empfahl er den Besuch einer Mastermind-Gruppe, weil man sich damit beim Erreichen der Ziele unterstützen könne.

Ich wollte auch einen solchen Austausch, fand aber keine Gruppe. So wählte ich die drei Personen aus, die mir am meisten imponierten, und ernannte sie zu meinen *mentalen* Mastermind-Lehrern: meinen Großvater und Christa de Carouge. An die dritte Person erinnere ich mich nicht mehr – so wichtig konnte sie also auch nicht gewesen sein.

Die drei wussten natürlich nichts davon. Ich aber sprach regelmäßig mit ihnen – auf der mentalen Ebene –, fragte sie um Rat und erhielt auch Antworten. Es war ähnlich wie ein Gebet.

Nachts hatte ich jahrelang fiktiven Besuch von Christa de

Carouge. In den Träumen lehrte sie mich ganz praktische Dinge, schimpfte oder lobte mich.

Außerdem hatte ich eine zweite Leidenschaft: die mentalen Techniken, Affirmationen, Visualisierungen und Körperübungen. Ich war besessen von Erfolg und richtete all meine Sinne, meinen Geist und auch meinen Körper darauf aus. Ich stellte mir den Erfolg mit meinen inneren Augen so konkret wie möglich und bis ins kleinste Detail vor. Beispielsweise: Das Telefon klingelt, so dass ich kaum damit nachkomme, zu antworten und Aufträge einzuschreiben. Bis – kaum aufgelegt – bereits der nächste Anruf hereinkommt. Und jeder Anruf generierte einen Auftrag oder eine Bestellung!

Ich stellte mir mit allen Sinnen vor, wie ich so beschäftigt war, dass ich nicht mal Zeit für eine Zigarette hatte.

Solche Übungen machte ich täglich viele Jahre lang. Schließlich reichte bereits ein Gedanke daran, und das Visualisierungsprogramm lief von alleine ab. Ich stellte fest, dass der Spruch «Erfolg führt zu Erfolg» zutrifft, ebenso wie das Gegenteil.

Ich war bereit, mich herauszufordern, und kannte nur eine Option: Erfolg, gewinnen. Auf diese Weise kompensierte ich meine innere Leere und den Schmerz über die unglückliche Beziehung.

Überhaupt wurden das Geld und die Tagesumsätze mit den Jahren immer wichtiger. Immer noch mehr, noch schneller und noch höher – das war alles, was mich motivierte. Geld war mein Gott. Mit Geld konnte ich mich kurzfristig trösten.

Zu der Zeit hatte ich nur ein Ziel, das ich um jeden Preis erreichen wollte: Ich wollte mehr verdienen als die damalige Bundesrätin Ruth Dreifuss! Wenn ich mit dem Treuhänder zusammensaß, interessierte ich mich nur für eine Zahl: Ab welchem Bruttoumsatz beginne ich, Geld zu verdienen? Diese Zahl reichte, um mich ungeheuer zu motivieren. Im Intercity-Tempo rechnete ich aus, wie viele Seminare, Beratungen und Verkäufe ich tätigen musste, um mich Ruth Dreifuss zu nähern und sie schließlich zu überholen. Die Challenge kitzelte und trieb mich zu Höchstleistungen an.

Da passte die Schweizer Frauenzeitschrift «Annabelle» perfekt in meine Pläne. Die Redaktion war bereit, meine Garderoben-Kurse als Leserangebot anzubieten. Dass dies einen derartigen Boom auslösen würde, konnte sich niemand vorstellen. Fünf Jahre lang tingelte ich mit meiner Assistentin und schweren Koffern durch die Schweiz und gab von Freitagmorgen bis Montagabend unzählige Seminare in allen großen Deutschschweizer Städten.

Das Konzept schlug dermaßen ein, dass sich sogar das Fernsehen für meine Arbeit interessierte. Dort zeigte ich, wie derselbe Mensch je nach gewählten Farben, Mustern und Proportionen offensichtlich unterschiedlich wirkt. Ohne Botox oder Gewichtsveränderung.

Erstaunlich war, dass die zuschauenden Kinder die Bilder spontan richtig einschätzten, bereits bevor ich sie kommentierte. Das wurde mir von den zahlreichen Kundinnen so berichtet. War es vielleicht, weil sie ihrer Intuition noch vertrauten?

Als Nächstes wollte die «Annabelle» ein Fortsetzungsangebot. So dachten wir uns die ersten schweizweit flächendeckenden Beauty-Days aus, heutzutage als Vorher-nachher-Styling bekannt. Ich verantwortete die Gesamtorganisation, stellte die örtlichen Teams zusammen und instruierte sie, denn die Beratungen basierten nach wie vor auf der Lehre der vier Farbtypen nach Johannes Itten.

Das Team umfasste Coiffeure, Fotografen sowie das Kosmetik-, Visagisten- und Farbberatungsteam. Den Blick der Profis von ihrem bisherigen Denken bzgl. Modetrends umzupolen zu einem Blick für unterschiedliche Menschentypen mit unterschiedlichen Bedürfnissen, war für alle herausfordernd. Aber es lohnte sich, denn viele integrierten das Farbtypenkonzept anschließend in ihre Arbeit.

Längst hatte ich meine eigenen Beratungsunterlagen, Farbpässe und eine exklusive Seidenfoulard-Kollektion. Und natürlich eine passende Kosmetiklinie.

Die Kundinnen bestellten eifrig, und ich kam nicht mehr mit allem nach, trotz einer Angestellten fürs Büro. So engagierte ich meinen dazumal gerade stellenlosen Mann, damit er diese Arbeiten übernahm. Selbstverständlich bezahlte ich auch ihn gut. Im Nachhinein war das ein großer Fehler, denn dadurch wurde ich nun auch noch seine Chefin mit klaren Erwartungen, was unsere Beziehung weiter verschlechterte.

Diese Beauty-Days etablierten mich in der Szene, und mein Kundenstamm wuchs wie von alleine. Zudem häuften sich Anfragen, die ich zuerst gar nicht ernst nahm.

Einige Kunden wollten nämlich meinen Beruf erlernen, und zwar ausschließlich bei mir. Sie sagten: «Sie haben ja bereits eigene Farbpässe, und auch die Dokumentation haben Sie selbst erarbeitet. Dazu die Foulard-Kollektion und nun auch noch Designerschmuck. Wieso bieten Sie nicht auch Ausbildungen mit Ihrem eigenen Konzept an? Ich würde mich sofort anmelden!»

Als sich die Anfragen häuften, begann ich nachzudenken und fand schließlich: *Wieso denn eigentlich nicht?!* – und nach wenigen Monaten fand die erste Ausbildung statt.

Wenig später kamen die Kunden aus der französischen Schweiz und wünschten dasselbe. Sogar mein Ex-Mann Georges ließ sich ausbilden sowie meine erste Therapeutin, Eliana.

Sie gaben mir wertvolle Tipps, die ich umgehend im Konzept berücksichtigte. Er, der analytisch denkende Akademiker, und sie, die sensible Seelendoktorin. Als Georges meinem Mann Milan zum ersten Mal begegnete, dachte er, er sei der Gärtner.

Das fand ich nun doch etwas übertrieben. Aber tatsächlich kam zu diesem Zeitpunkt niemand mehr auf die Idee, dass wir ein Paar sein könnten, denn sogar optisch waren wir komplett auseinandergedriftet. Er war der nostalgische

Ex-Fußballer mit schulterlangen Haaren – und ich die Durchgestylte in Tiefschwarz.

Meine Kundinnen brachten mich immer wieder auf neue Ideen, ich hatte diesbezüglich nämlich keinen Plan, dafür große Ohren, die gut zuhören konnten. Da ich zudem über ein bedeutendes Netzwerk verfügte und über ein glückliches Händchen, die richtigen Leute beizuziehen, hatte ich bei der Umsetzung der Ideen fast immer Glück.

Ich staunte nicht schlecht, als ein Unternehmensberater vor vielen Menschen einmal sagte, mein Marketing sei sehr klug, da ich zuerst die Bedürfnisse erschaffe und den Kunden dann gleich die Lösung anböte. Von all dem hatte ich aber keine Ahnung; meine einzige Motivation war, die Politikerin Ruth Dreifuss zu überholen, und dafür tat ich alles, was mir sinnvoll erschien.

Ich diskutierte eigentlich mit niemandem, wenn ich in einem Entscheidungsprozess drin war, erst hinterher. Sonst machten sie mir nur Angst mit irgendwelchen möglichen Risiken, die sich ergeben könnten.

So durchlief ich das klassisch bekannte Schema, dass man meine Selbständigkeit zuerst bemitleidete; als ich dann vorwärtskam, entblößten sich die Neider und meinten, für mich sei es natürlich sehr einfach, weil ich keine Milchfläschchen aufzuwärmen hätte, und schließlich erntete ich von denselben Menschen plötzlich sehr viel Bewunderung.

Das war mir alles egal, hingegen interessierte mich stets die Meinung der Kundschaft. Immer öfter hörte ich: «Seit der Beratung bei Ihnen erhalte ich so schöne Komplimente. Aber es ist so frustrierend, bis ich endlich die passenden Kleider gefunden habe. Könnten Sie nicht auch Kleider anbieten, die den verschiedenen Farb- und Stiltypen zugeordnet sind?»

Nein, das war mir dann doch eine Schuhnummer zu groß. Ich beschäftigte ja bereits mehrere Angestellte, das reichte.

Schließlich hatte ich die Lösung: Ich beschloss, eine Top-Modefachfrau zu finden, die bereit war, nach meinem Konzept zu arbeiten und entsprechende Kleider anzubieten. Im Gegenzug würde ich sie meinen Kunden empfehlen, damit sie dort einkaufen konnten. Provision wollte ich keine, aber sie musste wirklich erstklassig beraten, und ihre Kleider mussten top sein. Meine Kundschaft war mir das Kostbarste, sie durfte unter keinen Umständen enttäuscht oder verulkt werden.

Das war auch die Zeit, in der mein Lieblingsmedium mir mehrmals verkündete, ich stünde beruflich an der Schwelle zu etwas Neuem, Großem.

Ein paar Tage später las ich in der Zeitschrift «Annabelle» eine Reportage über eine Frau mit weichen Gesichtszügen und großen Augen, die genau diesem Profil entsprach. Selbstverständlich wollte ich sie kennen lernen. Auch der Name gefiel mir: Evelyne.

Kaum stellte ich mich am Telefon vor, fragte sie gleich in ihrem Ostschweizer Dialekt: «Ach so, Sie haben die Nummer auch über die Annabelle erhalten?»

Was für ein rosarotes Erbslein, dachte ich, *die Telefonnummer stand doch im Artikel.* «Nein, ich habe sie der Reportage entnommen!»

«Wirklich?! Sehr merkwürdig.»

«Wieso?» Ich wurde mittelschwer ungehalten.

«Ja, wissen Sie, die Telefonnummer, die in der Annabelle veröffentlicht wurde, war falsch. Ich habe eine 55 statt eine 75. Deshalb nahm ich an, dass auch Sie zuerst erfolglos die falsche Nummer gewählt haben und dann über die Zeitschrift die richtige Nummer erfahren haben.»

Oha.

Stille auf beiden Seiten.

«Dann habe ich mich also vertippt, bin aber richtig gelandet, weil ich mich zufälligerweise richtig vertippt habe?!»

«Ja, genau, das ist ja unglaublich!», lachte sie. Und nach

einer Pause fügte sie an: «Aber wissen Sie, für mich gibt es eigentlich keine Zufälle. Ich bin überzeugt, die Dinge im Leben fallen einem zu, weil das Schicksal es so vorherbestimmt hat. Vielleicht mussten wir uns kennen lernen.»

Ich fand diese Aussage zu weichgespült, aber insgeheim gab ich ihr recht. Eigentlich waren wir beide überzeugt, dass unser Zusammenkommen Vorhersehung war. Dies bewirkte eine Art Bonus für mein Vorhaben und die gegenseitige Zusammenarbeit.

Evelyne hatte wie ich eine große Affinität zur unsichtbaren Welt und war esoterisch mit solide gebundenen Wanderschuhen unterwegs, die sie nie auszog. Ihre Esoterik war anders als meine. Manchmal nervte sie mich ein wenig mit ihrem fatalistisch-esoterischen Wortschatz und ihren Engeln auf Schritt und Tritt. Da gab es Engel für alles und für jedes Thema. Ich meine, sogar an ihrer Handtasche baumelte so ein Ding, ohne das es überhaupt nicht ging.

Und dann erst der hochheilige ägyptische Käfer um ihren Hals, ein Amulett, das ihrem Geist anscheinend ganz besondere Kräfte verlieh. Hingegen verband uns die Liebe zu Feen, Elfen und Zwergen.

Ihr Geschäftskonzept war ganz interessant. Eigentlich arbeitete sie vorwiegend im Frühjahr und im Herbst, wenn sie in der ganzen Schweiz Modepartys in schicken Hotels organisierte. Die Kundinnen kleideten sich bei ihr ein und kamen jeweils nach Terminvereinbarung. So konnte sie sich stets gut vorbereiten. Dadurch fühlten sich die Kundinnen speziell gut beraten, und sie wiederum machte höhere Umsätze.

Evelyne war unvorstellbar geduldig mit der Kundschaft, sie liebte die Beratung und den Verkauf und ganz besonders die unsicheren Menschen mit Problemen, denen sie gerne zuhörte. Zudem vergaß sie einfach nie etwas. Noch Jahre später erinnerte sie sich haargenau, wer was gekauft hatte.

Nun schickte auch ich ihr all meine Kundinnen, und die waren auch sehr begeistert von ihrer Beratung.

Wenn Evelyne bei den Modemessen Kleider orderte, dachte sie dabei bereits konkret an ihre Kundinnen und brachte manchmal auch Dinge für ganz bestimmte Frauen mit. Meist hatte sie ein gutes Näschen. Ansonsten hechelte sie mit ihrem Schäferhund über Stock und Stein – und war mit ihrem Klaus-Jürgen zusammen.

Er war ein angesehener Astrologe und spezialisiert auf Berufs-Horoskope. Selbstverständlich ging auch ich sofort zu ihm. Er sagte, trotz meines beachtlichen Parcours in der Modebranche sei meine eigentliche Berufung eine andere.

Ja, was denn, bitteschön?!

Meine Kreativität in Textilien und Farb- und Stilberatung auszudrücken sei formidabel (Klaus-Jürgen drückte sich wirklich so gestelzt aus), da ich es auf eine ganz eigene, intuitive und differenzierte Weise mache. Trotzdem sei es meine ureigene Aufgabe, meine Kreativität in Buchstaben zu materialisieren.

Das Wort «materialisieren» gehörte nicht gerade zu meinem Standard-Wortschatz, jedenfalls nicht im Zusammenhang mit Buchstaben. So geschah nichts mehr, außer dass ich verständnislos auf dem Kunstleder-Sessel saß, ein- und ausatmete und auf verständlichere Informationen hoffte. Die kamen.

«Sie sollten schreiben! Es ist sehr wichtig für Sie, Ihre Gedanken, Ihr Innerstes in Worte zu fassen und zu veröffentlichen! Sie haben eine Schreibstimme, die gehört werden will!», ermutigte er mich.

Schreibstimme. Dann gibt es wohl auch Schreibohren und Schreibnasen.

Das kam mir alles sehr weit weg vor, mindestens in Grönland. Ich nahm den Herrn Astrologen nicht wirklich ernst. Er war aber nicht der einzige Sterndeuter, der mich geradezu drängte, nach dem Schreibzeug zu greifen.

Tatsächlich schrieb ich bereits als Kind gerne, besonders Geschichten über spezielle Menschen und Wohnformen. Zweimal erhielt ich Preise, einmal den «Schweizerisches-Jugendschriften-Werk»-Preis für einen Bericht über die

Höhlenmenschen im Lindental und in der neunten Klasse den Larousse-Preis, als ich über einen Bauern schrieb, der leider vom romantischen Hühnerhaus auf Legehennen in Massentierhaltung umstellte.

Aber das geschah nicht, weil ich in mir einen Drang zum Schreiben wahrnahm, sondern weil ich in etwa so gerne schrieb, wie andere telefonierten. Und auch jetzt verschickte ich meiner Kundschaft monatliche Newsletter mit Vertiefungsinhalten zu «Farb und Stil». Ich machte das, was man später als Bloggen bezeichnete.

Wenn Evelyne und ich Zeit zum Reden hatten, tauschten wir uns unweigerlich über unsere gemeinsame Leidenschaft aus: die Spiritualität, das Unsichtbare. Mit ihr zusammen war ich ständig auf irgendwelchen esoterischen Messen oder Seminaren, wir tauschten Bücher und Filme aus, denn wir beide waren neugierig, hungrig und begeisterungsfähig.

So ließen wir unsere Aura lesen, machten Aromatherapie, befassten uns mit Numerologie und dem ägyptischen Geheimwissen, besuchten mediale Channelings und mystische Zirkel. Auf diese Weise erfuhren wir auch, warum wir uns in diesem Leben wieder begegnet waren. Grund war die gemeinsame Aufgabe, die uns aus früheren Leben verband.

Milan kam nie mit.

Er fand diese Dinge völlig daneben.

Bereits in der zweiten gemeinsamen Saison rief mich Evelyne ganz aufgeregt aus Mailand an:

«Ich bin hier auf der Modemesse und finde nichts, die Farben sind unmöglich, ich kann kaum etwas einkaufen. Ich weiß nicht, was ich tun soll, bin völlig aufgeschmissen. Mein Terminplaner ist gefüllt mit Kundinnen, die sich bereits angemeldet haben, und ich habe ihnen kaum etwas anzubieten. Du musst mir helfen.»

«Wie, bitte schön, soll ich dir denn helfen?»

132   «Du musst Kleider in den richtigen Farben produzieren!»

«Bist du wahnsinnig? Vergiss es. Geh zu anderen Messen, sprich mit den Leuten! Ich kann dir wirklich nicht helfen, wüsste nicht, wie.»

Am nächsten Tag ein erneuter Anruf:

«Du, ich habe kaum schlafen können, aber nun habe ich eine Idee.»

«Das wäre?!», knurrte ich leise.

«Du hast für die Annabelle-Garderoben-Seminare doch viele Dreiteiler in den unterschiedlichsten Farben nähen lassen, weißt du noch, die Hosen, Oberteile und Jacken?»

«Ach, *die* meinst du?»

«Die liegen jetzt nur bei dir herum, ich aber kann sie gut gebrauchen. Gib sie mir, ich werde sie verkaufen. Du solltest aber unbedingt noch zusätzliche Dreiteiler produzieren. In, sagen wir, sechs Farben und in den Größen XS bis XL. Ich leg dir die genaue Bestellung nach Farben und Größen noch heute auf den Fax.»

Es ging mir gegen den Strich, diese gebrauchten Annabelle-Dreiteiler zu verkaufen. Erstens waren es keine Meisterwerke, denn sie dienten nur als Praxis-Anschauungsmaterial, damit die Seminarteilnehmerinnen mal reinschlüpfen und sich betrachten konnten. Zweitens waren die Stoffe wirklich nichts Besonderes.

Und darin sollte das Etikett mit meinem Namen eingenäht werden? Damit konnten wir nun doch aber wirklich noch warten. Label-los war besser.

So suchte ich die Dreiteiler hervor und ließ sie gründlich reinigen. Sie schauten aus wie neu. Zudem suchte ich ein Nähatelier für den eiligen Auftrag, kaufte Stoff, Faden und Knöpfe ein, und sie legten los.

Das war dann sozusagen die Sturzgeburt zu meinem nächsten Beruf: Modedesignerin. In der ersten Saison verkauften wir sage und schreibe etwa zweihundert dieser für meine Begriffe banalen Dreiteiler. Ein Erfolg, mit dem ich nie gerechnet hätte.

Die Kundinnen verliebten sich in diese Dreiteiler und die

schönen Farben und Schnitte, die ihnen so gut standen. Viele bestellten zusätzliche Dreiteiler in anderen Farben.

Nun begann ich die Geschichte langsam ernster zu nehmen. Ich begann, neue Modelle zu zeichnen. Zum bisherigen Dreiteiler – verbessert – kam ein Kleidchen hinzu, im Stil vom «kleinen Schwarzen», aber in Türkis oder Knallrot und so. Dazu ein Mäntelchen und eine schlichte Bluse.

Ich entwarf die Modelle und gestaltete das Gesamtbild der Kollektionen, und Evelyne verkaufte sie auf den Hotelpartys. Die Stoffe kaufte ich bei der «Première Vision», einer Bekleidungsmesse in Paris, ein und den Jersey in Italien. Das war immer sehr aufwändig, denn unser Farbkonzept erlaubte keine Abweichungen, und je nach Stoff wirkte dieselbe Farbnuance plötzlich unterschiedlich. Zudem wurden die Stoffe immer mal wieder nicht ausgeliefert, was das ganze Konzept durcheinanderbrachte und für mich viele zusätzliche Nachtschichten bedeutete.

Schöne Knöpfe aufzutreiben war auch sehr schwierig. Dann brauchte ich Faden, Futter, Einlagestoffe, Reißverschlüsse. Zusätzlich Preisschilder, Größen-Etiketten, Pflege-Etiketten. Und natürlich ein Label-Etikett. Ich nahm meinen Namen und ließ ihn markenrechtlich schützen. Das war's.

Dann ging es los. Meine Entwürfe gingen zur Schneiderin, die die Prototypen nähte. Die zu besichtigen und anzuprobieren war stets ein aufregender Moment. Dann kamen die Änderungen und neue Prototypen. Wenn endlich alles stimmte, wurden die Schnittmuster durch eine CAD-Firma in allen Kleidergrößen auf Papier ausgedruckt. Diese gingen zur exzellenten Produktionsfirma ins Rheintal, die meistens die Termine einhielt. Die Stoffballen transportierte ich selbst in meinem Auto.

Evelyne und ich besuchten die Firma regelmäßig.

Die Kleider wurden dann zu Evelyne ausgeliefert, und das war wieder ein hochaufregender Moment. Evelyne ergänzte alles mit den Preisschildern, und dann begann ihr Business. Für die Kalkulation war sie zuständig. Sie achtete stets darauf, dass unsere Preise für die Kundschaft bezahlbar waren.

Das Ganze kostete viel Geld, zudem musste ich die ganze Produktion vorfinanzieren. Und wer wusste schon, welche Frauen kommen würden? Manchmal kamen sehr viele zierliche Lolitas, und in der nächsten Saison fast nur Rubensfiguren.

Ich war froh über die lukrativen Seminar- und Beratungsaufträge, die ich parallel ausführte und dank derer ich nie bei einer Bank anklopfen musste.

Daneben bildete ich mich permanent weiter: in Kleider-Schnitttechnik, Drapieren und Nähen. Wer Kleider entwirft, muss wissen, was machbar ist.

Was die Schnitte betraf, suchte ich ebenfalls nach den Urformen, nach den Urschnitten. Dazu studierte ich die Kostümgeschichte über alle Kulturen und ihre traditionellen Gewänder, sogar die Amish-Kleiderschnitte. Jede Art von Literatur sezierte ich aufs Genauste. Trotzdem fand ich das Ultimative nicht, wonach ich suchte, denn diese Schnitte waren oft zu exotisch, zu unpraktisch oder zu wenig tragbar.

Dann experimentierte ich eine Weile mit den Grundformen Kreis, Dreieck und Viereck. Doch auch hier kam ich an eine Grenze. Ich fragte mich immer wieder: Wo war dieser Eckstein, der alles zusammenhielt? Schließlich fand ich, wonach ich suchte.

Es geschah, während ich an einer Modeausstellung teilnahm. Da wurden unglaubliche Theaterkostüme von einer mittlerweile fast ganz erblindeten Kostümbildnerin gezeigt, Geneviève Sevin-Doering aus Marseille. In mir brannte es lichterloh: Diese Künstlerin musste ich kennen lernen!

So ergab es sich, dass ich während der folgenden zwei Jahre jeweils mehrere Wochen pro Jahr bei ihr verbrachte und von ihr lernte.

Sie war eine kleine, zierliche und sehr eigenwillige Person, die in einem einzigen, vielleicht 350 m^2 großen Raum aus dem 16. Jahrhundert wohnte. Darin arbeitete, lebte, schlief und kochte sie. Bei ihr standen die längsten Schneidertische, die ich jemals gesehen hatte. Es waren schwere Klostertische aus Ebenholz mit aufwändig gedrechselten Beinen, an denen mindestens zwanzig Personen Platz fanden.

Ebenfalls im Raum befanden sich ein riesiges Stofflager, mehrere Kleiderständer voller Schnittmuster, der Nähmaschinenpark und natürlich eine große Sammlung eindrücklicher Kostüme, die sie jahrzehntelang für viele Theaterausstattungen produziert hatte.

Ihr verstorbener Mann war Bühnenbildner gewesen, und sie hatten zusammen sogar die Stoffe der Kostüme bemalt. Es waren alles Kunstwerke mit einer enormen Aussagekraft.

Ebenso beeindruckend war die Frau selbst. Obwohl sie kaum noch etwas sehen konnte, versorgte sie sich selbst, schnitt Zwiebeln, zündete den Gasherd an und nähte sogar mehr als zügig an der elektrischen Nähmaschine, vorwärts und rückwärts. Unvergesslich, wie flink sie mit den Händen arbeitete, die ihr Augenlicht nach und nach ersetzten.

Geneviève war sehr streng, mit sich selbst und mit ihren Schülerinnen. Und sie lehrte fürs Leben gern. Beim morgendlichen Marktbesuch lehrte sie mich nicht nur den besten Fisch einzukaufen, sondern sie gab mir auch ihre einzigartige Erfindung weiter: dass sie nämlich Kleider aus nur einem einzigen Stück Stoff konstruierte.

Dafür legte sie den Stoff über eine Büste oder direkt über den Menschen und formte mit Schere und Heftfaden dreidimensional nach. Dadurch folgten ihre Schnitte der dreidimensionalen Anatomie des Körpers, ohne irgendwo zu zwicken oder zu spannen, und waren trotzdem körpernah geschnitten.

Geneviève war in der Fachwelt hoch angesehen. Ihre Schnitttechnik baute ich selbstverständlich in meine Kollektionen ein. Das war nicht einfach und forderte mich und die Schneiderin sehr heraus. Aber der Aufwand lohnte sich, denn wer in ein solches Oberteil schlüpfte, wollte es gar nicht mehr ausziehen.

Auch Evelyne nahm an allem regen Anteil und war überall involviert. Trotzdem war ihre Haupttätigkeit der Verkauf, und so führte sie weiter ihre anstrengenden Hotelverkäufe durch. Natürlich stöhnte sie ab und zu, aber ich nahm es locker. *Frisch ölen und wieder ab die Post,* dachte ich. Doch nach ein paar Saisons hatte Evelyne endgültig genug von den Hotelverkäufen:

«Ich bin es leid, die Kleider immer wieder in die Koffer reinzustopfen und gleich wieder auszupacken. Dann muss ich sie aufbügeln, an den mitgebrachten Kleiderstangen und Kleiderbügeln aufhängen und so schön wie möglich präsentieren. Ich habe derart starke Rückenschmerzen, das geht so nicht weiter.»

Wir wagten einen Expansionsschritt und eröffneten eine Boutique mitten im Zentrum von Bern. Ich nannte sie «La Différence». Sie befand sich in einem Patrizierhaus, das unter Denkmalschutz stand.

Nur schon die unebenen Treppentritte aus Sandstein brachten mich zum Träumen: *Was hätten die wohl alles zu erzählen?* Die hohen Räume waren mit schönen, inspirierenden Stuckdecken versehen. Alles war ein wenig krumm und speziell.

Im größten Raum führte Evelyne die Boutique. Dann gab es einen Beratungsraum, darin boten drei Personen Farb- und Stilberatungen an. Außerdem hatte ich einen Kosmetikraum eingerichtet mit einer aparten Jugendstil-Liege aus dunkelbraunem Rindsleder und einem gusseisernen Fußteil. Dort arbeitete eine nette Kosmetikerin.

Dann war da noch das Büro der Sekretärin. Und zu meiner großen Freude hing tatsächlich eine große Messingtafel mit meinem eingravierten Namen in Futura-Kursivschrift gut sichtbar an der Hausmauer! Schlicht, edel, eigenwillig.

Als Geschäftseinrichtung hätte ich mir einen Märchenwald vorgestellt, mit den famosen Bäumen mit Spalt, durch die man in eine andere Dimension gehen könnte. Hier aber würden wir die Aushöhlungen mit Regalbrettern auskleiden. Und die Kleider würden an Ästen aufgehängt.

Evelyne war unterkühlt begeistert, fand das unpraktisch, zu teuer und nicht umsetzbar. Ich aber wollte keine konventionelle Einrichtung. Und sie wollte einen vernünftigen Preis. Schließlich einigten wir uns auf einen Metallkünstler. Er baute sehr moderne, sandgestrahlte Garderobenständer, die wie Bäume aussahen. Dazu eine Theke und eigenwillige Metalllampen, die ein wunderbar sanftes Mondlicht verbreiteten.

Wir waren beide Perfektionistinnen und anspruchsvoll. Nachlässigkeit, Bequemlichkeit oder ein «Irgendwie-Irgendwann-Irgendwo» akzeptierten wir nicht. Wir überließen nichts dem Zufall. Das Geschäft schien es uns zu danken, denn wir waren gut mit Arbeit eingedeckt.

Für uns war es selbstverständlich, sowohl bei der Auswahl wie auch bei der Positionierung der Einrichtung alle uns bekannten verkaufsfördernden Feng-Shui-Kriterien zu berücksichtigen. Auch für die Vorhaben wie Eröffnung, Versand der Einladungen und Apéros berechneten wir die jeweils besten Tage dafür. Das ging so weit, dass wir sogar den Coiffeur nur an bestimmten Tagen aufsuchten.

Um Reichtum und Erfolg anzukurbeln, setzten wir auch bestimmte Düfte und ausgewählte Musik ein. Dabei habe ich erfahren, dass nicht jeder finanzielle Erfolg von Gott kommen muss.

Mit den Angestellten hatte ich immer Glück. Sie blieben mir treu, offenbar war ihnen wohl. Ich ließ sie an der langen Leine, bezahlte gut, förderte sie, aber wenn sie im Kundenkontakt oder in der Beratung schluderten, wurde meine Stimme streng.

Und waren da nicht irgendwo noch ein Ehemann mit Namen Milan und eine «Liebesbeziehung»? War ich weg, was ja sehr oft der Fall war, fehlte er mir, und überhaupt verstanden wir uns prächtig, wenn wir miteinander telefonierten. Aber kaum drehte ich den Hausschlüssel im Schloss, roch seinen alkoholisierten Atem und bemerkte die schwere Zunge, wäre ich am liebsten gleich wieder weggegangen. Es kam immer öfter vor, dass er unter Alkoholeinfluss gewalttätig wurde.

So erfolgreich das Berufsleben war, privat war es einmal mehr unter null.

Trotzdem gaben wir uns Mühe, jedenfalls so viel, wie uns beiden möglich war, denn wir waren alles außer Freunde. Ich spürte, dass auch er litt. Wir versuchten uns immer wieder zu «bessern» und versprachen uns vieles, das beim übernächsten Atemzug schon wieder gebrochen war.

Drei Jahre nach meiner Unterbindung fuhren wir zum ersten Mal wieder gemeinsam in Urlaub. Am ersten Morgen im fernen Hotel genoss ich im wattigen Halbschlaf den Luxus, dass mich kein Termin zum Aufstehen zwang. Es war heiß, und ich war nur mit einem weißen Laken bedeckt. Meine Hand lag auf dem Bauch. Während ich langsam erwachte, wurde mir bewusst, dass mein Bauch sonderbar war, anders als sonst. Wo auch immer ich mich berührte, der ganze Körper war übersät mit kleinen Erhebungen.

Ich stand auf und suchte den Spiegel. Hoffte, es sei alles nur Einbildung. War es leider nicht, sogar das Gesicht war voll. Alles voll, vorne, hinten, überall! Ich fühlte mich so elend wie der Student in der Geschichte «Die Verwandlung» von Franz Kafka, der beim Aufwachen mit Schrecken feststellte, dass er sich in einen abstoßenden Käfer verwandelt hatte. Zudem schmerzten die Dinger, es war Jucken und Schmerz gleichzeitig. Später gingen wir zu einem Arzt.

«Sie haben eine sehr starke Sonnenallergie, ich gebe Ihnen eine Kortisonspritze. In zwei Tagen kommen Sie wieder.»

Von dem Moment an litt ich nebst Nesselfieber auch an Sonnenallergie. Notgedrungen wurden wir zu Nachtschattengewächsen, denn ich ertrug die Sonne nicht. Es war keine gute gemeinsame Zeit. Eigentlich waren es sogar ganz schlimme Ferien. Wir stritten täglich, und Milan trank zu viel und schlug mich.

Wieder zu Hause, musste ich wegen der Sonnenallergie regelmäßig Kortison einnehmen. Parallel dazu suchte ich

Komplementärmediziner auf: Akupunktur, Kinesiologie, Bioresonanz-Therapie. Nichts half. Die Allergie war so schlimm, dass ich keinesfalls ärmellos oder in Shorts draußen sein konnte.

Auch hier war deren Standardfrage stets: Welchen Kontakt ertragen Sie nicht? Ich spielte verschiedene Antworten durch, von «keine Ahnung» bis zu «mein Mann», trotzdem waren auch die Therapeuten ratlos.

Was schlussendlich half, war eine schamanische Heilzeremonie, doch darauf komme ich später. Viele Jahre lang beeinträchtigte diese krasse Allergie mein Leben, und das Schlimmste war die ständige Angst vor einem erneuten Ausbruch.

Ich weiß nicht mehr, ob Evelyne den «Quadrinity-Prozess» als Erste absolvierte, oder ob ich es war.

Das war ein einwöchiger, sehr intensiver Prozess für Menschen mit einem Leck im Herzen. Ich erinnere mich gut, wie ich bei Seminarbeginn auf die für meine Begriffe riesige Teilnehmermenge schaute und dachte: *Dreißig Frauen und Männer plus zwölf Lehrer – das sind viel zu viele, die werden mich übersehen in dieser großen Gruppe.*

Dann wurden wir in den Seminarraum geführt, wo ein großer Kreis aus Stühlen stand, darauf viele hellblaue Kissen und etwa vier rosarote Kissen, alle in Herzform. Auf meinem Platz war ein rosarotes Kissen. Ich dachte: *Wenn ich morgen auch wieder einen Stuhl mit einem rosaroten Kissen habe, dann ist das mein Zeichen, dass ich auch dazugehöre.* Tatsächlich hatte ich wieder eins, und so entspannte ich mich von diesem Moment an.

Zur Seminarvorbereitung hatten wir auf vielen Seiten detailliert das Gute und Schlechte aufschreiben müssen, das wir mit den Eltern erlebten. Vor Ort erhielt jeder einen großen Stock, und dann mussten wir alles Schlimme aus uns herausschreien und gleichzeitig wie wild auf das Kissen vor uns eindreschen, bis wir alle Wut und Enttäuschung aus uns geschlagen hatten. Das dauerte Stunden. Danach waren die Hände geschwollen und mit Blasen übersät.

Nach dieser emotionalen Explosion ging es weiter mit dem Thema «Verständnis». Wir versetzten uns in einer Visualisierung mental in die Haut unserer Eltern und danach in die Haut unserer Großeltern und sogar Urgroßeltern und blickten mit *ihren* Augen auf ihre eigene Kindheit.

Quintessenz war, dass sie selbst seelisch verletzt waren und sich in Anbetracht ihres eigenen Zustands übertroffen hatten für uns, auch wenn es aus unserem Erleben heraus mangelhaft war.

Danach kamen zwei sehr überraschende Kapitel, und die hießen «Anklage» und danach «Rache». Das Thema «Rache» erstaunte mich sehr. Ich hätte nie gedacht, dass es mich betreffen könnte und ich mich an meiner Familie dermaßen rächen wollte für in der Kindheit erlittenes Ungemach.

Mit einem Messer mussten wir ein Kissen aufschlitzen und den imaginativen Eltern laut unsere Lieblings-Rachesätze entgegenschleudern. Und ob ich ihnen etwas zu sagen hatte!

Die zweite Wochenhälfte diente der Integration und Heilung. Wir feierten auch einen bunten und berührenden Kindergeburtstag in einer Weise, wie ihn wohl niemand von uns zuvor erlebt hatte.

Am letzten Tag lernten wir im Rahmen einer speziellen «geführten mentalen Reise» unseren ganz persönlichen spirituellen Führer kennen. Das ist das Wesen, das uns immer zur Seite steht, uns weiterhilft, tröstet, alles weiß, uns liebt und versteht und uns Halt gibt. Bei den meisten war es ein menschliches Wesen, es konnte aber auch ein Tier sein. Ich erhielt ein weibliches Wesen mit Namen Isolde.

Isolde führte mich an den Ort, wo ich immer und jederzeit hingehen konnte, um aufzutanken oder ein Problem zu verarbeiten. Sie versprach mir, immer und sofort zu mir zu kommen, ich brauchte sie nur zu rufen.

Mein Rückzugsplatz war an einem See, umgeben von einem Tannenwald. Ein Fußweg führte zwischen den hohen Stämmen direkt zum Wasser, und am Ufer stand mein

Häuschen in einem bunten Blumengarten. Noch viele Jahre später ging ich immer wieder an diesen Platz, wenn ich Trost brauchte.

Als Abschluss dieser großen Integrationsarbeit hörten wir «Die Moldau» des tschechischen Komponisten Bedřich Smetana und sollten uns vorstellen, wie wir in unserem Lebensboot auf dem Fluss fahren. Der Lehrer führte uns durch die Visualisierung und stellte viele Fragen, die wir für uns selbst beantworteten, während wir im Boot auf dem Fluss fuhren:

Wie breit der Fluss ist; wo auf dem Fluss du mit deinem Boot fährst, am Rand, in der Mitte; wie das Wetter ist; zu welcher Tageszeit du dort fährst; wie du gekleidet bist; ob du dich treiben lässt oder eingreifst; ob du allein im Boot bist – oder, falls nicht, wer bei dir ist; ob du stehst, sitzt oder liegst; wer das Ruder in der Hand hält; in welchem Zustand dein Boot ist, und wie es aussieht. So ging es immer weiter.

Zuerst war die Strömung gemächlich, dann nahm das Tempo zu, es kamen auch Stromschnellen, Hindernisse und gefährliche Situationen, und es stellte sich die Frage, wie wir uns wohl verhielten.

Schließlich mussten wir unser Tempo verlangsamen und uns dem Ufer nähern. Dabei könnte es sein, sagte der Lehrer, dass unser Kopf Blätter oder gar Äste von Trauerweiden streifte oder dass wir nistende Vögel störten. Wir mussten trotzdem durch und einen Anlegeplatz finden.

Wenn wir endlich am Ufer angelegt hatten, empfing uns unser persönlicher spiritueller Führer und gab uns vielleicht noch ein paar Tipps oder nahm uns gleich in die Arme. Isolde stand dort und umarmte mich.

Die Erlebnisse und Erinnerungen dieser Woche gruben sich tief in mein Gedächtnis ein. Dort wurde mir einmal mehr bewusst, dass ich Milan weit aus meinem Herzen gestoßen hatte.

Als ich wieder zu Hause eintraf, nahm er meine Veränderung bestimmt wahr, aber er interessierte sich nicht dafür.

Im Gegenteil, er fand das alles bloß albern und absolut überflüssig.

Diese gegenseitigen Zurückweisungen beherrschten wir aus dem Effeff. Für Milan war völlig klar, dass er solchen Unsinn nicht brauchte. Für mich war es das genaue Gegenteil.

So besuchte ich als Nächstes einige Seminare für indianisch inspirierte Familienaufstellung. Dort stellten wir unsere Familiengeschichten bis zu den Urgroßeltern auf, und in diesem Kontext wurde ersichtlich, weshalb von meinen Geschwistern nur mein ältester Bruder eigene Kinder hatte und dass es für mich lebensgefährlich gewesen wäre, Kinder zu gebären. Von dieser These war ich viele Jahre überzeugt.

Auch Evelyne besuchte diese Seminare. Sie war so beeindruckt von der Familienaufstellung, dass sie sich parallel zum Leben in der Modebranche darin ausbildete.

Ich hingegen suchte weiter. Mein Ziel war es, den Stein der Weisen zu finden. Wenn ich den fände, dessen war ich gewiss, wären alle meine Fragen nach dem Woher und dem Wohin beantwortet. Ich hätte den Beweis, dass dank der alchemistischen Verwandlung von unedel in edel alles möglich war. Das gab mir Hoffnung.

Während dieser Zeit gab es prägende Bücher, die mich als eine Art Privatbibel lange begleiteten. Da war *Autobiographie eines Yogi* von Paramahansa Yogananda, einem indischen Schriftsteller, Yoga-Meister und Philosophen. Ein Bestseller, der übrigens allen Menschen, die an der Trauerfeier von Apple-Ikone Steve Jobs teilnahmen, in die Hand gedrückt wurde.

Das 658-seitige Buch enthielt zwei Dinge, die mich stark beeinflussten. Einmal sagte der Yogi zu einem Schüler sinngemäß: «Entscheide dich, dass du an nichts und niemanden mehr eine Erwartung hast. Denn dadurch wirst du nie mehr enttäuscht. Wenn du das schaffst, wirst du innerlich zufrieden und dankbar über alles, was dir widerfährt.» Das leuchtete mir ein, und ich übte mich darin.

Das Zweite war ein kleiner Dialog zwischen dem Yogi und einem anderen Schüler, an den ich mich sinngemäß erinnere: «Meister, warum gibst du den Schülern und Besuchern, wenn sie zu dir kommen, als Abschluss immer ein Kupferarmband mit und sagst ihnen, dass sie es drei Monate lang tragen, dabei täglich von einem Arm zum anderen wechseln und in diesem Moment an dich denken sollen? Das ist doch Unsinn, du bist doch ständig präsent, mit und ohne Armband!»

Der Yogi lächelte und antwortete sinngemäß: «Du hast völlig recht, mein Schüler. Diese Armbänder sind überhaupt nicht nötig. Nur vergiss eines nicht: Die Menschen brauchen äußere Symbole, damit sie das Wichtige nicht vergessen. Darum gebe ich die Armbänder mit!»

Eine weitere Ära waren die Bücher der ungarischen Künstlerin Elisabeth Haich. Sie war Mystikerin mit altägyptischem Initiationswissen. Ihr autobiografischer Roman *Die Einweihung* war ein Meilenstein auf meiner Suche. Darin las ich zum ersten Mal über das verborgene Wissen der Mysterienschulen Ägyptens und was in der Cheops-Pyramide wirklich geschehen war. Und über Geheimnisse, die in der heutigen Zeit nun endlich enthüllt würden. Ich war hin und weg. Tauchte völlig ein in die Geschichte, kannte sie in- und auswendig.

Auch die späteren Bücher beeinflussten mich sehr, die Elisabeth Haich zusammen mit ihrem indisch-stämmigen Partner Selvarajan Yesudian zum Thema «Yoga und Sport» verfasste.

Ich begann, seine Art von Yoga zu praktizieren. Dabei war der Fokus darauf gerichtet, die Konzentration zu erhöhen, das Bewusstsein zu schärfen und dadurch die Lebensenergie zu verbessern. Hier lernte ich, Autosuggestion und Bekräftigungsformeln noch viel kraftvoller anzuwenden, und war überrascht darüber, wie gut das funktionierte.

Das nächste ihrer Bücher war *Tarot*. Darin ging es aber nicht um Wahrsagekunst, nein, Elisabeth Haich war überzeugt, dass auf den Tarotkarten archetypische Bilder abgebildet waren, die das gesamte altägyptische Initiationswissen enthielten. Die Eingeweihten hätten dieses Wissen in ein Kartenspiel verpackt, um es zu schützen und für spätere Zeiten aufzubewahren. Dann hätten sie diese Karten dem Propheten Mose übergeben, der sie als «religiösen Schatz» dem jüdischen Volk weiterreichte.

Auf den Tarotkarten waren die 22 verschiedenen Seelen- und Bewusstseinszustände abgebildet, die der spirituelle Jünger auf seinem Einweihungsweg durchlaufen muss, bis er beim göttlichen Bewusstsein ankommt. Dadurch sah ich meine eigene Reinkarnationstheorie bestätigt! Mein Herz hüpfte.

Natürlich gab es auch noch weitere Bücher und Erlebnisse, die meinen Weg in die unsichtbare Welt prägten. So ging ich einmal zu Richard, einem begabten Handleser aus den USA. Wir kannten uns überhaupt nicht. Richard war ein Medium. Er empfing Informationen aus der geistigen Welt, aus anderen Dimensionen oder aus dem Schöpfungs-Wissensschatz. Das ist der Ort, wo das ganze Wissen der Schöpfung aus allen Kulturen und Dimensionen für ewig gespeichert ist. Also wie auf einer riesigen Schöpfungs-Festplatte.

Das Medium liest also in diesen Informationen und erfährt sie ganz unterschiedlich, manchmal als präzise, prägnante Sprache, manchmal als Fremdsprache, die das Medium zuerst übersetzen muss; es können aber auch Gefühle sein, Farben, Klänge oder sogar eine Art innerer Fließtext, den das Medium im Geist ablesen kann. Oder wie bei Richard, dem sich das innere Wissen im Lesen der Handlinien offenbarte.

Das Medium ist der «Kanal», deshalb wird es als «Channel» und sein «Herunterholen der Informationen» als «Channeling» bezeichnet. Ein anderer Ausdruck dafür ist «multidimensionale Telepathie». Während das Medium die erhaltenen Botschaften für die hilfesuchende Person übersetzt, hört diese zu und spricht normalerweise nur, wenn sie vom Medium dazu aufgefordert wird.

Zu Beginn macht sich das Medium selbst ganz leer. Es öffnet sich für die unsichtbare Welt und versetzt sich in eine Art Trancezustand. Dabei ist es möglich, dass sich die Körperhaltung oder die Stimme plötzlich verändern. Dann tritt das Medium in Kontakt mit den «Wesenheiten». Mit Engeln, Erzengeln, Verstorbenen, spirituellen Führern, Außerirdischen, bestimmten Seelenteilen des Hilfesuchenden. Das Medium wird von Menschen mit unbeantworteten Fragen aufgesucht; mit Fragen, die kein Mensch beantworten kann.

Aus esoterischer Sicht ist Channeling eine Gabe Gottes, die jeder Mensch in sich trägt. Sie kann durch eine Einweihung bewusst geweckt, danach richtig gut erlernt und stets verfeinert werden. Viele Menschen sind medial unterwegs, ohne es zu wissen. Auch unter den Medien gibt es Scharlatane und andere.

Von Richard wusste ich, dass er sehr präzise arbeitet. Er sollte also aus meiner Hand lesen. Es ging um ein berufliches Anliegen, aber vor allem um meine stets wiederkehrende Frage: Warum um Himmels willen kam ich in dieses Leben und blieb nicht oben, wo es nie regnet? Und wenn ich schon mal hier bin: Was ist meine Lebensaufgabe?

Richard las aus der Form der Hand und deren Proportionen, der Hautbeschaffenheit, den Falten und Rillen, den Fingerformen, der Beschaffenheit, den Formen und Farben der zehn Nagelbetten und hauptsächlich auch aus den Handlinien auf der Innenseite der Hand. Dazu legte er mal die eine, mal die andere Hand in seine eigene und studierte sie. Dann blickte er mich an und legte los. Was er dann sagte, war schon verblüffend.

Es hätte mich gefreut, wenn er sich auch zu meinem Privatleben geäußert hätte, aber das tat er nicht. Das ist ein Punkt, der mich immer wieder erstaunte. Ich war ja wirklich bei vielen Menschen gewesen, die Informationen aus der geistigen Welt empfingen. Aber immer sprachen sie ausschließlich über meine Arbeit, meine Berufung und meinen Auftrag hier auf der Erde. Das Thema «Beziehungen» war stets kaum der Rede wert, wurde kurz gestreift und war dann schon zu Ende und abgehakt.

Aber selbstverständlich fand «man» (ich) auch dafür eine überzeugende Begründung. So dachte ich, dass in diesem Leben ganz offensichtlich das «tätig Sein und etwas Bewegen» für meine Weiterentwicklung ganz besonders wichtig sei. Wichtiger als Liebe und Familie. Ich erinnere mich an zwei erstaunliche Dinge, die Richard aus meiner Hand las:

Er sagte, dass ich zwei ebenbürtige außerordentliche Begabungen habe. Die eine als Künstlerin: Ich sei eine Ideenfabrik, die ständig kreiert und erschafft und sich ausschließlich mit ihrem Schaffen beschäftigen möchte. Still und allein in ihrem Atelier.

Und dann, ebenso stark, ein anderer Teil: die Geschäftsfrau, die nach außen treten und ihre Ideen vermarkten wolle, weil ihr der Austausch mit anderen ein großes Anliegen sei und die materielle Sicherheit ebenso. Dieser Teil brauche die Exposition und Anerkennung.

Und dass ich die beiden Teile nicht zusammenbringe, sondern entweder die introvertierte Künstlerin oder dann die unternehmerische Geschäftsfrau auslebe. Beides selbstverständlich exzessiv, knietief und bis zur Erschöpfung. Dass ich unglücklich sei, weil ich es nicht schaffe, beide Teile gleichzeitig auszuleben.

Dass mein Schaffen aus Schüben bestehe, angefeuert von großer Lebenskraft. Ein paar Jahre sei ich Geschäftsfrau, bis die Schuhsohlen durchgelaufen seien. Dann komme wieder eine Zeit von intensiver künstlerischer Betätigung, bis ich vor Vereinsamung fast austrockne. Und dann sei ich wieder – wen wundert's – Geschäftsfrau, bis … Und ich würde mich nur dann wirklich spüren, wenn das Leben mich an Armen und Beinen aufschürfe.

Es ist ja wohl klar, dass ich mich erkannt und verstanden fühlte, was mein Vertrauen in die Esoterik weiter anwachsen ließ. Es schien ja zuzutreffen, was ich hier erlebte. Und es machte auch den Anschein, dass ich hier endlich stimmige Antworten auf meine Fragen erhielt. Obwohl ich nach wie vor in der unglücklichen Beziehung ausharrte, verstand ich nun wenigstens, wieso ich dort gelandet war.

Zu der Zeit sah ich nur selten Fratzen. Und wenn, dann vergaß ich sie gleich wieder. Auch meinen Albtraum steckte ich weg. Ich wollte mir nicht den Kopf daran zerbrechen. Meine ganze Kraft ging ins Geschäft.

War ich aber mal zwei Minuten unbeschäftigt, weil ich auf einen Zug wartete oder so, driftete ich gleich innerlich weg. Erinnerte mich an den glückseligen Moment, als ich zum ersten Mal in meinem Leben erfuhr, dass ich schwanger war, und wie das Leben plötzlich nur noch aus Luftsprüngen und rosaroten Luftballons bestand. Pure Freude!

Meine Luftsprünge waren übrigens viel höher als die der besten Massai-Krieger. Sie waren so hoch, dass mein Kopf die Wolken auseinanderbrach und ich den Himmel berührte. Damals fühlte ich mich so weiblich. Im Vergleich zu mir war sogar Marilyn Monroe burschikos. Zudem hatte ich den besten Mann der Welt an meiner Seite, liebevoll, zärtlich, fürsorglich, großzügig, unterhaltsam, mein privater All-in-all-Sänger mit den wärmsten Augen. So sah ich Milan – damals zu jener Zeit.

Und so träumte ich mich weg: Händchenhaltend bereiteten wir uns auf unser kleines Familienparadies vor, händchenhaltend richteten wir die Wohnung kinderfreundlich her, und händchenhaltend standen wir im Kinderzimmer und freuten uns auf das schnuckeligste Baby der ganzen Welt. Doch das Kinderzimmer durfte noch nicht eingerichtet werden, sonst geschah etwas Schlimmes.

Aber ich war, wie ich war. Konnte es nicht lassen und füllte meine vorsorglich geleerte Krimskrams-Kommode mit Schächtelchen voller Bonsai-Kleidchen und winzigen Spielsachen. In meiner Erinnerung öffnete ich Schublade um Schublade und gluckste innerlich vor Freude.

Doch was war das, was sollte dieser plötzliche Lärm von kreischenden Bremsen, gerade jetzt, wo es doch so schön war? Ich kehrte in die Realität zurück: «Ach ja. Mein Zug fährt ein.» Tschüss, liebe Erinnerungen.

Zurück blieb die kreischende Gegenwart, alles andere war für immer weg. Wenn ich doch nur wüsste, was ich tun sollte. Es war so schwierig. Ich fühlte mich ohnmächtig, fühlte nichts, und auch der Verstand zeichnete mir keine lesbare Spur vor.

Und dann der Druck, dass diese zweite Ehe doch gelingen sollte. Einmal ausrutschen, ja, okay; aber doch nicht zweimal. Ich hätte mir so sehr gewünscht, in knalliger Leuchtschrift am Himmel zu sehen, was ich tun sollte, entweder «Bleib» oder «Geh». Das wäre so praktisch gewesen.

Da es aber nicht der Fall war, ergriff ich jeden vermeintlichen Strohhalm, um mich zu entscheiden. Kartenlegen war ganz praktisch, meinen spirituellen Führer zu fragen ebenfalls. Oder Pendeln: Zwei Kreise auf ein Papier zeichnen. Links das JA, rechts das NEIN. Die Frage stellen, Pendel ganz ruhig in der Hand halten und warten. Plötzlich begann sich das Pendel kaum wahrnehmbar zu bewegen, nahm an Tempo zu, und nach einer Weile kreiste es deutlich über einer der beiden Antworten.

Das wäre dann die vom Universum eingegebene Antwort gewesen.

Doch dies alles verwirrte mich immer mehr, denn die Antworten waren widersprüchlich. Ich wusste nicht, ob ich sie beeinflusste, oder war sogar das Universum selbst vielleicht auch unsicher?

Es gab auch nahestehende Menschen, die mir zuredeten, einen Schlussstrich zu ziehen. Evelyne beispielsweise. Auch sie hatte ihren Partner verlassen, was sich als sehr positiv erwies und mir Mut machte. Inzwischen lebte sie mit zwei Katzen in einem großen Haus ganz in meiner Nähe und war glücklich über die wiedergewonnene Freiheit.

Milan und ich unternahmen in einer Vierergruppe eine wochenlange Reise nach Kenia und Sansibar. Mit dabei waren unsere langjährigsten Freunde, Herzmenschen, hilfsbereit und sehr gutmütig, aber manchmal riss ihnen wegen Milan fast der Geduldsfaden.

Gegen Ende der Ferien plantschten meine Freundin und ich einmal im Hotelpool. Wie ich feststellte, wollte sie mir ernsthaft zureden:

«Einen solchen Mann würde ich nie aushalten. Er ist so kompliziert und denkt nur an sich selbst. Überleg dir gut, wie lange du dir das noch antun willst.»

Dass sie, die Großherzige, das sagte, beschäftigte mich. So beschloss ich, nach unserer Rückkehr eine analytische Therapie nach C.G. Jung, dem Schweizer Begründer der analytischen Psychologie, zu machen. Dabei analysiert man einen Traum, den man tatsächlich hatte. Träume sollten unbestechlicher sein als das Tagesbewusstsein, dachte ich.

Es war mir sehr wichtig, mich nicht voreilig von Milan zu trennen. Ich wollte nichts unterlassen oder verpassen, das uns hätte helfen können. Ich wusste ja, dass er viel aufgegeben hatte für unsere Beziehung, und ihn einfach so abzuservieren, lag mir fern. Und Schönes hatten wir ja auch.

Nein, es musste alles wohlüberlegt sein. Zumal er mir im Zorn manchmal drohte, er würde mein Leben zerstören, sollte ich ihn jemals verlassen. Natürlich nahm ich die Drohung nicht wirklich ernst, aber ich war ja auch nicht immer nett.

Wie ich befürchtet hatte, zeigten die analysierten Träume stets schnurstracks zum großformatigen «Geh» oder gar zum «Ich bin längst weg».

Aber es kam noch schlimmer: Ich träumte offenbar, dass ich eine neue Beziehung eingehen würde – und das entsprach nun wirklich der hinterletzten all meiner noch unerfüllten Sehnsüchte, denn das Thema «Liebe» war für mich chancenlos abgeschlossen.

Wie bei der praktischen Fahrprüfung. Wer dreimal durchfällt, muss zum Psychiater oder bleibt beim Fahrrad. Ich wollte auch nichts anderes mehr als meinen alten Drahtesel. Doch nichts da, ich sollte ich mich nicht nur neu verlieben, sondern sogar in einen deutlich Jüngeren? Was für ein Blödsinn. Lieber den Himalaya ohne Sauerstoffmaske bezwingen als das.

Mittlerweile war mir auch bewusst, dass ich mich stets in das Potenzial der Männer verliebt hatte und nicht in das vor mir stehende Wesen aus Fleisch und Blut. Ich hatte mich also genau genommen in ein Phantom verliebt, denn zwischen dem Potenzial und der Realität bestand zumindest bei *meinen* Männern ein krasser Unterschied. Diese Einsicht war nun sogar bei mir angekommen. Trotzdem wollte ich mich auf kein weiteres Risiko mehr einlassen und mich fortan nur noch auf mein Geschäft konzentrieren.

Ich hatte Bundesrätin Ruth Dreifuss mittlerweile zwar überholt, hatte aber kaum Zeit, das Geld auszugeben. Wann denn auch? Mein größter Luxus war die Freizeit.

Wenn ich es wirklich nicht mehr aushielt, strich ich ein paar Stunden heraus und klapperte meine Lieblingsdesigner in Paris ab. Die edlen Stücke trösteten die obersten Schichten meines Herzens. Es gab mir ein kurzfristig gutes Gefühl, dass wenigstens die materiellen Träume erfüllt waren. Alles andere schüttete ich mit Arbeit zu.

Je passiver Milan wurde, desto mehr kompensierte ich beruflich. Aber innerlich resignierte ich und überlegte, wie ich mich auf sichere und diskrete Art umbringen könnte.

Es war die seit der Kindheit bekannte Berg- und Talfahrt zwischen Hoffnung, Enttäuschung und Gewalt. Ohne den ersehnten Silberstreifen am Horizont.

Nach einem Unfall trank Milan keinen Tropfen Alkohol mehr, dafür war er nun noch aggressiver. Hilfe lehnte er ab, auch Ehetherapie:

«Das habe ich nicht nötig, ich schaffe es alleine!»

Nachdem er mich einmal mehr geschlagen hatte, ging ich zum Arzt. Im Wartezimmer lag ein Teppich mit verschiedenen pastellfarbenen Vierecken. Mein linkes Stuhlbein stand mitten auf einem cremeweißen Viereck und presste die Wolle zusammen.

Genauso fühlte ich mich, ohne jede Perspektive in ein viereckiges Verlies eingeengt, die Seele zerdrückt. Es war dasselbe Gefängnis, wie ich es seit der Kindheit immer wieder durchlebt hatte. Wie stellte ich es nur an, trotz meiner Helfer, trotz aller Therapien, Medien und Kügelchen, mich immer wieder in diesen desolaten Zustand zu befördern?

Ich hatte so viel unternommen, um lebensfähig zu werden: Wieso schaffte ich es nicht? War ich abnormal oder gar krank? Oder war das mein Weg für dieses Leben? Ging es von nun an aufwärts?

Nein, noch nicht, denn der absolute Tiefpunkt war noch nicht erreicht, wie sich bald herausstellen sollte. Der Arzt riet mir, Hilfe zu holen, in ein Frauenhaus oder zur Polizei zu gehen, was ich beides nicht tun wollte.

Dann las ich ein entscheidendes Buch: *Wenn Frauen zu sehr lieben – Die heimliche Sucht, gebraucht zu werden.* Das war heftig, darauf wäre ich nie gekommen. Ich las, dass Frau auch *zu viel* lieben kann. *Zu viel?!*

Bisher hatte ich immer angenommen, ich liebe zu wenig, sei unfähig zu lieben, deshalb übersprang ich ständig meine natürlichen Grenzen. Offenbar gab es aufopferungswütige Frauen – und ich gehörte dazu!

Das war eine äußerst unangenehme Aussage, und ich hatte schon vor, das Buch hochkant in den Eimer zu werfen. Dann las ich:

«Ich liebe dich, weil ich dich brauche.»

«Ich brauche dich, weil ich dich liebe.»

Kleiner Unterschied! Wer auf eine krankhafte Weise liebt, liebt nur dann, wenn er gebraucht wird. Der andere braucht das Gegenüber nicht aus einem Mangel an Selbstwert, sondern weil das Leben schöner ist, wenn man es mit dem geliebten Menschen zusammen verbringt.

Die Ursache dieser übertriebenen Leidens-/Liebesbereitschaft war selbstverständlich in schmerzlichen Kindheitserfahrungen zu finden. Logisch. Die bösen Männer waren also nicht das alleinige Problem, sondern ebenso die Frauen, die sich immer wieder in Problemmänner verliebten.

Am Ende des Buches gab es praktische Übungen, um sich aus dieser unheilvollen Spirale zu befreien. Sie waren schwierig, aber hilfreich.

Ich begann, mich seelisch zu entspannen, meinte, innerlich Frieden geschlossen zu haben, und hatte auch keine Erwartungen mehr an Milan, selbst wenn er immer noch derselbe war. Wir kannten uns nun vierzehn Jahre.

Zu der Zeit tobte ein wüster Krieg in Jugoslawien, und ebenso tobte es im Herzen von Milan. Er war verzweifelt hin- und hergerissen zwischen seinem Leben hier und seiner Heimat. Es half ihm, seiner Familie in dieser Zeit vor Ort beizustehen, und so fuhr er oft hin. Dadurch waren wir wochenlang getrennt, da auch ich viel unterwegs war, vorwiegend in Deutschland.

Das kam so: Evelyne war ja in der Ausbildung zur systemischen Familienaufstellerin. Dort sympathisierte sie mit einer Theaterintendantin, die ihren Kleiderstil lobte. Sie suche eine Kostümbildnerin für «Don Giovanni», und zwar eine mit genau dieser Handschrift.

Es war klar, wessen Marke Evelyne trug, und so bot mir die Intendantin den Auftrag an, den ich selbstverständlich ablehnte. «Don Giovanni» war sozusagen Schuhgröße 47, und ich trug knapp 38.

Fünf Minuten später rief Evelyne an. Etwas zu laut flüsterte sie: «Bist du verrückt, ein solches Angebot abzulehnen? Solche Chancen kommen nicht oft im Leben. Pack sie! Du kannst das! Das passt perfekt zu dir. Ruf sie bitte gleich an!»

«Du übertreibst. Und nein, ich rufe sie nicht an. Wenn sie mich wirklich will, soll sie nochmals anrufen. Dann schaue ich es mir eventuell an.»

Und sie tat es.

Ein paar Wochen später flog ich zum ersten Mal nach Norddeutschland. Und das sollte sich mehrere Jahre lang noch sehr oft wiederholen. Es war mein beruflicher Höhepunkt, meine «Villa Kunterbunt». Hier ging es ausnahmsweise nicht um Umsätze und in Massen produzierbare Kleider.

Nein, jedes Kostüm war eine Einzelanfertigung. Ich konnte mir fast alles erlauben. Die gewieften Theaterschneiderinnen brachte ich oft an ihre Grenzen, und sie gaben alles, investierten auch blutende Fingerkuppen, um die teilweise extremen Ideen umzusetzen. Dazu kam die Wahl der Frisuren und Perücken, Hüte, Schminke, Schuhe, Taschen, Schmuckstücke, es war alles so aufregend.

Das Leben am Theater war wie ein geschlossener Kosmos weitab vom Rest des Alltags. Ich erlebte alles, von der reinsten Ekstase bis zum tiefsten Tauchgang.

Das absolute Hochgefühl bei der Premiere, wenn man herzklopfend im weichen Sessel sitzt und mit ganz neuen und manchmal feuchten Augen das Erschaffene auf sich wirken lässt – und genießt.

Der Applaus am Ende.

Die hoffentlich vielen Vorhänge, bis die Bühnenarbeiter zusammenbrechen.

Dann der Aufruf: Die «Schwarzen» nach vorne auf die Bühne! Das betraf uns drei: Intendanz, Bühnen- und Kostümbild.

Und jetzt unser Applaus. Manchmal gab es auch vereinzelte Pfiffe, aber die galten natürlich den anderen …

Die Feier danach und die Presseberichte am Folgetag. Was werden sie schreiben? War es positiv, lobten wir die Journalisten, ansonsten ereiferten wir uns gekränkt über deren Unvermögen und Unkenntnis.

Aber vorher noch, bereits während der Feier, zerriss das enge Band der monatelangen Zusammenarbeit mit den Künstlern. Ab jetzt würde die Produktion selbständig laufen – und ich fiel in das berühmte Loch, das alle Menschen nach Beendigung eines sehr intensiven kreativen Prozesses erleben.

Diese Arbeit forderte mich immer wieder neu heraus und war sehr anstrengend. Jedes neue Stück bedeutete enorm viel Arbeit. Finanziell war es nicht interessant. Aber diese Höhenflüge gaben mir mehr als alles andere. Ich wollte weniger Seminare geben, um für meine Theateraufträge besser verfügbar zu sein.

Deshalb hatte ich die Zusammenarbeit mit meinem ersten Großkunden aufgelöst, ein mutiger Schritt. Es ging nun nur noch um die letzte Seminarreihe, die ich moderieren sollte. Ich stand da, in meiner schwarzen Kenzo-Jacke mit Samtbesätzen an Kragen und Ärmeln, schmalgeschnittenen Armani-Hosen und meinen bevorzugten Stiefeletten von Christian Louboutin.

Im Saal waren vorwiegend Männer, Geschäftsmänner, Kaderleute und Direktoren. Ich hatte längst keine Angst mehr vor Männern, denn ich hatte so viele beraten. Mein Verhalten ihnen gegenüber war offen und direkt, auch Komplimente platzierte ich spontan, ohne dass sie missverstanden wurden.

An diesem Abend fehlte der bestellte Referentenkoffer mit dem Schreibmaterial. Leicht irritiert schaute ich mich um und fand keinen Ersatz. Die Anwesenden beobachteten mich, und in einigen Gesichtern las ich diskret verhaltene Schadenfreude.

Plötzlich erhob sich einer, kam nach vorn, stellte sich vor, zückte einen Schlüssel und öffnete ein Sideboard, in dem sich Reserve-Schreibmaterial befand.

Ich war erleichtert und bediente mich. Dann schaute ich hoch und wollte mich bedanken. In diesem Moment sah ich etwas, das ich noch nie zuvor gesehen hatte. Ich sah wohl sein Gesicht, aber es war überdeckt von einem starken weißgoldenen Licht. Nur einen kurzen Moment.

Ich stand auf, bedankte mich – und wie sich unsere Handflächen berührten, hatte ich den nächsten Flash: Eine solche Wärme kannte ich nicht. Seine Haut war trocken und weich, und die Wärme seiner Haut durchdrang meine Haut und erwärmte mein Innerstes.

Das war der Beginn einer weiteren Lebensphase, in der ich mich nicht an meine Vorgaben hielt. Ich hatte mich für

155

das Leben mit Milan entschieden und hätte mir allerhöchstens vorstellen können, ab und zu eine Muse von einem möglichst entfernten Planeten zu küssen, aber eigentlich wollte ich nicht mal das. Bisher war ich Milan immer treu gewesen, meine große Liebe war eh das Geschäft.

Nach Seminarende half mir der blonde Mann beim Durchschleusen durch die Sicherheitskontrollen. Dann stellten wir fest, dass wir beide zum Hauptbahnhof fahren würden. Kaum hatten wir in der Straßenbahn Platz genommen, verkündete ich wohlweislich, ich sei verheiratet.

Er aber malte sich in Leuchtfarben aus, innerlich, mit was für einem Pomadenhengst mit Hochglanz-Aktenkoffer ich wohl verheiratet sei, doch das erzählte er erst viel später. So wankten wir kurventreu mit der Tram nach links und ebenso flexibel nach rechts und machten beim Anhalten mit dem Oberkörper einen kleinen Schwenker nach vorn.

Der Blonde erzählte, sein Leben sei grundsätzlich gut orchestriert, die Musik spiele aber nur mit den drei Tönen Arbeit, Freunde und Hobbys. Er wünsche sich eine Veränderung, und deshalb habe er sich fürs Seminar angemeldet.

Weiter präzisierte er nicht, und ich fragte auch nichts, denn dazu kannten wir uns zu wenig. Was wir beide damals nicht ahnten: In diesem Moment befanden wir uns bereits in nächster Nähe der tosenden Niagara-Fälle, und wir hätten bereits den einen oder anderen Wasserspritzer spüren können. Unserer Meinung nach hingegen saßen wir harmlos in der banalen Straßenbahn, deren Räder die Schienen nie verlassen.

Ich fuhr aufgewühlt nach Hause. Was hatte ich nur? Es war ja überhaupt nichts geschehen. In meinem System rumorte es. Gerade jetzt, da ich mich mit allem einigermaßen arrangiert hatte, kam so ein schelmischer Frechdachs aus einer wildfremden Stadt und steckte den Kopf ungeniert in meine Seifenblase.

Da das Seminar mehrmals stattfand, sahen wir uns wieder, was mich gleichzeitig irritierte und im Geheimen auch beglückte.

Nach ein paar Wochen gingen wir zusammen essen und lernten uns ein wenig kennen. Noch ein paar Wochen später kamen wir uns deutlich näher, eine ganze Nacht lang, so nah wie Menschen mit Trauschein.

In dieser Nacht zerriss ein Vorhang über meinem Dasein, und plötzlich erkannte ich mich und mein Leben. Ich fühlte mich wie ein ausgetrockneter Baum in der Wüste. Danach sahen und hörten wir uns über Wochen immer wieder.

Es war eine sehr krasse Zeit für mich. Was ich im Tiefsten verdrängt hatte, stieg nach oben, und das Jetzige war plötzlich sekundär. Mein Leben wechselte die Seiten.

Als wir den ersten Samstag miteinander verbrachten, lud er mich zum Frühstück in ein ganz normales Einkaufszentrum ein. Wir sollten vor zehn Uhr dort sein, weil wir dann gratis ein Croissant erhielten. Bis vor Kurzem hätte ich es als höchst beleidigend empfunden, an einem solchen Ort zu frühstücken, und auch fünfhundert Gratis-Croissants hätten mich nicht aus den Federn gehoben. Dieser Mann schaffte ein Umdenken. Mit ihm kam ich zur Ruhe, er tat mir gut, und ich fühlte mich wohl mit ihm zusammen.

Übrigens war er tatsächlich zehn Jahre jünger als ich ... Zu der Zeit war er Single, so hatten wir nur «mein Problem».

Ich wusste: Wenn ich nicht seelisch eingehen und verkümmern wollte, musste ich aus meiner Ehe ausbrechen. Es ging um meine Gesundheit. Aber der Preis einer Trennung war hoch. Mit Milan würde es kaum möglich sein, sich anständig zu trennen.

Ich müsste aus dem ganz nach unserem Geschmack renovierten Haus ausziehen. Zwar waren wir immer noch Mieter meiner Eltern, aber der Kaufvertrag lag auf dem Tisch.

Für die Eltern wäre eine Trennung die reinste Katastrophe. Unseren Hund müsste ich bestimmt auch verlassen, und jetzt begann es zu schmerzen.

Richtig schmerzhaft war aber, den englischen Duftgarten zu verlassen, den ich nach meinen Wünschen hatte anlegen lassen. Dieser Garten war meine Wohlfühloase, dort tankte ich auf. Ade, Gartenwege, die ich so liebte, weil sie nirgendwo gerade verliefen. Ade, runde Mosaik-Garteninsel mit Pergola, ade, liebe Pflanzen. Ade, du mein Garten.

Wenn ich mit Urs zusammenziehen würde, so hieß nämlich der blonde Mann, würde ich vom eigenen Haus in die Attikawohnung eines Hochhauses im dreizehnten Stockwerk einziehen. Die Wohnung war so hoch gelegen, dass ich mich kaum getraute, bis an das Balkongeländer zu treten und hinunterzuschauen.

Dann hatte ich zwei neugierige Katzen. Was, wenn die auf dem nassen Geländer ausrutschten und hinunterfielen?

Ja, und dann war noch mein verwöhntes «Baby», das zu einer großen Tochter herangewachsen war: mein Business. Würden meine Kunden fast zwei Stunden Reise nach Zürich in Kauf nehmen wollen? Wohl kaum. Ergo musste ich damit rechnen, am neuen Ort wieder bei null zu beginnen.

Hatte ich überhaupt die Kraft dazu?

Ich wog ab. Ging zum besten Astrologen, legte immer wieder die Karten, horchte auf mein Herz, machte eine Familienaufstellung dazu. Von allen Seiten stand die Ampel auf Grün.

Dann wusste ich: Ich bin bereit. Aber innerlich war ich aufgewühlt und hatte Angst. Würden wir drei es überleben? Und wenn ja, wie?

Ich entschied mich, Milan einstweilen nichts zu sagen. In meiner Agenda klebte damals eine Weisheit von Jochen Mariss, die mich immer wieder aufmunterte:

«Und eines Tages sagt die Stimme deines Herzens klar und deutlich ‹Jetzt!›, und nichts und niemand kann dich aufhalten. Und du spürst genügend Kraft, Mut und Zuversicht, um dich von den Fesseln des Zögerns und der Angst zu befreien und etwas Neues zu beginnen.»

Äußerst vorsichtig und von Evelyne unterstützt, begann ich, meinen Umzug vorzubereiten. Ich hatte viel Material zu Hause eingelagert, Stoffballen, Verkaufsmaterial, Farbtücher, Büromaterial, das Archiv und die Buchhaltung. Es ging darum, die Geschäftssachen aus dem Haus zu holen.

Im Laden hatte ich vorsorglich eine Übernachtungsmöglichkeit eingerichtet. Wenn ich Urs besuchte, war mein Flitzer stets bis zur Decke beladen. Bald war Urs' Wohnung mit meiner Ware völlig zugestellt.

Normalerweise sind bei «Vorher-nachher»-Bildern die «Nachher-Bilder» immer ansprechender. Bei seiner Wohnung war es anders. Man muss schon sehr verliebt sein, um einen solchen Zustand zu billigen.

Ja, und so vergingen mehrere Monate. Auch eine stumpfe Nagelfeile bringt Gitterstäbe zum Bersten. Mit Evelyne vereinbarte ich, dass sie das erste Geschäft weiterführt und ich am neuen Domizil ein neues eröffne. Also ging ich auf die Suche und fand schöne Räume in der Altstadt von Zürich. Der Übergabetermin war erst ein paar Monate später, so musste ich nichts überstürzen.

Je besser ich mich fühlte, umso schlechter ging es Milan. Einmal mehr ahnte er die Wahrheit. Immer wieder fragte er mich, wie mein neuer Mann heiße. Stets stritt ich alles ab. Er weinte viel, wurde immer trauriger. Singen? Er konnte nicht. Erst jetzt war er plötzlich zu einer Ehetherapie bereit. Um keine neue Szene zu provozieren, gingen wir zu einer kompetenten Person, welche die erste und gleichzeitig letzte Sitzung mit diesen Worten beendete:

«Jeder von euch sitzt auf seinem Planeten, und keiner von euch interessiert sich dafür, wie es auf dem anderen Planeten aussieht. Ich habe euch gefragt, ob ihr bereit seid, den Planeten des anderen zu besuchen. Ihr habt beide verneint. Wenn ihr das nicht wollt, hat eure Beziehung keine Chance mehr.»

Eines Tages übergab Milan mir einen langen Brief. Wenn ich den Inhalt damals in seinem Sinne verstanden hätte,

hätte ich verstanden, dass er sich vom Leben verabschiedete. Aber dieser Gedanke, Selbstmord zu verüben, war so konträr zu seiner Persönlichkeit, dass ich nicht im Entferntesten an so etwas dachte. Natürlich war mir das sonderbare grobe Seil aufgefallen, das plötzlich über dem Heizkörper im Erdgeschoss hing. Aber in einem Haus benötigt man immer wieder die unterschiedlichsten Utensilien, und Milan war handwerklich sehr begabt.

Ein paar Tage später rastete Milan ohne jegliche Vorwarnung aus und wollte mich umbringen. Er drängte mich in eine Ecke des Wohnzimmers, schrie und würgte mich. Unser großer Hund war außer sich und bellte ununterbrochen. Er drängte sich zwischen uns, wollte uns trennen. Ich wehrte mich, so gut ich konnte, und schrie um Hilfe. Gleichzeitig bugsierte ich uns vorsichtig und langsam Schritt für Schritt in Richtung Balkontür, denn ich hoffte, dass die Nachbarin – durch den Lärm aufgeschreckt – in den Garten ginge, um von dort zu erspähen, was bei uns ablief.

Tatsächlich entdeckte ich plötzlich die erschrockene Nachbarin, wie sie von ihrem Garten aus zu uns herüberstarrte. Dann war sie bereits wieder weg. Kurz darauf klingelte die Polizei an der Tür. Mein Mann öffnete, sie sprachen miteinander.

Diesen Moment nutzte ich, rannte durch den Garten weg und übernachtete zum ersten Mal im Laden. Nachts sah ich Gespenster an den Wänden und hörte immer wieder die Schritte von Milan, aber es war Einbildung, er war nicht da.

Nach diesem Vorfall hatte ich den letzten Funken Mitgefühl für Milan verloren und wollte so schnell wie möglich weg.

Ein paar Tage später musste ich etwas im gemeinsamen Haus holen. Ich ging zu einer Zeit, in der Milan ganz bestimmt abwesend war. Ich hatte Angst, beeilte mich und stand bereits wieder im Korridor, um dann durch die Eingangstür davonzuhuschen.

Doch plötzlich tauchte Milan unvermittelt im Türrahmen auf. Unrasiert und grau im Gesicht. Völlig aufgelöst beteuerte er immer wieder, wie leid es ihm tue. Er habe einen Riesenfehler gemacht und wäre bereit, alles zu tun, um es wiedergutzumachen. Aber er wisse, dass nichts mehr zu machen sei. Er wünsche nur noch eine letzte Umarmung und werde mich danach in Ruhe lassen.

Ich weiß nicht mehr, ob er die von mir bekam, jedenfalls war es eine absolut schräge Situation. Der Hund weinte ebenfalls, und die Katzen strichen verstört herum. Ansonsten war ich völlig ahnungslos.

Wir befanden uns immer noch im Korridor, neben dem Heizkörper mit dem Seil. Plötzlich streckte er den Arm aus, ergriff das Seil und stolperte im Tränennebel die Kellertreppe hinunter in die Waschküche.

Nichts Gutes ahnend, folgte ich ihm nach. Die Tiere blieben oben, obwohl sie doch sonst immer an uns klebten.

Milan erhängte sich vor meinen Augen. Er musste das eingeübt haben, so flink waren die Bewegungen. Er war sofort bewusstlos.

Ich war weder erfahren in solchen Situationen, noch war ich darauf vorbereitet. Doch ich erlebte, wie stark man manchmal ist, wenn einem nur eine Option bleibt. Ich stieg auf einen Hocker und fasste ihn um den Leib, um ihn hochzuheben, denn ich dachte, dass er dadurch wieder aufwachen würde. Doch es geschah nichts.

Stunden später, so schien mir, wusste ich: *Ich brauche ein Messer. Wo sind die nur? Ach ja, genau, zwei Stockwerke weiter oben.* Ich stürzte die zwei Treppen hoch, wich dem Riesenhund aus, der sich nicht vom Fleck bewegen wollte, und verscheuchte die beiden aufgeschreckten Katzen. In der Küche packte ich das größte Fleischmesser und einen Stuhl. Mit beidem fliegend wieder die zwei Treppen hinunter.

Das nächste Problem:

Wo und wie muss man schneiden?

Plötzlich plumpsten wir beide wie zwei große Stoffpuppen zu Boden.

Legt man Bewusstlose nicht in Seitenlage? Und jetzt, was mache ich jetzt, kommt er von alleine wieder zu sich, oder muss ich die Polizei rufen? Ich erinnerte mich nicht mehr an die zu wählende Nummer, musste zuerst bei der Auskunft die Nummer der Polizei erfragen.

Dann ging es sehr schnell. Milan wurde mit Blaulicht in die psychiatrische Klinik gefahren. Die Polizei befragte mich. Sie wollte sichergehen, dass ich Milan nicht hatte umbringen wollen.

Noch Jahre später bekam ich Herzklopfen, wenn ich irgendwo ein Seil liegen sah. Und bei solchen Filmszenen schließe ich bis heute die Augen.

Nun war Milan in der Klinik. Er wurde an Armen und Beinen zwangsfixiert. Zum großen Erstaunen des Personals konnte er sich freistrampeln, was ihrer Meinung nach unmöglich war. Er hatte anscheinend übernatürliche Kräfte.

Wohlweislich besuchte ich ihn nie. Die vor mir liegenden Tage waren meine Chance, um den Umzug abzuschließen und schnellstmöglich wegzugehen. Nachts schlief ich unter dem Dach auf einer Matratze, nie mehr im Ehebett.

In der ersten Nacht nach dem Selbstmordversuch ging es los: Ich lag unter der Decke auf dem Rücken und schlief.

Plötzlich erwachte ich und konnte kaum atmen. Ich hatte stechende Schmerzen in meiner Brust. Auf mir lag etwas Bleischweres. Eine Truhe? Es war unmöglich, mich zu bewegen.

Ich öffnete die Augen. Das Zimmer war dunkel, aber nicht pechschwarz. Ich erkannte kleine Schatten, die emsig auf mir herumturnten. Es roch kühlmodrig. Hinter mir raschelten Blätter. Ich hob den Kopf ein wenig an und sah, wie die Blätter des großen Gummibaums heftig hin- und herschaukelten, obwohl das Fenster geschlossen war.

Starr vor Angst lag ich unbeweglich im Bett und zitterte

vor Kälte. Irgendwann gab es Ruhe, und ich konnte wieder einschlafen.

Am Folgetag erhielt ich Besuch von den Eltern. Sie hatten einen Anruf von Milan bekommen. Er sagte, es sei meine Schuld, dass er in der Klinik sei. Er habe sich umbringen wollen, weil ich ihn wegen einem anderen Mann sitzenlassen wollte.

Mami stieg aus und klingelte an der Tür, Papa wollte das große blaue Auto nicht verlassen. Mami befahl mir, mich zu Papa ins Auto zu setzen. Vorne. Sie stieg hinten ein. Schwieg. Das war normal. Papa wollte mir nicht mal die Hand geben. Er war so wütend. Dann donnerte er los:

«Ist dir eigentlich bewusst, wie viel Karma du dir durch diese Geschichte für die Ewigkeit auflädst? Wie sehr du dich verschuldest? Was tust du Milan an – und was uns und seiner Familie? Überlegst du überhaupt auch nur eine Sekunde? Ich schäme mich für dich. Wieso tust du dir und uns das alles an?»

Ich erstarrte ob seiner Karma-Predigt. Doch er war noch nicht fertig:

«Stimmt es, was Milan sagte, dass du ihn wegen eines anderen verlassen willst?»

Nun reichte es mir: «Jawohl, das stimmt, und ich werde ihn verlassen, und ich weiß auch, was ich tue und warum ich es tue. Ich bin längst erwachsen und für mein Leben selbst verantwortlich. Und übrigens habt ihr keine Ahnung, was bei uns ablief und was ich durchgemacht habe. Aber was interessiert es euch? Ihr seht nur den armen Ausländer, der seine Heimat für eine Frau verlassen hat – und nun steht er ganz allein und nackt in der Pfütze.»

«Du hast dir das alles selbst eingebrockt. Wenn man heiratet, dann bleibt man zusammen.»

«Ja, genau. Und es spielt keine Rolle, wenn alle unglücklich sind, Hauptsache, man ist zusammen und wahrt den Schein nach außen. Man kann schlagen, fluchen und herumwüten, es zählt nur eines: ein Fotoalbum mit der fröhlich lächelnden Familie.»

Papa bebte. Er hielt sich zurück. Plötzlich veränderte sich die Stimme. «Was willst du denn jetzt tun? Willst du wegziehen? Was ist mit dem Haus?»

Mami hingegen mischte sich plötzlich ein: «Ich habe es kommen sehen. Es überrascht mich nicht. Eigentlich bin ich erleichtert, wenn ihr auseinandergeht.»

Meine Mutter?!

Ich erzählte von der Kinderlosigkeit, die wir nicht verkrafteten, vom Alkohol, und wie sich Milan dadurch veränderte. Wie mehrmals die Polizei kommen musste. Wie ich mich vor ihm fürchtete. Ich erzählte auch, was nachts abging.

Papa erklärte, das seien Poltergeister. Die könnten bei so massiven emotionalen Erschütterungen auftauchen. Ich solle Folgendes tun:

«Geh in jedes Zimmer und ruf in jede Ecke mit kraftvoller Stimme: Im Namen von Jesus Christus und kraft seines Blutes, ihr Poltergeister, haut sofort ab und kommt nie wieder zurück!»

Ich fand diese Worte etwas sonderbar, war aber trotzdem bereit, es zu tun, denn wenn es auch nichts nützte, so schadete es bestimmt auch nicht.

Am Ende des Gesprächs reichte Papa mir doch tatsächlich die Hand.

Am nächsten Tag räumte ich weiter Geschäftssachen weg und kam gut vorwärts. Alle Privatsachen überließ ich Milan. Wieder legte ich mich schlafen und war überzeugt, dass ich diese Nacht nicht aufgeweckt würde.

Doch mitten in der Nacht waren sie wieder da. Sie plagten mich noch heftiger als in der ersten Nacht. Sprangen auf meinem Oberkörper auf und ab, was sehr schmerzte, und dabei griffen sie mir immer wieder an die Gurgel. Ich hatte Todesangst, verteidigte mich, so gut ich konnte. Mir schien, dass sie lärmten, aber vielleicht war es auch das in meinen Ohren laut pulsierende Blut.

In der dritten Nacht wollte ich gerade zu Bett gehen und

schlurfte noch einmal ins Bad. Ich war außer mir, als ich in der Toiletten-Schüssel feingeschnittenen Endiviensalat vorfand. Erstens gab es momentan keinen Endiviensalat zu kaufen. Zweitens kaufte ich diese Salatsorte nie. Und drittens, wenn ich welchen gekauft hätte, wäre meiner nie millimeterdünn geschnitten gewesen wie dieser. Viertens kämen meine Salatreste auf den Kompost und todsicher nicht in die Toilette! Außerdem befand sich die Küche einen Stock höher als das Bad. Wenn der Salat weggeschmissen wurde, weshalb dann nicht in die Toilette neben der Küche, sondern einen Stock tiefer? Ich war mit hundertprozentiger Sicherheit ganz allein zu Hause, genauso wie tagsüber.

Ich hatte dermaßen Angst, zitterte von innen nach außen und von außen nach innen. Wollte die Augen nie mehr schließen. Am liebsten für immer wegfahren. Aber jede Bewegung schien voller Gefahren, konnte eine Lawine auslösen.

Ich fühlte mich beobachtet. Diese aufflackernden und gleich wieder verschwindenden winzigen Punkte – waren das Augen, die mich anstarrten? Das Zimmer war voller Hass. Da war kein Leben und keine Spur von Liebe mehr.

Da erinnerte ich mich plötzlich an den Satz, den ich gemäß Papa den Poltergeistern voller Kraft entgegenwirbeln sollte.

Ich riss mich zusammen, atmete tief ein und schrie den Satz hinaus: «Im Namen von Jesus Christus und kraft seines Blutes, ihr Poltergeister, haut sofort ab und kommt nie wieder zurück!» Ich war so verzweifelt, dass ich alles getan hätte, egal, ob ich daran glaubte oder nicht.

Ich schrie ihn zwar nicht in jede Ecke, aber mitten in diese düstere Stimmung hinein. Und siehe da, der Satz legte sich darauf und blieb liegen. Es wurde ein Dezibel ruhiger. Wieder und wieder schrie ich diesen Satz. Mit der Zeit konnte ich mich aus meiner Kauerstellung befreien, aufstehen und mich bewegen.

Immer noch wiederholte ich den Satz. Dann wagte ich es

endlich, das Licht anzuzünden. Ich drückte auf jeden Lichtschalter, den ich fand. *ES MUSS HELL SEIN!* Und dann wagte ich es, jede Ecke in jedem Zimmer systematisch auf diese Weise «abzuarbeiten». Jedes Zimmer, aber nur bis zum Erdgeschoss. Das Untergeschoss war seit dem «Unfall» abgeschlossen. Ich hütete mich, dort hinunterzugehen. Schon früher war mir dort unten unheimlich gewesen, und jetzt erst recht.

Als ich überall durch war, legte ich mich schlafen. Hatte Mühe, mich zu beruhigen, und fürchtete mich, aber schließlich schlief ich ein. Die Poltergeister waren von da an weg. Ich verbrachte noch zwei letzte Nächte im Haus und zog diese Tür dann endgültig hinter mir zu.

Der Umzug zu Urs fühlte sich wie eine Flucht an. Noch viele Jahre mied ich meine frühere Heimatstadt und verwischte möglichst alle meine Spuren.

Dass Milan nach Verlassen der Klinik durchdrehen würde, war auch ohne Glaskugel voraussehbar. Und wenn man nicht um Kinder streitet, dann halt um etwas anderes, und was eignet sich dazu besser als Geld?

Das half mir aber, auch den allerletzten Mikroanfall von Schuldgefühl wegen meines Auszugs dezidiert und ohne zu zögern auf der entferntesten Galaxie festzutackern. Es war eine dieser Lebensphasen mit beträchtlichem Lernpotenzial, die man sich kein zweites Mal wünscht.

In dieser schwierigen Zeit gaben mir zwei erfahrene Männer wichtige Hinweise. Da war der Finanzberater im schnittigen Armani-Anzug:

«Sie haben tatsächlich und zu Unrecht Geld verloren. Nun haben Sie die Wahl. Sie können mit Anwälten Ihren zukünftigen Ex-Mann verklagen und Ihr Recht einfordern. Gut möglich, dass Sie gewinnen. Aber was haben Sie dann wirklich gewonnen? Und was haben Sie dabei verloren? Alles hat seinen Preis. Ich habe mehrmals erlebt, dass der zu bezahlende Preis viel höher war als der vermeintliche Gewinn.»

Pause.

«Manchmal lohnt es sich, gegen jede Vernunft und gegen jedes menschliche Denken den Verlust zu akzeptieren, wenn man dadurch Freiheit erlangt.»

Zwar zogen sich meine Magensäfte innerlich zusammen, und ich grummelte ein wenig, aber intuitiv wusste ich: Der Mann hat recht. Ich werde diesen klugen Rat befolgen, auch wenn ich es nur ungern tue.

Dann der Scheidungsanwalt im schicken Brioni-Anzug. Der sagte vor der Verhandlung:

«Vermeiden Sie unbedingt jeden direkten Augenkontakt mit Ihrem zukünftigen Ex-Mann. Sie dürfen ihm nicht ein einziges Mal direkt in die Augen schauen, sonst zieht es Sie wieder hinein. Schauen Sie auf seinen Hemdkragen oder seine Schultern. Und sprechen Sie nicht, nicht ein einziges Mal, lassen Sie mich alles tun.»

Ich befolgte auch das, und siehe da: Es funktionierte. Ich fühlte mich geschützt. Die zahlreichen Versuche von Milan, mich anzugreifen und in seine emotionale Mülltonne hinunterzuziehen, ließ ich tatsächlich unberührt an mir vorbeiziehen.

Bis heute bin ich trotz allem Vorgefallenen sehr erleichtert, dass Milan am Leben geblieben ist. Wenn er gestorben wäre, hätte ich es wohl nicht verkraftet.

Und nun war ich 44 Jahre alt. Natürlich gab es Nachwehen aus der Beziehung zu Milan, aber es kam ein neuer Abschnitt. Und ich hatte mich geirrt: Liebe existierte tatsächlich, und zwar sogar für mich.

KAPITEL 10
Verwirrt und zugenäht
···

Zu der Zeit nahm ich jährlich sechs bis acht Theateraufträge an. An einem Auftrag arbeitete ich etwa zwei Monate,
es gab also Überschneidungen. Das schaffte ich nur mit einer durchgetakteten Arbeitsweise, und ich hatte kaum
Raum für Unvorhergesehenes. Auch die Kreativität durfte
mich nicht im Stich lassen, sonst fiel alles in sich zusammen.

In der Altstadt von Zürich fand ich eine hübsche Boutique, und Urs half beim Einrichten. Von Anfang an entlaste-
ten mich Angestellte, und zum Glück konnte ich auch auf
die treue Evelyne zählen, die weiterhin das Geschäft in
Bern führte.

Am meisten belasteten mich die jährlich zwei neuen
Kleiderkollektionen mit mittlerweile über dreißig Beklei-
dungsteilen in mehreren Farben und Größen, dazu Schuhe,
Taschen, Tücher und Schmuck. Es gab nie eine Pause, das
Rad drehte sich ununterbrochen.

Hing eine neue Kollektion endlich im Geschäft, war ich
längst mit der nächsten und bereits auch schon mit der
übernächsten beschäftigt. Es ging gar nicht anders, weil
vom Design über den Stoffeinkauf bis zur Produktion alles
durch meine Hände lief.

Da das Modekonzept auf der Farb- und Stiltypen-Theorie
aufbaute, galt es deswegen viele zusätzliche Hürden zu
überwinden. Es war alles komplex und herausfordernd,
auch finanziell. Meine monatlichen Zahlungen waren immer im sechsstelligen Bereich. Zudem musste alles bereits
Monate im Voraus finanziert werden.

Das Entscheidende aber war der Verkauf: Welche Teile
kamen gut an, welche wurden geschasst? Es war immer
eine große Ermutigung, wenn ich Kundinnen in «meinen»
Kreationen traf und ihre Komplimente hörte.

Überhaupt war die Kundentreue eine große Bestätigung

für all die Arbeit. Glücklicherweise führte ich weiterhin Seminare durch. Deren Einnahmen flossen größtenteils in die Kollektionen. Dadurch konnte ich finanzielle Engpässe vermeiden.

Nebst diesem gewohnten Pensum lebte ich erstmals in einer glücklich machenden, gesunden Beziehung. Die wollte ich keinesfalls vermasseln. Urs war aber auch nicht der Typ Mann, der sich mit einem Wackelbild von mir an der Kühlschranktür begnügte.

Ich wusste, dass ich mein Pensum reduzieren musste. Die permanenten tagelangen Theater-Abwesenheiten in Deutschland belasteten uns beide. War ich dann endlich wieder kurz zu Hause, hatte sich so viel angehäuft – dass mir bestenfalls Überstunden und oft auch Nachtschichten bevorstanden. Bisher hatte ich ein solches Arbeitspensum als Gegenleistung zum beruflichen Erfolg stets anstandslos geschluckt, aber jetzt war alles anders.

Jetzt fühlte ich mich zum ersten Mal wohl daheim und wünschte mir mehr Muße für ein beschauliches Privatleben. Und weil ich mich in der Beziehung entspannen konnte, wagte ich es, genauer hinzuschauen.

Dabei gestand ich mir ein, dass meine bisherige Rechnung nicht wirklich aufgegangen war. Es war mir nicht gelungen, die Enttäuschung über die Kinderlosigkeit und die innere Leere durch beruflichen Erfolg zu kompensieren. Zwar konnte ich mir meine materiellen Wünsche erfüllen, aber die Freude darüber dauerte jedes Mal nur kurz, und dann klopfte das Alte wieder an.

Schließlich traf ich eine betonharte Entscheidung und trennte mich vom Theater.

Dadurch lebte ich wieder rund um die Uhr in der Schweiz – mit meinem neuen Partner zusammen. Und eigentlich hätte nun alles gut sein können.

Aber da war noch Milan. Ich hatte Angst vor seiner Rache. Sie war leider berechtigt, und Urs und ich mussten diverse Sicherheitsmaßnahmen treffen. Es machte mich sehr betroffen, als sich plötzlich sogar «Tadzio» wieder meldete. 169

Von ihm hatte ich nichts mehr gehört, seit Yasser ihn vor Urzeiten rausgeworfen hatte.

Er sei unglaublich erleichtert, meine Stimme zu hören und zu wissen, dass ich noch lebe. Er habe alles gegeben, um meine Adresse herauszufinden.

Ich verstand das Ganze erst, als er mir von einem Zeitungsartikel berichtete, in dem ein Namensvetter von Milan seine Frau umgebracht hatte. «Tadzio» war offenbar von einer früheren gemeinsamen Bekannten ab und zu über mich informiert worden, und so wusste er von Milan.

Meine Familie hingegen ging auf Distanz. Die Eltern verhielten sich mir gegenüber sehr befangen, und lange Zeit herrschte Funkstille. Das entsprach genau der Art, wie wir mit emotionaler Überforderung umgingen. Statt die Dinge an einem Tisch gemeinsam zu klären, gingen wir uns aus dem Weg – und schwiegen.

Ich selbst verhielt mich nicht anders, war ich in dieser unseligen Familientradition doch ebenso gefangen wie sie.

Lange gaben mir die Eltern die alleinige Schuld am Scheitern der Ehe mit Milan und kümmerten sich um ihn. Fast gratis durfte er weiterhin in unserem ehemaligen Haus wohnen, und mein Vater suchte ihm eine Arbeitsstelle. Dabei wussten meine Eltern, wie gerissen er vorgegangen war, um mich zu ruinieren. Das fand ich unfair.

Erst nachdem Milan auch bei ihnen ausrastete und sie bedrohte, wendete sich das Blatt, und ich begann für sie wieder zu existieren.

Mitgefühl gehörte eben nicht zu unserem Standard-Repertoire. Ich erinnere mich, wie unverstanden ich mich fühlte, als ich viele Jahre früher einem meiner Geschwister mitteilte, ich hätte mit Milan innerlich abgeschlossen.

Auf seine Frage, was mich dazu bewogen habe, antwortete ich in wenigen Sätzen, warum ich unglücklich war. Dass ich bereits eine Zweitwohnung gemietet hatte, um mich bei der erstbesten Gelegenheit abzusetzen.

Als einzige Reaktion kam: «Das kannst du doch nicht machen, jetzt, da wir uns endlich an ihn gewöhnt haben.»

Solche Reaktionen machten mich mundtot. Besagte Wohnung kündigte ich ein paar Jahre später, als ich resignierend entschieden hatte, bei Milan auszuharren. Das war übrigens bereits die zweite Wohnung, die ich zu diesem Zweck gemietet hatte. Aber aus Angst vor seiner Reaktion zog ich beide Male den Kürzeren. Als dies geschah, war Urs noch in weitester Ferne. Das lehrte mich, dass die Trauerarbeit über eine zerbrochene Beziehung nicht immer erst nach deren Beendigung erfolgt.

Ich fühlte mich erschöpft und kam aus diesem Tief nicht mehr heraus. Normalerweise spornten mich Herausforderungen an, diesmal ängstigten sie mich. Es war so schlimm, dass ich befürchtete, Milan hätte mir einen Zauber geschickt. Es war, als wenn alle Körperflüssigkeiten ins Stocken gerieten. Stand ich auf, hatte ich bis weit in den Nachmittag hinein einen dumpfen Kopf, eine Art Nebel im Hirn.

Sogar wenn ich speziell früh schlafen ging, fühlte ich mich am Morgen wie erschlagen. Ich wusste, in dem mir unbekannten Zürich musste ich mich zusammenreißen und nochmals so richtig Gas geben. Hier war ich noch unbekannt, und es brauchte viel Kraft, um die Boutique zu etablieren und einen neuen Kundenstamm aufzubauen. Aber wo sollte ich die Kraft hernehmen? Oder hatte ich vielleicht dieses chronische Müdigkeitssyndrom?

Im Hinterzimmer der Boutique befand sich mein Büro-Atelier. Aber ich hatte Mühe, mich zu konzentrieren. Ich dachte, es seien die ständigen Unterbrechungen und der Lärm.

Als dann eine kleine Wohnung neben der unseren frei wurde, mietete ich sie in der Hoffnung, dass es dann besser ginge. Aber das war nicht der Fall, auch hier kam ich nur schleppend vorwärts. Zudem floss auch die Kreativität nur noch spärlich. So kannte ich mich nicht.

Jahrelang hatten mich Zorn, Trotz und Rebellion zu extremen Leistungen angetrieben. Und nun, da die private Situation leuchtete, erlosch die berufliche Leistungsfähigkeit.

In der nächsten Session bei einem Medium erfuhr ich: «Sie stehen vor einem neuen Lebensabschnitt. Die Phase der Arbeit und des Erfolgs ist nun abgeschlossen. Sie sollten, nein, Sie *müssen* Ihre Medialität und Spiritualität endlich ausleben. Es ist wichtig, dass Sie Vertrauen fassen. Dadurch kommt Ihre Lebensenergie wieder zurück.»

Natürlich liebäugelte ich schon lange mit diesem medialen Kanal, dessen Existenz mir sehr wohl bewusst war. Aber ich hatte große Angst, meinen Eingebungen zu vertrauen. Wieso sollten die plötzlich zutreffend sein, wenn ich mich in der Vergangenheit so oft geirrt hatte?

Evelyne wurde fast das Gleiche gesagt. Trotzdem blieben wir der Modebranche treu. Beruflich wenigstens. Privat öffneten wir Augen und Ohren.

Kurz darauf flatterte ein Zettel in den Briefkasten: «Infoabend über zeitgemäßes schamanisches Heilwissen. An alle, die ernsthaft Antworten auf unbeantwortete Lebensfragen suchen.»

Das war es! Urs kam auch mit. Wir landeten in einer bunten Anderwelt mit einem originellen älteren Paar, beide außerhalb der Norm. Sie gefielen uns auf Anhieb.

Es war speziell. Es ging um Medizinräder, altes Wissen und um Menschwerdung. Sie luden uns zu einem Wochenende in ihr Seminarhaus ein, eine Art Lodge.

So begann eine herausfordernde Zeit, die für Urs vier Jahre und für mich etwa zehn Jahre dauerte. Der Begriff «Schamane» ist übrigens irreführend. Hierzulande bezeichnet man schamanisch ausgebildete Menschen eher als Medizinmänner bzw. Medizinfrauen, Heilpriester oder Heiler.

Wie trafen am Freitagabend zu diesem Info-Wochenende ein und verbrachten einen langen Abend mit «Teachings». Das Wissen wurde mündlich überliefert, didaktisch lief gar nichts. Einfach reden und zuhören. Aber da beide Lehrer spannende Geschichtenerzähler waren und über ein großes, vernetztes Wissen verfügten, hörten wir gerne zu.

Sie erklärten die dreijährige Grundschule in zeitgemäßem schamanischem Wissen. Das erste Jahr beantwortete die Frage «Wer bin ich?», das zweite «Woher komme ich?» und das dritte «Wozu bin ich hier?». Dann informierten sie uns über die Schwitzhütten. Um Mitternacht stürzten wir uns zum ersten Mal in dieses Abenteuer, nackt, im Winter, ausgestattet lediglich mit einem winzigen Frottiertüchlein, um nicht direkt auf dem gefrorenen Boden sitzen zu müssen.

Die Schwitzhütte ist ein indianisches Reinigungsritual für Körper, Geist und Seele. Es gibt Hinweise, dass auch unsere germanischen und keltischen Vorfahren ähnliche Rituale durchführten. So eine Hütte besteht aus einem bauchnabelhohen, halbkugelförmigen Weidengeflecht, in das man hineinkriecht und in dem man schwitzt. Drinnen ist ein Feuerloch. Die Zeremonie kann sich über mehrere Stunden hinziehen.

Nach der ersten Schwitzhütte konnte ich die ganze Nacht keine Sekunde schlafen. Ich fühlte mich wie jemand, der eine verbotene Tür geöffnet hatte. Das Zimmer drehte und bewegte sich, der billige Kronleuchter schepperte. Er tanzte ungefragt mit dem nicht vorhandenen Wind und schaukelte hin und her. Wohlverstanden, Tür und Fenster waren verschlossen.

Immer wieder weckte ich Urs auf. Ich war die ganze lange Nacht wie «von Sinnen». Und erschrak, denn es erinnerte mich an den Zauberlehrling in Goethes «Faust», der sinngemäß ausrief: «Die Geister, die ich rief, werd' ich nimmer los.»

Beim Frühstück erklärte mir die Leiterin: «Die Schwitzhütte hat für dich offenbar die ganze Nacht gedauert. Du warst in der vierten Dimension, einer Zwischendimension mit allen möglichen Bewohnern. Das ist ein Geschenk des Universums. Und ein deutliches Zeichen, dass du an einem wichtigen Übergang stehst.»

«Was heißt das?»

«Das bedeutet, dass du im Begriff bist, die nächste Stufe von seelischem Wachstum zu betreten. Natürlich nur, wenn du auch den Fuß hebst und den Schritt machst. Und es bedeutet ebenfalls, dass du mit dem schamanischen Weg des alten Wissens in Resonanz bist. Ihr zwei, du und Urs: Kommt doch im Frühjahr mit uns in die Wüste, wir führen dort eine schamanische Zeremonialreise durch. Dann schaut, was es euch bringt. Und je nachdem beginnt ihr nachher die Ausbildung in zeitgemäßem Schamanismus. Es ist ein Einweihungsweg. Nach drei Jahren ist man als wirklicher, lebendiger Mensch im Leben angekommen. Die wenigsten Menschen sind nämlich wirklich lebendig. Man ist es nicht automatisch, nur weil man erwachsen ist.»

Selbstverständlich machten wir sowohl das eine wie auch das andere. Urs mehr mir zuliebe als sich selbst.

Der ersten Reise in die Wüste sollten für mich noch weitere folgen. Mir gefiel es, ohne Komfort in dieser Stille und Weite unterwegs zu sein. Wir hatten kein Zelt, schliefen im Schlafsack unter freiem Himmel. Alle, auch die als Paare da waren, schliefen einzeln in eigenen Dünentälern, damit wir nur mit uns selbst konfrontiert waren. Täglich zogen wir auf den Kamelen weiter und waren auf diese Weise sehr viel in Bewegung.

Durch diese Ausbildung eröffneten sich mir neue Welten, und ich lernte, non-linear zu denken. Zudem begann ich meiner Intuition und dem «inneren Wissen» zu vertrauen. Die Kommunikation mit den sichtbaren und unsichtbaren Welten fiel mir leicht, und ich liebte es. So oft hatte ich das Gefühl, dass ich das Gelernte bereits aus früheren Leben kannte. Und ich glaubte lange, dass auf diesem Weg alle meine Fragen beantwortet würden.

Zu Beginn beschäftigten wir uns mit den Namen und erkannten deren Wichtigkeit für unsere Weiterentwicklung. In mir rumorte es. Seit mehreren Jahren hatte ich nämlich das Gefühl, dass ich mich mit meinem ursprünglichen Vornamen Christine seelisch und geistig auf einem Abstellgleis ohne Anschluss befand. Es ging einfach nicht weiter. War es möglich, dass ein Name manchmal nicht mehr zur Identität passte und ausgewechselt werden sollte?

«Ja, das ist möglich. Wieso fragst du das?», fragten die Lehrer.

Sie ermutigten mich, nach «meinem» Vornamen zu suchen. Schon lange setzte ich mich mit Nummerologie und Namenspsychologie auseinander. Wenn ich «Christine» analysierte, erhielt ich immer dasselbe Resultat: Dein Lebensthema ist erfüllt, der Teller leergeputzt.

Ich schrieb der Autorin dieser Bücher, und sie bestätigte meinen Eindruck: Ja, es wäre gut, den Vornamen zu wechseln.

So begab ich mich auf die Suche. Aus kabbalistischen Überlegungen wollte ich einen Vornamen mit drei Buchstaben und mit «Z» beginnend. Monatelang recherchierte ich erfolglos, doch plötzlich lief mir eine Zoë über den Weg, und ich wusste: Das ist mein Name. Die Analyse bestätigte es.

An meinem 49. Geburtstag verkündigte ich die Neuigkeit. Mein Umfeld und auch Urs vollführten keine Massai-Luftsprünge, aber das hatte ich auch gar nicht erwartet. Ich war wahrscheinlich die Einzige, die mich verstand.

Meiner Mami sagte ich es auch. Damals war ihre Alzheimerkrankheit bereits fortgeschritten.

«Mami, ich habe den Namen gewechselt! Ich heiße jetzt nicht mehr Christine, sondern Zoë!»

«Das ist ein sehr schöner Name. Ich freue mich für dich, Christine!»

Es ist nicht mehr bis zu ihr vorgedrungen.

Nun war ich also Zoë. Aber zu meinem Erstaunen fühlte sich das etwas kurios an, irgendetwas stimmte nicht. Plötzlich wusste ich: Das Leben ist kein Word-Programm. Es funktioniert nicht, auf *Insert* zu drücken, mit der Maus das Wort «Christine» zu markieren und kurzerhand mit «Zoë» zu überschreiben, und gut ist es. Es fehlte die Würdigung der Christine-Vergangenheit.

In einer schamanischen Zeremonie bedankte ich mich

bei den leiblichen Eltern und anderen Weggefährten für die Zeit als Christine. Dann informierte ich sie über meinen neuen Namen und verabschiedete mich von dem alten.

Von da an war Ruhe im System, und meine Füße standen wieder mitten im Leben. Viele Jahre später erfuhr ich die altgriechische Bedeutung des neuen Vornamens, nämlich «Leben». Und das freute mich ganz besonders.

Dann ging es darum, den eigenen Medizinnamen zu finden. Man nahm an, dass unter dem eigenen Lebensschmerz ein verborgenes Geschenk lag. War der Schmerz dankbar angenommen und transformiert, gab man der Welt danach als Held der eigenen Geschichte ein Geschenk zurück, eben die eigene Medizin. So gingen wir also auf die zeremonielle Suche unseres eigenen Medizinnamens.

Meinen Namen erhielt ich als innere Eingebung; es war «Tanzender Pfeil». Er bedeutete, dass meine Lebensweise voll fokussiert und gleichzeitig flexibel war. Ich war überrascht und angetan. Den Medizinnamen benutzten wir in wichtigen Momenten und bei Zeremonien.

Viele Zeremonien und indianische Rituale waren echt herausfordernd. Mein supertreuer Begleiter «Angst» wich nicht von meiner Seite. Aber dann die große Freude, wenn ich doch nicht klein beigegeben, sondern mit der Angst an der Hand die Herausforderungen gemeistert hatte. Ich lernte zu kämpfen, führte wie alle anderen einen sanften Krieg gegen die eigenen Schwächen. Auf diese Weise lernte ich, mich mit ihnen auseinanderzusetzen, statt passiv zu leiden.

Es lohnte sich, denn ich lernte mich nicht nur auf eine neue Art kennen, sondern fühlte mich auch zusehends stärker. Es bereitete mir große Freude, dass ein Teil meiner Lebensenergie zurückkehrte. Der Selbstwerdungsprozess gipfelte darin, das eigene innere Lebensfeuer zu entdecken und sich daran anzudocken, es zu schützen und dafür einzustehen, so dass es nie mehr niedergetrampelt würde.

Das schamanische Weltbild nimmt an, dass alle aus dem Großen Geist geboren sind, der die Leere ist – und gleichzeitig auch alles, was er geboren hat. Wir beteten viel zu ihm und zu anderen Spirits, und je nachdem auch zu Jesus. Oder wir veränderten einen Bibelvers und münzten ihn auf uns selbst: «Ich bin der Weg, die Wahrheit und das Licht.»

Zu Beginn jeder Zeremonie fand ein Pfeifenritual statt. Das war ein langes Gebet, bei dem wir die Kräfte vollmächtig hereinriefen und ihnen sagten, was sie zu tun hatten. Wir kannten viele Gebetsarten: rufen, segnen, erwecken, beschwören, bannen, gebieten, befehlen, abschneiden, befreien, verheiraten, trennen und verbinden. Ans Bitten erinnere ich mich nicht, aber es gehörte bestimmt auch dazu.

Fürs Gebet mit der Pfeife setzten wir unsere Bestimmerstimme ein. Die hatte nichts mit einer übertriebenen Lautstärke oder einem harschen Befehlston zu tun, sondern mit der gebündelten und fokussierten Absicht, die im Schoß entstand, dann ins Herz überging und schließlich über die eigene Stimme mit dem Universum verschmolz. Es war schon ein cooles Gefühl, wenn die «Alchimie» funktionierte und etwas geschah oder wir etwas bewegen konnten.

Ich liebte es, über Geschichten und Zeremonien zu lernen, das entsprach dem kindlichen Teil von mir. Aber ich liebte es nicht, nach jedem Wochenende krank zu werden. Die Erklärung war:

«Du befreist dich. Zwiebelschale um Zwiebelschale entfernst du alles, was du fälschlicherweise übernommen hast und was nicht wirklich zu dir gehört: Verhaltensweisen, Glaubenssätze, Identifikationen, Gewohnheiten. Du hast deinen Rucksack ausgeleert und sortierst nun, was wirklich deins ist. Verstand und Seele sind schneller als der Körper. Er braucht diese Krankheitszeiten, um sich energetisch auf das neue Energiefeld hochzuheben. Sei also dankbar dafür, sie sind ein gutes Zeichen.»

Im ersten Ausbildungsjahr stritten Urs und ich uns wegen eines Frottiertuchs. Ich war wütend und teilte meine Meinung mit, erstklassig auf den Punkt gebracht. Ich sprach nicht lauter als sonst.

Plötzlich spürte ich, wie sich in mir eine unglaubliche Kraft ausbreitete. Ich fühlte mich unbezwingbar, wie eine Löwin, und hätte es mit allem und jedem aufgenommen. Ich war zwar sehr überrascht, fast erschrocken, aber auf eine Weise war es auch ein tolles Gefühl. Doch es war noch nicht zu Ende. Diese Kraft, so schien mir, schlang sich sogar um meine Worte; daraus entstanden eine Art Wortspiralen, die sich im Mund bündelten und genau in Urs' Richtung absetzten. Wie Waffen! *Diese Worte könnten töten,* dachte ich noch, aber es war bereits zu spät.

Wie aus dem Nichts heraus begann Urs von Kopf bis zu den Füßen zu zittern und nachher zu schlottern und hörte nicht mehr auf damit. Er klapperte sogar mit den Zähnen.

Was war nur los mit ihm? Blitzartig griff ich nach allem Wärmenden, das ich finden konnte, wickelte ihn damit ein und kochte heißen Tee. Nach einer scheinbar ewig langen Zeit normalisierte sich sein Zustand.

Wir waren beide sehr erschrocken, und ich verbot mir, dieser «Kraft» jemals wieder Zutritt zu geben. Heute weiß ich, dass es sich dabei um eine dämonische Kraft handelte.

Beruflich hatte ich den früheren Ehrgeiz in einem Ausmaß verloren, das mich selbst erstaunte. Es war mir absolut unmöglich, mich auch nur annähernd so reinzuknien wie vorher. Ich zwang mich zwar immer wieder dazu, aber ich schaffte es einfach nicht mehr. Das frühere innere Feuer war am Verglimmen. Was ich auch unternahm, ich fand nicht annähernd zu meiner alten Form zurück.

Evelyne, die gute Seele, sprang einmal mehr ein und entlastete mich. Bald aber stellten wir beide fest, dass sie es mehr aus Loyalität denn aus eigener Überzeugung tat, denn eigentlich zog es sie in eine ganz andere Richtung: Sie wollte als Therapeutin arbeiten.

Nach viel Kartenlegen, Therapiesitzungen, Besuchen bei unserem Lieblingsmedium und auch ein wenig eigenem Nachdenken entschlossen wir uns zu einem radikalen Schritt: die beiden Boutiquen zu schließen. Ein Verkauf kam nicht in Frage, weil ich ja ausschließlich meine eigene Kollektion anbot.

So informierte ich die Angestellten, Kunden, Lieferanten, wir führten einen Lagerverkauf durch, und nachher beendeten wir dieses einmalige Lebenskapitel. Die Angestellten waren traurig, fanden aber alle eine gute neue Lösung für sich. Ich war auch traurig, gleichzeitig aber auch von einem großen Druck befreit.

Liebend gerne hätte ich in der Schweiz als Kostümbildnerin gearbeitet. Aber hier gab es nur fünf mögliche Theater mit viel weniger Plätzen als «meine» Theater in Deutschland, so dass ich unmöglich davon leben konnte.

Trotzdem versuchte ich es und nahm freudig zwei Aufträge an. Aber es verlief ganz anders als bisher.

Kostüme, bei denen man hier bereits errötete: «Sag mal, findest du es nicht zu gewagt, ist das nicht zu extravagant?», und tagelang hin- und herdiskutierte, um sich schließlich auf einen für sie bereits grenzwertigen (und für mich muffigen) Kompromiss zu einigen, wären auf den Bühnen Deutschlands höchstens als entschuldbares Probenkostüm durchgegangen.

Ich fühlte mich wie das Kaninchen im viel zu engen Holzstall und hakte das Thema Kostümbildnerin lieber endgültig ab, statt mich nochmals dermaßen einzuschränken.

Ich sah mir selbst zu, wie ich zusehends interesseloser wurde. Das war ganz neu, bisher kannte ich mich als neugierig und vielseitig offen. Aber nun hatte ich zu nichts mehr Lust. Farb- und Stilberatungen? Seminare? Bitte nicht, nur schon der Gedanke daran war unerträglich.

Ich litt an einer Überdosis, die nicht abklingen wollte. Ich fragte mich, ob ich wohl depressiv sei, verwarf den Gedanken aber wieder. Es war bloß, als wenn der Lebensstecker nicht mehr in die Steckdose passte.

Die berufliche Zukunft war unklar. Nur eines wusste ich: Ich wollte beraten. Aber wen – und zu was?

Da schlug mir eine Kollegin vor, die selbst Ernährungsberaterin war: «Warum wirst du nicht auch Ernährungsberaterin? Da geht es um Menschen und ihr Wohlbefinden, und der Körper hat doch auch mit dem Aussehen zu tun.»

Das muss ein Witz sein, dachte ich. Wenn mich etwas wirklich überhaupt nicht interessierte, dann waren es Themen wie Gesundheit und Ernährung. Sobald andere Frauen Rezepte austauschten, tauchte ich ab.

Dennoch überwand ich mich und wollte mir die Schulleiterin anhören, bei der ich mich ausbilden lassen müsste, so es denn dazu käme. Wir kamen ins Gespräch, und sie erzählte mir von ihrer Leidenschaft für Opern, und von diesem Moment an verstanden wir uns blendend. Erbsen und Karotten waren vergessen. Sie zeigte mir, was der Beruf beinhaltete.

Urs fand es schade und eigentlich unverständlich, dass ich einen endgültigen Strich unter die bisherige Tätigkeit setzen wollte. Trotzdem meinte er zum eventuellen Berufswechsel: «Du als Ernährungsberaterin, das kann ich mir kaum vorstellen. Und ein Gesundheitsapostel bist du auch nicht wirklich. Aber du hast in deinem Leben schon so viel zustande gebracht, dass ich dir auch diesen Berufswechsel zutraue.»

So ging ich wieder zur Schule und verschlang viele Fachbücher. Zu Beginn wusste ich nicht einmal mehr, ob sich die Leber links oder rechts befindet. Mit der Zeit fand ich das Thema nur knapp mittelmäßig interessant. Im Vergleich zum Anfang war das aber schon eine gewaltige Steigerung.

Ich spezialisierte mich aufs Abnehmen und eröffnete ein Studio in der Nähe meines Wohnorts. Das Beste daran war, dass ich es wie eine kleine Theaterbühne einrichtete. Jeder Stuhl sah aus wie ein Mensch in richtigen Kleidern. Der Tisch war mit einer barocken Mahlzeit, Gläsern, Besteck und Servietten bemalt. Die Kunden amüsierten sich, die unkonventionelle Atmosphäre tat ihnen gut.

Das Studio befand sich im Erdgeschoss, und die Eingangstür führte direkt aufs Trottoir, ich hätte also dort draußen rauchen müssen. Das wollte ich nicht. Ich fand, wenn die Kundschaft sich zu etwas Neuem überwindet, dann ziehe ich mit, und so hörte ich von einem Tag auf den anderen auf zu rauchen. Seit vierzehn Jahren hatte ich immer vom 1. Januar bis 30. Juni geraucht und die restlichen sechs Monate nicht. Dies, um den Schaden wenigstens zu halbieren. Aber nun war ich motiviert, endgültig aufzuhören.

Der Beruf färbte ab, und wir kauften einen Steamer in der Höhe eines Hochhauses für Innenräume. Er war fast dauernd in Betrieb, denn plötzlich kauten wir kübelweise Gemüse. Dadurch erhoffte ich mir auch mehr Energie, was aber nicht funktionierte.

Trotz dieser und anderer Experimente war ich am Mittwoch jedes Mal bereits so erledigt, dass mir schleierhaft war, wie ich bis am Freitag durchhalten konnte.

Alle konsultierten Schulmediziner sagten: «Sie sind kerngesund! Alle Organe und Ihr ganzes System sind in Ordnung!» Einer sagte sogar: «Man merkt, dass Sie extrem sportlich sind, Das Verhältnis Ihrer Muskel- und Fettmasse entspricht dem eines Mannes.» Dabei war ich damals ein richtiger Koalabär.

Sie empfahlen mir ein leichtes Antidepressivum, doch das kam für mich nicht in Frage. Der zweite Vorschlag war, weniger zu arbeiten, doch im Vergleich zu früher arbeitete ich momentan ganz bestimmt nicht zu viel. Auch Komplementärmediziner fanden nichts. Schlussendlich stellte ich eine Ernährungsberaterin ein, die mich entlastete.

Auch Papa ging es plötzlich nicht mehr gut. Seit über dreißig Jahren hatte er die Bibel zur Seite gelegt und las stattdessen nur noch diese Jakob-Lorber-Bücher. Davon war er so eingenommen, dass er sich berufen fühlte, diese seiner Meinung nach wunderbare Botschaft einem großen Publikum zugänglich zu machen. Unter einem Pseudonym verfasste er ein 1200-seitiges Stichwort-Nachschlagewerk zu allen Jakob-Lorber-Büchern. Doch der Verlag wies es zurück. Da knickte Papa zusammen, sein Rückgrat war gebrochen. Er verlor jede Lebenskraft:

«Mein Wunsch, das Erbe von Jakob Lorber weiterzuentwickeln und zu verbreiten, wurde verunmöglicht, nun habe ich keine Lebenskraft mehr. Ich bin jetzt 84. Mein eigener Vater starb auch in genau diesem Alter, ich will jetzt ebenfalls sterben.»

Ende Januar hieß es an einem Sonntag: «Kommt alle, verabschiedet euch von Papa, er will sterben!»

Als ich den Anruf erhielt, war ich bereits auf dem Weg zu einer Ernährungs-Weiterbildung. Sofort änderte ich mein Programm und fuhr schnurstracks zu ihm. Ich blieb den ganzen Tag.

Die Eltern lebten in einem Pflegeheim und hatten zwei Zimmer. Im Nebenzimmer war Mami; völlig aufgelöst irrte sie hin und her, schluchzte, und wenn sie auch zu uns in unser Zimmer kommen wollte, schickte Papa sie unwirsch fort: «Geh weg, du störst nur.» Er war wie immer sehr hart mit ihr. Nun begründete er es mit «dem Kopf, den sie verliere». Nun sei er ihr Kopf und sie seine Beine.

Es war ihre Art, wie sie die Beziehung lebten, aber für mich war es kaum auszuhalten.

Trotz allem war dieser Tag unvergesslich. Wären die Gefühle in einem Kreis angeordnet, so stünde am höchsten Punkt tiefste Trauer und unmittelbar daneben ekstatische Liebe.

Dieser Tag war bodenlos traurig und gleichzeitig erfüllt von einer dichten, bittersüßen Nähe. Es war einer der längsten Tage meines Lebens. Ich bedankte mich für alles, was Papa für mich getan hatte. Er bedankte sich auch. Ich nutzte die Gelegenheit und fragte, ob er mir noch etwas für meinen weiteren Lebensweg mitgeben wolle.

«Ja sicher, Gottes Segen über deinem Leben», sagte er mit schwacher Stimme. «Ich bin stolz auf dich. Nur eines: Schmeiß dich doch nicht immer gleich kopfüber in alles. Lass dir mehr Zeit, bevor du Entscheidungen triffst!»

Ich war überrascht – war das nicht eine ähnliche Message wie die meines Großvaters, als ich mich seinerzeit von ihm verabschiedete?

Von diesem Tag an wollte Papa nicht mehr essen. Dann begann er unter höllischen Schmerzen zu leiden, verweigerte aber jede medizinische Hilfe. Er wollte auch keine Schmerzmittel, bis er wenige Tage vor seinem Ableben Anfang März schließlich doch kapitulierte. Dazu erklärte er mir:

«Ich glaube, diese unsäglichen Schmerzen sind ein Zeichen dafür, dass sich die Seele vom Körper löst. Das tut offenbar sehr weh.»

Ich verstand diesen Satz, das war esoterische Sprache.

In der Todesanzeige stand, dass er in Frieden eingeschlafen ist. Das war beschönigt ...

Kaum war er gestorben, erkannte ich ihn nicht mehr als meinen Vater. Er sah aus wie seine Mutter. Sogar die Hände waren nicht mehr die seinen. Einerseits war es unheimlich, andererseits betrachtete ich es als Beweis für die Wiedergeburt:

«Interessant. Ich erkenne nun auch optisch, dass Eltern diese Rolle nur zeitlich begrenzt einnehmen. Vorher waren sie jemand anders, und nun, tot, ziehen sie weiter und bereiten sich auf ihr nächstes Leben vor.»

Obwohl ich ein Vaterkind war, fühlte ich mich durch seinen Tod befreit. Aber wo war er jetzt? In der Hölle oder doch im Himmel, sofern beides existierte? Papa hatte mir versprochen, sich zu melden, sofern es ihm möglich wäre. Doch es herrschte Funkstille, und auch ich träumte nie von ihm.

Das beschäftigte mich.

Ich ging zu einem auf Totenbefragungen spezialisierten Medium: «Er erholt sich in einem himmlischen Sanatorium und bereitet sich auf sein nächstes Leben vor.» Nach einer langen Pause fuhr sie fort: «Merkwürdig, ich kann nicht mit ihm reden, er dreht mir immer den Rücken zu. Ich habe ihn mehrmals gebeten, sich umzudrehen, aber er will einfach nicht.»

Dass sich Papa in diesem Zustand befand, tat mir leid. Es war wie so oft anders, als ich angenommen hatte. Auch Mami verhielt sich überhaupt nicht so, wie sie früher immer wieder angekündigt hatte:

«Falls Papa vor mir stirbt, werde ich mich voll und ganz der Malerei widmen und endlich reisen gehen. Ich will noch ganz viele Museen und Ausstellungen besuchen!»

Doch kaum war er tot, versank sie endgültig in der Alzheimerkrankheit, und nach kurzer Zeit konnte sie auch nicht mehr zeichnen. Das war einer der Gründe, warum ich nichts mehr anbrennen lassen wollte.

Solange ein Gespräch noch möglich war, wollte ich es wissen. Mehrmals fragte ich sie: «Mami, hättest du Papa nochmals geheiratet, im Nachhinein, wenn du gewusst hättest, was dich erwartet?»

Nachdem sie jahrzehntelang unter seinen verbalen Verletzungen gelitten hatte und sie wehrlos einkassierte, erwartete ich ein entrüstetes: *«Nie wieder!»* Doch auch hier war es anders.

Jedes Mal sagte sie: «Ja, was glaubst du denn?! *Natürlich* würde ich Papa nochmals heiraten. Er war ein guter Mann. Es war nicht immer einfach, aber er war ein guter Mann!»

So hat sie mir eine weitere Lektion erteilt: Es ist nicht immer so, wie es dem Auge des Betrachters erscheint.

Urs und ich nahmen an einer schamanischen Zeremonialreise im Regenwald von Ecuador teil. In der ersten Nacht im Urwald schlief ich keine Sekunde. Wir lagen in einem einfachen Bretterverschlag auf Pfählen. Er hatte zwei Zimmer. Nebenan schlief ein anderes Ehepaar, man hörte alles. Die Hütte hatte kein Schloss, verfügte weder über Strom, Wasser noch Licht. Das Bett füllte fast das ganze Zimmer aus, darüber war ein löchriges Moskitonetz ausgebreitet.

An der Wand wartete eine riesige Vogelspinne, die bewegte sich die ganze Nacht über keinen einzigen Millimeter. Dafür war unter dem «Fußboden» Rambazamba. Ununterbrochen schwirrten Hühner und anderes Getier hin

und her und erzeugten einen nicht gerade ohrenbetäuben-
den, aber doch gut ohrenfüllenden Radau. Sie schafften es
locker auch ohne Mikrofone und Lautsprecherboxen. Ununterbrochen gellte und lärmte, stritt und keifte es.

Für mich waren die Geräusche fremd und beunruhigend. Gott sei Dank nahm auch diese Nacht irgendwann
ein Ende. Urs hatte derweil wunderbar geschlafen und
nichts mitbekommen …

Im Urwald brauchte man als einziges Schuhwerk zwin-
gend wadenhohe Gummistiefel. Sie waren die besten Begleiter, um durch den Sumpf zu waten. Bei jedem Schritt
«saftete» man einen halben Schritt zurück. Man torkelte
über Mammutwurzeln, wich giftigen Blättern aus und
staunte über die Vielfalt der Natur.

Hier war alles extrem, es gab kein Mittelmaß. Sogar der
Regen war extrem. Täglich schüttete es kurz und heftig,
und gleich darauf brannte wieder die Sonne vom Himmel.

Unser Begleiter wohnte normalerweise in einer typischen Schweizer Stadt mit 100.000 Einwohnern und kehrte
als Reiseführer regelmäßig in seine Heimat zurück.

Er sagte: «Wisst ihr, was? Obwohl ich seit zwölf Jahren
mit Karin verheiratet bin, habe ich immer noch Mühe,
mich in der Schweiz zu orientieren. Da gibt es einfach
keine Anhaltspunkte, alles sieht gleich aus, Häuser und
Straßen kann man nicht unterscheiden.»

«Wie meinst du das?»

«Die Bäume, schau dich um, hier ist jeder Baum anders.
Da kann man sich problemlos orientieren.»

Ach so. Er vielleicht schon, aber für uns Europäer war es
das genaue Gegenteil. Sogar die von sich überzeugten Ori-
entierungs-Cracks gaben unverzüglich auf, irgendwelche
Prognosen abzugeben, denn es war zwecklos.

Der Führer hingegen schlängelte sich durch den Regenwald wie flüssiger Honig aufs Butterbrot. Dazu stutzte er
mit der Machete den Pfad für die schwerfällig hinter ihm
herkeuchenden Europäer. Selbstverständlich ohne anzu-
halten und auf höchst elegante Weise.

Dazu erzählte er viele Geschichten. Über die Heilpflanzen hier im Urwald. Es gab viele giftige, die wir nicht berühren sollten. Und zum Glück auch ein paar ungiftige. Solche, die als Trinkwasser-Reservoir fungierten. Das waren Pflanzen mit hohlen Stämmen voller Wasser. Und, wen überrascht es, in nächster Nähe standen fast identische Wasserrohre, die aber höchst giftiges Wasser enthielten!

Es galt, immer gut aufzupassen. Zum Wegträumen war es der falsche Ort. Dieses pausenlose stets im «Hier und Jetzt» zu sein, fand ich sehr anstrengend.

Der Dschungel war, was er versprach. Er kam mir vor wie des Schöpfers Meisterstück, in das er checklistengenau sein gesammeltes Wissen und Können reingepackt und sich dabei selbst übertroffen hatte. Die ungestüme Natur mit der nahezu unverschämten Fülle an Formen und Farben, ein Reichtum, barock und verschwenderisch wie im Paradiesgarten.

Diesen aber stellte ich mir um einiges lieblicher vor als den Urwald. Zwar hatte ich noch nie so viele Grün-Nuancen gesehen wie hier. Aber als selbst eher asketisches Zopfmuster war ich gefordert und oft überfordert. Allein die Dauerbeschallung, und da war kein Knopf, um «Radio Urwald» leiser zu stellen. Überall herumkraxelndes Leben, Gefährliches und Giftiges. Zusätzlich die Legionen von Spinnenarten – die verdrängte ich wohlweislich, wollte mich nicht mit ihnen beschäftigen.

Nach kürzester Zeit träumte ich von einem Zen-Garten, in dem ich stundenlang gemächlich den Rechen durch den feinen Kies ziehen konnte. Hier war mir alles zu wild. Urs hingegen machte einen auf Dschungelcamp und blühte bei all jenem so richtig auf, was meine Sinne überreizte.

Wir waren im Amazonasgebiet, weil uns mehrere «Reisen» mit Ayahuasca in der ursprünglichen Umgebung bevorstanden. Schamanisch gesprochen handelte es sich beim Ayahuasca um eine Lehrerpflanze, die den Schüler in einen anderen Bewusstseinszustand brachte, wodurch Heilungsprozesse beschleunigt wurden. Westlich gesprochen war Ayahuasca eine Droge aus zwei psychoaktiven Amazonas-Pflanzen.

Bald lernten wir Don Miguel kennen, einen einheimischen Schamanen, der für uns zuständig war. Seinem Aussehen und seinen Zähnen nach zu schließen lebte er entbehrungsreich.

Die Zeremonie begann bereits bei der Vorbereitung mit dem rituellen Schneiden des richtigen Holzes in dünne Späne, deren Lagerung und Einweichen in einem großen Topf – und natürlich mit dem Kochen der «Pflanze der Götter».

Don Miguel und seine Frau waren für diese Zubereitung zuständig. Während sie den Ayahuasca-Tee kochten, sangen sie spezielle Kraftlieder. Auch diese Prozedur unterlag einer bestimmten «Alchimie»[14]. An der Ayahuasca-Zeremonie selbst nahm nur Don Miguel teil.

Abends um vielleicht neun Uhr begann die große Reise. Es war dunkel, aber nicht still, denn der Urwald schien ebenso aufgeregt zu sein wie wir und war ganz besonders rege.

Dann tauchte Don Miguel plötzlich aus dem Dunkel auf. Sein Schamanen-Kraftgewand raschelte. Er sang, paffte und verschmolz mit seinem Medizinnamen «Tiger des Amazonas». Er befand sich bereits in einem Anderszustand. Seine tiefschwarzen Augen mit dem fast ebenso dunklen Augenweiß funkelten. Rätselhafter Don Miguel. Mit seiner rauen Stimme rief er die Spirits, Krafttiere und Himmelskräfte an. Dazu qualmte er gierig und stieß heftige Rauchwolken aus.

Die dunkelbraungrüne Ayahuasca-Brühe roch nach verfaulten Eiern und abgestandener Jauche. Es war das absolut Schlimmste, was ich in meinem Leben jemals gerochen und getrunken habe.

Man musste hochmotiviert sein, um es einzunehmen, und nie und nimmer hätte ich davon süchtig werden können. Ich zählte jeweils auf Drei, hielt mir die Nase zu, und dann runter mit dem unsäglichen Tee. Danach schüttelte es mich.

In den nächsten Minuten erbrachen sich die meisten Teilnehmer. Das galt als äußeres Zeichen des Reinigungsprozesses. Ich als tapferes Schneiderlein hielt mich da immer zurück: Ich wollte doch eine Heldin sein!

Don Miguel rauchte weiter, denn der Rauch war Teil seiner Medizin. Ich konnte es kaum ertragen, wie er von einer selbst gedrehten Zigarette zur nächsten hastete. Wendige, kurze Schlangen, die er rauchte, kaute, schluckte, auffraß. Plötzlich begann er zu «singen». Spezielle Ayahuasca-Lieder, die unsere mentale Reise unterstützten.

Objektiv gesehen hätte man sich die Ohren zugehalten, denn seine Stimme war grauenhaft rostig und zerfressen. Ein Mix aus Roger Chapman, Tom Waits und Joe Cocker. Sie kratzte den hinterletzten meiner Widerstände auf und ließ sich nicht abwimmeln, es gab kein Zurück mehr. Eine kratzige Wildkatze mit Stacheln statt Haaren.

Don Miguel war diese Wildkatze. Er setzte uns alle auf seinen Rücken und flog mit uns durch den Rauch. Irgendwann warf er uns ab, und wir segelten alleine weiter.

Diese mentalen Reisen mit Ayahuasca sind kaum zu beschreiben. Mehrmals veränderte sich mein Wesen, und ich flog als große grüne Lianen-Schlange in andere Dimensionen. Ich erlebte Berauschendes, Inspirierendes, Ekstatisches. Ein Kaleidoskop, das stundenlang ständig neue Bilder und Erkenntnisse lieferte.

Das Interessante war: Ich konnte ins Geschehen eingreifen und es beeinflussen, denn ich befand mich in einer Art Klar-Traum. Den Körper beherrschte ich nicht mehr richtig, auch das Koordinieren der Bewegungsabläufe war beeinträchtigt, aber der Verstand war weit offen. Dazu der glühende Blick des «Tigers des Amazonas», der sich in meinen Rücken einbrannte. Seine Stimme gab Halt, Schutz, Führung und Grenze auf unseren wilden Reisen.

An den Folgetagen ruhten wir uns aus oder führten ein Softprogramm durch. Besuch bei Don Miguel beispielsweise. Im Urwald braucht man nie Parkpätze zu suchen, denn man kann sich nur per Boot fortbewegen. Also saßen wir eine knappe Stunde in einem Motorboot und rutschten dann einen recht steilen Waldsumpf hoch.

Das war die offizielle Route zu Don Miguel, der nahezu mittellos mit seiner Frau und zwölf Kindern in einer Einzimmerhütte auf Pfeilern zusammenlebte. Die wenigen Küchenutensilien und Kleider waren zur Sicherheit vor den Viechern an Nägeln an der Wand aufgehängt. Der Kochlöffel aus abgeschabtem Holz war für die Pfanne viel zu groß. Es gab keinen Schrank.

Die Frau war winzig und sehr schlank. Es war mir unbegreiflich, wie ein so schmales Becken auch nur ein einziges Kind austragen und gebären konnte, geschweige denn zwölf. Ein etwa elfjähriges Mädchen war durch eine nichtoperierte Lippen-Kiefer-Gaumenspalte verunstaltet, es tat mir leid. Die Eltern wollten allen Kindern einen regulären Schulbesuch ermöglichen, aber es war finanziell unmöglich. Schlussendlich schafften es nur die beiden ältesten Knaben.

Was die Schamanen-Medizin betraf, sah die Tradition vor, dass der älteste Junge eines Schamanen ebenfalls autorisierter Schamane wurde. Er musste sich fügen und sein Leben der Tradition unterstellen, auch wenn er Fußballer werden wollte.

Der Dienst eines Schamanen war unentgeltlich, sie erhielten höchstens eine Spende, normalerweise in Naturalien.

Don Miguel arbeitete als Heiler, Schamane und Medizinmann. Er war oft über eine Woche oder länger weg, wenn Kranke ihn irgendwohin riefen. Da gab es kein Pardon, er musste sofort aufbrechen, auch wenn man ihn zu Hause dringend gebraucht hätte.

Neben der Tätigkeit als Schamane war Don Miguel Landwirt, wie er sagte. Er wollte uns sein Land zeigen. Das waren ein Zuckerrohrfeld in der Größe eines Baby-Schwimmbeckens und ein paar Tropenpflanzen. Salat und das meiste Gemüse wuchsen im Urwald offenbar nicht, der Boden sei zu sauer, meinte er. Die Mädchen verdienten ein Zubrot mit der Herstellung von filigranen Armbändern aus Urwaldpflanzen. Zudem verkauften sie Eier der frei herumlaufenden Hühner.

Was für ein Kontrastprogramm zu unserem Leben!

Auf dieser schamanischen Zeremonialreise lernte ich eine nette Schweizerin kennen, die sich mit Vitalstoffen beschäftigte. Wir kamen ins Gespräch, und als ich ihr von meiner Müdigkeit erzählte, meinte sie, dass es vielleicht an einem Vitaminmangel läge.

Das konnte ich mir nicht vorstellen. Aber wieder zu Hause angekommen, entschloss ich mich doch zu einer entsprechenden Kur. Und tatsächlich, nach einem Vierteljahr begann es aufwärts zu gehen. Ich war überrascht, dass ein banaler Vitaminmangel die Lebensenergie dermaßen dämpfen konnte. Das Thema begann mich zu interessieren. Ich bildete mich in Vitalstofftherapie, orthomolekularer Medizin und danach in systemischer Therapie für Frauen mit Essstörungen weiter.

Mir selbst ging es körperlich besser, ich hatte deutlich mehr Lebenskraft. Aber es war nicht so, dass die Sonne nun alle Wolken vertrieben hätte, nein, sie hatten sich bloß etwas gelichtet.

Eine trübe Wolke hatte mit meinem Vater zu tun, ich vermisste ihn. Wie gerne hätte ich ihn manchmal angerufen, um auszutauschen oder ihn um Rat zu fragen, war er doch meine Lieblings-Enzyklopädie gewesen. Ich verstand nicht, wieso er sich nie meldete, und war deswegen in Sorge.

An Silvester desselben Jahres schmorten wir einmal mehr in einer Schwitzhütte. Es ging darum, unseren tiefsten Wunsch auszusprechen, der in unserem Herz brannte.

Man hörte nur das Flüstern der Steine. Ab und zu tanzten

Glutwesen. Und immer mal wieder erhob jemand die Stimme, so auch ich:

«Großer Geist, hier spricht der Tanzende Pfeil. Ich möchte wissen, wie es meinem verstorbenen Vater geht.»

In derselben Nacht träumte ich von ihm. Er war in einem gelben Auto in der Größe eines Fiat Topolino unterwegs. Das rappelvolle Gefährt raste an mir vorbei. Die Menschen waren so eng zusammengepfercht, dass Papa und ein paar andere stehen mussten und sich an der offenen Dachstange festhielten.

Er war Ende zwanzig, groß, schlank und nicht behindert. Das schwarzgewellte Haar war von der schnellen Fahrt zerzaust. Er schaute mit ernstem Gesicht weder nach rechts noch nach links, nur nach vorne, und war voll auf sein Gleichgewicht konzentriert, denn das Auto schien es sehr eilig zu haben und wich auch keinem Loch im Straßenbelag aus.

Ich war froh um die Botschaft, aber auch nachdenklich.

Dass ich ein Gebet formulierte und gleich darauf die Antwort erhielt, bestätigte mir die Wichtigkeit einer klaren Lebensabsicht. Ich wollte unbedingt wieder etwas finden, das mich so richtig kitzelte, eine berufliche Vision oder wenigstens ein Visiönchen.

Natürlich hatte ich die Ernährungsberatung und viele zufriedene Kundinnen, wofür ich dankbar war, und es war ja auch alles okay, aber eben nicht mehr als das. Ich fuhr nie schneller als im dritten Gang, wusste aber, dass mein Lebens-Auto über sechs Gänge verfügte.

Genau da erlebte ich eine starke Zeremonie im sechsten Gang. Sie hieß: Die Nacht auf dem Berg der Angst. Absicht war, die eigenen Ängste kennen zu lernen, sie anzunehmen und danach zu transformieren.

Bevor wir am Nachmittag mit der Seherpfeife ausgesendet wurden, warnte der Lehrer: «Passt auf, es gibt Wildschweine in der Gegend.»

Ich nahm an, er foppe uns, und lachte nur.

Also zottelte ich los. Wir befanden uns in einer einsamen, wilden Gegend in Südfrankreich. Schnurstracks zog es mich zu einem Wald aus lauter Laubbäumen. Obwohl es längst Sommer war, lagen auf dem Boden immer noch dicke Schichten von trockenem Herbstlaub. Ich fand mein Plätzchen, legte einen Steinkreis, versiegelte ihn und rief die Kräfte hinein. Alles verlief prima. Nun saß ich in meinem geschützten Kreis! Sein Durchmesser entsprach nur gut eineinhalb Metern. *Man muss die Energie des Steinkreises halten können, also lieber keinen zu großen,* dachte ich.

Nun packte ich meinen kleinen Reise-Altar aus und führte eine Pfeifenzeremonie durch. Die Luft flimmerte und schimmerte, es war mir pudelwohl. Angst? Null. Berg der Angst, wo auch? Nein, nein, ich beabsichtigte, hier eine gute Zeit zu verbringen und am nächsten Tag friedlich zurückzugehen.

Die umstehenden Bäume drehten sich zu mir und schauten freundlich auf mich. Ein bunter Schmetterling flatterte vor meiner Nase durch. *Hoppla, du Symbol für Veränderung, was willst du mir sagen? Ist Veränderung in Sicht? Nicht doch, ich bin auf geruhsames Vor-mich-Hintrödeln eingestellt.*

Mir war leicht langweilig. Es war heiß, die Sonne brannte auf meinen Platz, ich wurde schläfrig, die Grillen zirpten viel zu leise für meinen Zustand. Ab und zu flog ein erschreckter Vogel auf.

Dann hörte ich Herrn Sonne, wie er zu Frau Mond sagte: «Frau Mond, ich übergebe dir die Nacht!», und er verzog sich.

Ich liebte den Moment zwischen Tag und Nacht. Fühlte mich immer noch pudelwohl. Nun wurde es dunkel und spürbar kühler. Wieso hatte ich bloß keine Jacke dabei? So schlüpfte ich in den Schlafsack, die Beine angewinkelt, und saß lange da, die Medizinpfeife in den Händen. Mit ihr fühlte ich mich geborgen, mir konnte nichts geschehen.

<u>Christine</u>, geboren am
30. Dez. 1954 morgens 2 u. 6 Uhr
im Spital zu Jegenstorf.
Wir fuhren am 29. Dez. 20½ Uhr
ins Spital. Die Kleine kam dann
am nächsten Morgen zur Welt.
Sie war 3700 g schwer, 50 cm
lang und war sofort nett an-
zusehen. Es war an einem
kalten Donnerstagmorgen. Nach
9 Tagen kamen wir zusammen
nach Hause.
Die Kleine entwickelt sich gut.
Sie ist nun 6 Wochen alt. Sie trinkt
mit grossem Appetit und schreit
schon mit Energie, wenn der
Hunger allzugross ist. Ihre
langen schwarzen Haare sind
schon zum grössten Teil weg
und es sind nur kurze da,
auch dunkel. Die Augenfarbe
lässt sich noch nicht deutlich
bestimmen. Seit ungefähr
einer Woche lächelt sie uns
an.

**Mama schrieb Tagebuch über jedes Kind.
Hier der erste Eintrag nach meiner Geburt.**

**Sekundarschulen und Progymnasien
des Kantons Bern**

Sprache sehr gut: Stini schreibt farbige
Aufsätze und beherrscht die Rechtschreibung.
Es liest ausgezeichnet. Rechnen gut—sehr gut.
Die Zeichnungen sind originell, dafür ist die
Schrift etwas unstet geworden.
Uebrige Fächer gut.
Stini beteiligt sich rege am Mündlichen
Unterricht, redet aber etwas zu leise.
Es ist eine gefreute Schülerin.

Betragen Stini besitzt viel Takt im Umgang mit den Kam-
eraden.

Verhalten Es ist ruhig und ausgeglichen. Selbstständig.

Ordnungs-
sinn: Im allgemeinen gut. Die Hefte dürfen noch
etwas sauberer werden.
~~Fleiss~~ ~~ausdauernd und pflic~~
~~Wille~~
Fleiss ausdauernd und pflichtbewusst.
Wille

Das ist mein Schul-
bericht der 3. Kl. IIII

**Mein Schulbericht 3. Klasse.
Oben links: als Erstklässlerin. Oben rechts: als Viertklässlerin.**

Familienfoto von 1960
Hintere Reihe: Papa, Mama, ältester Bruder
Vordere Reihe: Ich, Schwester, zweiter Bruder
Die Zeichnung von Jorinde stammt von mir

Im Märchenland

Die schönsten Märchen von den Brüdern Grimm, Andersen, Hauff und Bechstein

Die Sage vom Hirschgulden

nicht unbedingt! Etwa für 10jährige!

In Oberschwaben stehen noch heutzutage die Mauern einer Burg, die einst die stattlichste der Gegend war: Hohenzollern. Sie erhebt sich auf einem runden, steilen Berg, und von ihrer schroffen Höhe sieht man weit und frei ins Land. So weit und noch viel weiter...

...bzigmal, und der ... er Hase unten oder ... sagte der Igel oder seine Frau:

„Ich bin schon da!"

Zum vierundsiebzigsten Male aber kam der Ha... bis ans Ende der Furche. Mitten auf dem Acker stü... Das Blut floß ihm aus ~~dem Hals~~, *der Hase* und er blieb tot ...

Der Igel aber nahm seinen gewonnenen Taler u... Branntwein. Er rief seine Frau aus der Furche ab, ... gen vergnügt nach Hause.

Und wenn sie nicht gestorben sind, so leben sie n...

Jedes Jahr, hier etwa 1965, Elternurlaub – immer ohne Kinder.
Unten in der Provence, Mama den ganzen Tag malend.
Oben: Papa rasiert sich in Schweden, danach liest er den ganzen Tag.
Hintergrund: Bild von Mama aus dieser Phase, expressionistisch,
Sujet: Akazienwald Provence.

Das Schloss aus dem Märchen «Jorinde und Joringel»,
gezeichnet von mir – während des Hausarrests, 1970,

Ich im Wandel der Zeit, 1972 bis 1999.

Schamanische Kraftgewänder, bei denen in Sachen Alchemie nichts dem Zufall überlassen wurde. Eigenproduktion.

zu revidieren. Unter der fachkun
Anleitung unserer Garderobe-Exp
Christine Nyffeler, lernen Sie wä
eines eintägigen Seminars erkennen
wirklich zu einer Grundgarderobe g
und was es darüber zu wissen gilt. B
nend bei Formen und Kleiderstilric
gen, Kombinationsmöglichkeiten,
derlängen, Stoffmuster, Strukturst
und deren Wirkung, «Nebensächli
ten» wie Unterwäsche, DIN-Stärke
Absatzhöhe bis hin zur genaueren

EINMALEINS DER GARDEROBE

Kennen Sie dieses Gefühl, vor einem prallgefüllten Kleiderschrank zu stehen und doch nichts Passendes zum Anziehen zu finden? Damit Sie Ihrer bestehenden Garderobe und sich selbst zu ganz neuem Glanz verhelfen können, gibt es einen einfachen Trick: den annabelle-Garderobe-Kurs!

Christine Nyffeler,
Personality-Styling

Gut angezogen sein wird von vielen gleichgesetzt mit einem entsprechenden Geldbeutel. Dabei dürfte allen noch so grossen Zweiflerinnen klar sein, dass sich in jedem Schrank ein paar gute Stücke finden lassen, die, mal neu kombiniert, völlig anders wirken. Und das ist keine Hexerei.

Denn alles, was es dazu braucht, ist eine bestehende Grundgarderobe, Freude am Gutaussehen und natürlich etwas Willen, seine Anziehgewohnheiten zu überdenken und vielleicht auch ein wenig

Ort & Datum

Basel
20./21.3., 11.5.92

Bern
16./27.3., 8./9./15.5.92

Luzern
28.3.92

Olten
16.5.92

St. Gallen
14.3.92

Zürich
13./23./30.3., 4./6.4., 18.5.92

Ich melde mich

Ort:

Datum:

Falls dieser Kurs be
Frage:

Ort:

Datum:

☐ Ich bin Abonnen
☐ Ich bin Nichtabo
☐ Ich möchte ab s
von den günstigere

Einsenden an: a

**Farb- und Stilberatung, ab 1987.
Bild oben rechts und Mitte:
An einer Beauty-Messe.
Unten: In meinem Studio.**

8.7.1994 15:14 Uhr

Foto oben: Ich bei einem Fotoshooting, 1997.

Mitte: Eröffnung Boutique Altstadt Zürich (ich in der Mitte), 1997.

Unten links: Skizzen Winterkollektion 1997.

Mitte: Evelyne und ich in meiner Boutique «La Différence» in Bern, 1996.

Rechts: Kundenzeitschrift, 1996.

FASHION & STYLING

LA DIFFÉRENCE

Neues und Interessantes von Christine Nyffeler Personality Styling, Marktgasse 16, 3011 Bern, Tel. 031 / 312 70 20
Nr. 3 / August 1996

■ Editorial

Liebe Leserin, lieber Leser

Rückblick auf die Eröffnung unserer Räumlichkeiten an der Marktgasse 16 in Herzen Berns. Wie bei Benissimo ziehen auch wir eine Karte: «... ganz viel Glück für Sie und LA DIFFÉRENCE. Dass sich ganz viele Schmetterlinge in dieser «Höhle» überlassen werden, wünscht Ihnen S. Klötzli. So und ähnlich wurden wir überflutet, beschenkt, verwähnt – vielen Dank!

Und dann die über 200 Besucherinnen und Besucher, die am 9. und 10. März 1996 mit uns auf die Eröffnung zuprosteten. Rico Grandjean, Absolvent der Desmond Jones Scool of Mime in London sowie der Scuola Teatro Dimitri, führte ins einzigartigen Tanztheater vor, bei dem er die Verwandlung von der Raupe zum fliegenden Schmetterling darstellte.

Auf dem Foto sehen Sie unsere Lokalitäten auf der 2. und 3. Etage. Die Boutique LA DIFFÉRENCE befindet sich auf der 3. Etage. Die Einrichtung realisierten die beiden Berner Künstler Jean-Pierre Kissling, Metall-Art, sowie Roger Stämpfli, Firma für Revitation und Umfelder. Leitmotiv war das Thema Schmetterling, Verwandlung, Metamorphose.

Der Schmetterling ist ein Dieter, das von der Phase der gewöhnlichen Raupe bis im eleganten Schönling alle Stadien durchlebt. Wir stellen uns vor, dass Sie sich – wenigstens seit der Beratung – auch wie ein Sommervogel fühlen. Zumindest immer öfter. Sollte das nicht oder nicht mehr der Fall sein, ist offenbar ein Service fällig. Auch Schmetterlinge brauchen ab und zu einen Ölwechsel, um wieder voll durchstarten zu können. Es gibt also eine empfehlenswerte Adresse, gar nicht so teuer, aber wirklich gut. Dort gibt es eine Boutique, ein Kosmetikstudio sowie Farb- und Stilberatungen. Man telefoniert einfach und erhält Antwort auf seine Fragen. Oder man kann einen Termin vereinbaren. Wer von dort hinausgeht, blüst seine Flügel garantiert nicht mehr hängen, denn auf Hochglanz polierte Flügel starten von alleine durch.

Herzlichst Ihre

■ Was bietet diese Nummer?

■ Editorial
  Seite 1

■ Szenen der Eröffnung
  Seite 2/3

■ Die neue Winterkollektion
  Seite 4–7

■ Stimmen begeisterter
  Kundinnen
■ Nicht vergessen!
■ Fotowettbewerb

■ Männer im Anzug
■ Einkaufstips für Männer
■ Krawatten sind gut gegen
  Bronchitis
  Seite 8

■ Eröffnung Kosmetikstudio
  Einführungsangebot zum
  Verwöhnen
■ Kosmetiktarife
  Seite 10

■ Test:
  Wie gesund ist die Haut?
  Spezialangebot: Hautanalyse
  Seite 11

■ Kosmetik-News
■ Fragen und Antworten
  Seite 12

1997 bis 2010: Die schamanische Phase ...
Oben links: Urs und ich beim Lebenstanz im schamanischen Kraftgewand, 19
Oben rechts: In der Mongolei, 2007. Mitte links: Schwitzhütten. Mitte rechts: E
Lebenstanz, 2005. Unten links: In Ecuador bei der Ayahuasca-Zubereitung, 20
Unten rechts: Urs und ich beim Lebenstanz, 2000.

VOLLER LEBENSENERGIE

GESUNDHEIT UND WOHLBEFINDEN
FÜR KÖRPER UND SEELE

Die vollkrass esoterische Phase …
Oben links und unten links:
Vorderseite meines damaligen Flyers.
Oben rechts: Ich indisch am 50. Geburtstag.
Mitte links und rechts: 2009 bei einem Seminar.
Rechts unten: Vor meinem Altar mit Kraft-
gegenständen und Göttern, 2010.

ZOË NYFFELER

NÄHRUNG, FENG SHUI, ESSENER-ENERGIE

2015, ich fange als Imkerin einen Bienenschwarm ein.
Unten: Unser Bienenhaus in Grüningen, daneben vier Bienen-Magazine.

Claudia Larsen
Zoë Bee

Frauen
beten *anders*

fontis

Oben: Innenseite und Cover des Buches von Claudia Larsen und mir.
Mitte: Die drei Katzen Nemo, Pez und Marlene (mit Maus!).
Unten: Die Hochzeitseinladung von Urs und mir, 2014.
Heirat in Zermatt und Fest auf dem Schiff «Herzbaracke» in Stäfa.

Zoë & Ur

2016, ich bin angekommen. Ungeschminkt. Bee happy!

Doch genau in diesem Moment schreckte ich durch Geräusche in der Ferne auf. Im trockenen Laub raschelte es ganz gehörig, und es wurde immer lauter. Nun hörte ich ein Trippeln von vielen Füßen. Was war das? Bekam ich Besuch? Die Wirbelsäule war schnurgerade, die Hände umklammerten die Pfeife, den Stiel vor dem Herzen, den Pfeifenkopf gegen das Unbekannte gerichtet.

Der Lärm kam näher und wurde deutlicher, es kam ein merkwürdiges Schnauben hinzu. Das mussten Tiere sein! Ich sah nichts. Wie gebannt starrte ich in die Dunkelheit. Es kam von unten. Irgendetwas kam den Hang hoch, genau auf mich zu.

Plötzlich sah ich kleine Schatten, zwei größere und sechs kleine. Ich starb beinahe vor Angst, hielt meine Pfeife wie ein Gewehr auf diese Schatten gerichtet. Wahrscheinlich atmete ich nicht mehr. Nun sah ich, es waren *Wildschweine,* alte und junge, die in dieser Kombination ja besonders aggressiv auf Bedrohungen reagieren sollen.

Ich saß am Boden im Freien, es war Nacht, und acht wilde Tiere rasten auf mich zu. Ich hatte keine Chance. Aber ich saß mit der Medizinpfeife im versiegelten Steinkreis. In höchster Konzentration verknotete ich alle meine Gedanken auf nur einen einzigen: *Meine Pfeife und der Steinkreis halten euch davon ab, mich anzugreifen.*

Energetisch stieß ich sie mit dem Pfeifenstiel aus meinem Steinkreis weg. Und was geschah? Die Tiere kamen auf meine Höhe, dann machten sie einen engen Bogen um meinen Steinkreis und rasten auf der anderen Seite wieder den Abhang hinunter. Crescendomäßig. Während sie um den Steinkreis rannten, hatte ich mich mit ihnen mitbewegt und sie mit meiner «Waffe» in Schach gehalten.

So schnell, wie er gekommen war, verebbte der Lärm. Nun hörte ich mein Herz. Es schlug nicht, es explodierte fast. Die Hände waren steif und kaum zu gebrauchen, mir war eiskalt, und ich zitterte am ganzen Körper. Das Experiment «Berg der Angst» hatte also doch gewirkt. Fertig mit pudelwohl.

193

Ich machte ein paar Züge an der Pfeife und schickte ein Dankgebet an die Kräfte, dann legte ich mich zum Aufwärmen in den Schlafsack. Ich träumte weiter über die Bedeutung dieses Abenteuers. An Schlaf war nicht zu denken. Meine Ohren waren im Alarmmodus, ich wollte alles mitbekommen.

Plötzlich hörte ich wieder lautes Rascheln im Laub. *Oh nein, nicht schon wieder!* Ich war völlig entgeistert. Aber diesmal kam es von schräg oben. Schwere Menschenschritte stapften durch das Laub, direkt auf meinen Steinkreis zu. *Ein Mann? Wer denn?* Wer konnte so genau wissen, wo ich mich befand? Niemand.

Diesmal wagte ich nicht, mich zu bewegen und aufzusetzen, denn das Geräusch des Schlafsacks hätte mich verraten können. Vor fremden Menschen ängstigte ich mich fast mehr als vor wilden Tieren, deshalb wollte ich mich unsichtbar machen.

Das Keuchen näherte sich. Dann stand der Mensch plötzlich still, unmittelbar oberhalb meines Steinkreises. Die Versiegelung hatte ein zweites Mal gewirkt!

Er hatte einen schweren Männeratem, schaute auf mich herunter, und dann brummte er: «Wo sie recht hat, hat sie recht.»

Dann machte er kehrtum und hastete zurück. Mir stockte der Atem: Dieser Mann, das war mein Lehrer! Aber warum um Himmels willen war er hergekommen? Und was bedeutete dieser seltsame Satz? Wieso hatte er so unfreundlich gebrummt? Ich verstand nichts. Auch fand ich den «Besuch» ziemlich frech.

Nach dieser zweiten Episode auf dem Berg der Angst schlief ich ein und trottete am frühen Morgen zur Teilrunde in das Camp zurück.

Ich erzählte von den Wildschweinen und dann vom Besuch des Lehrers. Wollte wissen, wieso er das getan hatte.

Er antwortete: «Ich war überhaupt nicht bei dir! Wir sind die ganze Nacht im Camp geblieben. Gegen elf Uhr gingen wir schlafen. Vorher machten wir über die Seherpfeife einen letzten mentalen Rundgang bei euch. Es war nirgends problematisch. So legten wir uns schlafen. Dein Traumrad war offenbar weit offen, deshalb erlebtest du zum ersten Mal einen magischen Klar-Traum. In diesem Zustand kann man zwischen der realen Welt und der mentalen Welt nicht unterscheiden, beide erscheinen hundertprozentig wahr und klar. Aber glaub mir, ich war in der ganzen Nacht kein einziges Mal bei deinem Steinkreis!»

Ich hörte überrascht zu und glaubte ihm nicht wirklich, denn das Erlebte war allzu real gewesen.

Es gäbe noch viel über unsere Zeremonialreisen zu berichten, ganz besonders auch über die Reise ins mystische Altaigebirge der Mongolei, als ich ohne Urs unterwegs war.

Dort lobte mich meine Lehrerin bei Windstärke 8 auf einmal, und sie musste schreien dazu, um den Sturm zu übertönen: «Ich habe noch nie jemanden gekannt, der eine so starke Seele hat wie du und der so schnell vorwärtsgeht wie du.»

Das ermutigte mich natürlich.

Dann rief sie mich zu sich und sagte: «Ich habe über deinen Medizinnamen geträumt. Er stimmt nicht mehr. Du bist ab jetzt der Tanzende Pfeil der Schönheit, das ist die vollständige Medizin deines Namens. Dadurch kommst du in deine Bestimmung.»

Wieder zu Hause und im normalen Rahmen der Ausbildung reisten wir auch mit psychoaktiven Pilzen. Wie auch das Ayahuasca gehörten sie zu den «Lehrerpflanzen» und sollten bewirken, dass wir anstehende Prozesse schneller durchlaufen.

Durch die Wirkung der Pilze wurde der verstandesmäßige Widerstand gebrochen und der Mensch ins Neue hineinkatapultiert. So hieß es – aber ich erlebte es fast nie so. Pilzreisen und Reisen mit Cannabis waren für mich meistens schlimm und manchmal sogar echt schrecklich.

Das Schlimmste war, dass ich meinem Geist vollkommen ausgeliefert war. Ich wusste, dass ich aus der schlimmen Reise herauskommen sollte, aber es ging nicht, ich musste ausharren, bis die Wirkung endlich nachließ.

Ich brauchte sehr wenig «Material», um eine starke und empfindlich lange Wirkung zu haben. Meistens geriet ich in überwältigende Zwischenwelten mit Geistern und Dämonen. Bei mir wurden auf diese Weise keine Heilungsprozesse beschleunigt. Mehrmals brauchte ich ein bis zwei Wochen, um wieder ganz auf der Erde anzukommen und einigermaßen geerdet zu sein, und einmal schaffte ich es kaum mehr. Von da an verweigerte ich mich.

Das Feuer war für mich ebenfalls eine große Herausforderung. In der schamanischen Ausbildung fanden regelmäßig Feuerläufe statt. Auch die bestanden aus einem exakten zeremoniellen Ablauf. Das begann beim Auswählen und Weiterreichen der Holzstücke, dem anschließenden Verbrennen des Holzes, dem Ausbreiten und Rechen der Glut und dem Herrichten des langen Glutbeetes.

Dann kam der eigentliche Feuerlauf. Vor dem hatte ich Angst. Von etwa zwanzig Feuerläufen ging ich nur ein einziges Mal darüber. Wie oft stand ich davor, wollte darübergehen und doch wieder nicht, und schlussendlich ließ ich es bleiben. Aber einmal habe ich es gewagt, und es ist überhaupt nichts geschehen. Beziehungsweise fast nichts. Es war eine eindrückliche Erfahrung.

Als ersten Schritt setzte ich meinen rechten Fuß auf die glühende Kohle. Ich wollte gerade den linken Fuß nachschieben. Da setzte für einen kurzen Moment der Verstand ein: «Was, du stehst tatsächlich auf dem Feuer?!» Mein Bewusstsein sagte: «Huch, das stimmt, ich stehe tatsächlich auf dem Feuer!!» Einen Sekundenbruchteil lang packte mich die Angst.

Genau in diesem Moment nahm ich das Brennen eines winzigen Glutkörnchens wahr, und der Fuß wollte gleich schauderhaft heiß werden. Glücklicherweise erinnerte ich mich an die Vorgabe und kriegte die Kurve gerade noch.

196   Ich band mich zurück und befahl mir: «Ich verbinde

mich *jetzt* gleich wieder mit dem Feuer, ich verbinde mich voll und ganz, das Feuer ist mein Freund und tut mir nichts.» Das hatte ich gerade noch geschafft, es war knapp.

Danach hüpfte ich voll easy über die glühende Kohle! Als ich später meine kohlrabenschwarzen Füße wusch und begutachtete, entdeckte ich am rechten Fuß zwischen zwei Zehen tatsächlich eine winzige Verbrennung. Das war dieses famose Glutkörnchen, als ich aus der Trance gefallen war.

Da ich meinen Albtraum immer noch hatte – und sogar immer häufiger –, setzten wir eine Art schamanische Familienaufstellung ein, die Schildaufstellung, sowie andere Heilmethoden, um ihn aufzulösen. Zudem nahm ich mehrmals jährlich an Seminaren in klassischer Familienaufstellung teil und buchte bei anderen Therapeuten ich weiß nicht wie viele Traumatherapie-Sitzungen. Aber der Albtraum blieb. Das belastete mich, denn er fühlte sich wie eine schwere Fessel an, deren Schlüssel zum Öffnen ich einfach nicht finden konnte.

Zudem litt ich seit einiger Zeit wieder unter Nesselfieberschüben und starker Sonnen- und Lichtallergie und war die starken Medikamente leid. So entschloss ich mich zu einer offiziellen schamanischen Heilzeremonie, wie wir sie immer wieder durchführten. Diese dauerten so lange, bis Körper, Geist und Seele des Patienten ausbalanciert waren. Dann, nach schamanischem Glauben, verließ die Krankheit den Körper.

Zuerst füllte ich einen Fragebogen aus, in dem Motivation und Vorgeschichte geprüft wurden. Die Lehrerin leitete die Zeremonie und bestimmte das Heilerteam. Etwa dreißig Sänger und Trommler führten durch die ganze Zeremonie, die Lieder und Trommelschläge spielten eine entscheidende Rolle beim Heilungsprozess.

Wie immer fand vor dieser Heilzeremonie auch eine Pfeifenzeremonie statt. Zudem wurde vorbereitend auf einem Spiegel oberhalb meines Kopfes ein aufwändiges

Sandbild aus farbigen Sandkörnchen angefertigt. Ich selber lag in der Mitte des Heilkreises auf indianischen Wolldecken. Nackt, was nicht wirklich meiner Lieblingsbekleidung entsprach. Zwei Mitschülerinnen malten mehrfarbige Symbole auf die Chakras.

Danach fand eine energetische Reinigung mit speziellen Bergkristallen statt. Obwohl ich von der Kristallarbeit nicht viel hielt, fühlte ich mich am Ende tatsächlich durchlässiger.

Es folgten noch mehrere Heilungsstationen, an die ich mich kaum mehr erinnere, denn ich war längst in Trance. Wurde mir eine Frage gestellt, kam ich nur widerwillig zurück, denn ich wollte mich lieber von den Kraftgesängen wegtragen lassen.

Nach einer gefühlten Unendlichkeit entflammte ein Kampf zwischen der Tanzchefin und mir. Ich lag immer noch am Boden und war weggetreten. Sie stand mit ihren langen Beinen über mir, konfrontierte mich und wollte, dass ich endlich wieder in die Gänge komme. Ich aber fürchtete mich vor dem Zurückkommen.

Schließlich konnte sie mit der Unterstützung einer herbeigerufenen Schülerin die energetische Heilarbeit fortsetzen. Mit der Adlerkralle zog sie falsche Gedanken und zerstörerische Lebensmuster aus meinem Bauchnabel und schnitt mich davon ab.

Plötzlich schrie sie mich an: «Du hast dich mit dem Tod verbündet. Du hast nicht das Recht, dich mit dem Leben anzulegen. Du meinst, du wüsstest es besser und könntest über dein Leben herrschen. Das ist pure Hybris. Lerne, dich unterzuordnen. Nicht du entscheidest über dein Leben, sondern Gott!»

Ich verstand weder ihre Worte, noch wieso sie so herumschrie.

Sie fuhr fort: «Darum hast du diese ständige Todessehnsucht. Du musst dich trennen vom Tod, du hast dort nichts zu suchen. Du musst ins Leben kommen, vollkommen, mit deinem Körper, deiner Seele und deinem Geist. Entscheide dich jetzt, dich mit deinem Leben zu verbinden statt mit dem Tod! Der wird von alleine kommen, wenn es Zeit ist! Versprich vor allen Leuten hier, dass du jetzt zu hundert Prozent leben willst und aufhörst, mit dem Tod zu spielen! Versprich den anderen, dass du dich von jetzt an vom Tod abwendest!»

Ich weinte, fühlte mich in meinem Innersten ertappt. Mittlerweile spürte ich, dass es die Tanzchefin gut meinte mit mir, auch wenn sie so streng war. Ich fasste mich, setzte mich auf und gab das Versprechen vor allen anderen ab.

Dann schaute die Lehrerin über die Seherpfeife in meinem Lebensbuch nach, ob noch etwas offen sei: «Die Seite kam sofort hergeflogen. Sie ist wieder weiß und leer. Das bedeutet: Die Zeremonie ist beendet! Diese weiße Seite kannst du nun neu beschreiben! Lebe jetzt! Und geh durchs Leben als Tanzender Pfeil der Schönheit, das ist deine Medizin! Auf dich warten noch viele Abenteuer!»

Die letzte Aufforderung war, das schöne Sandbild mit meinen Händen zu zerstören. Als ich das tat und sich die Farben und Formen dadurch neu vermischten, entdeckte ich mich plötzlich selbst im Spiegelbild und war überrascht über meinen nun tatsächlich lebendigeren Gesichtsausdruck.

Als Abschluss der mehrstündigen Zeremonie aßen wir gemeinsam etwas «Süßes», was auf schamanisch bedeutet, das Leben zu feiern.

Diese Heilzeremonie hatte tatsächlich gewirkt. Seither forderte ich den Tod nie mehr absichtlich heraus. Und ich litt auch nie mehr an Sonnen- und Lichtallergie oder an Nesselfieber.

Zu Hause schaute ich vorsichtshalber die genaue Bedeutung von Hybris nach, und leider bestätigte sich meine Befürchtung, dass es sich um extreme Selbstüberschätzung und Hochmut handelte! Das fand ich natürlich nicht so toll und wollte damit bestimmt nichts mehr zu tun haben.

Zu diesem Zeitpunkt war mir längst bewusst, dass dies zwei große Themen in unserer Familie waren, wuchsen wir doch im Glauben auf, dass unsere Familie etwas Besonderes und Besseres sei als die anderen. Doch das Thema hatte ich meiner Meinung nach in den vielen Therapiesitzungen längst überwunden. Deshalb wurmte mich die «Diagnose» ein wenig.

Auf dem Heimweg bat ich Urs um seine Einschätzung und hoffte natürlich, er würde mir sagen, dass ich der demütigste und bescheidenste Mensch von ganz Westeuropa sei.

Doch der Schnörkellose sagte: «Natürlich trifft das zu, das hätte ich dir auch sagen können.»

Bis ich von Stolz und Hochmut endgültig frei wurde, brauchte es übrigens noch ein paar Zusatzrunden, doch darauf komme ich später.

Die schamanischen Wanderjahre fand ich spannend. Und auch hier kam der Appetit mit dem Essen. Jedenfalls bei mir, Urs war da deutlich besonnener. Er machte bereits seit mehreren Jahren nicht mehr mit. Eines Tages hatte er mir mitgeteilt, er sei nun lange genug schamanisch unterwegs gewesen. Es störe ihn nicht, wenn ich weitermachen wolle, er aber habe vorerst genug davon.

Ich hingegen hatte erst ein paar wenige Antworten auf meine unbeantworteten Selbstfindungs-Lebensfragen erhalten und wollte unbedingt weitermachen. Ich wollte überzeugt bleiben, dass ich auf diesem Weg zum Ziel gelangte.

Nach einigen weiteren Ausbildungsjahren hatte ich meine Antworten zwar noch immer nicht gefunden, dafür befand ich mich bereits im Sog des «immer mehr».

Es ist ja nicht so, dass ich ständig schamanische Seminare und irgendwelche Zusatzsitzungen besuchen wollte, denn ich wusste selbst auch, dass ich es übertrieb, aber ich hatte sozusagen keine andere Wahl. Bei jedem Angebot regte sich in mir eine Art innerer Tornado, dem ich ausgeliefert war. Er begann sich immer schneller zu drehen, bis er schließlich mein ganzes Bewusstsein ausfüllte und mir laut zurief: «Du musst da hin! Du musst es dir ermöglichen! Denn es kann sein, dass du genau diesmal die gesuchten Antworten oder gar die Erleuchtung findest.»

Urs konnte mir in diesen Momenten noch so mitfühlend und bedächtig zureden, ich zog mein Ding durch. Riss ich mich aber zusammen und blieb dann doch zu Hause, so zerfledderte ich innerlich und fiel in ein tiefes Loch. Die Teilnahme war quasi das scheinbar kleinere Übel.

Ich weiß nicht, wie oft ich siegessicher verkündete: «Jetzt habe ich es geschafft! Jetzt bin ich am Ziel meiner Wünsche angekommen! Jetzt habe ich den Schlüssel zu den ultimativen Lebensfragen gefunden!» Um dann nach geraumer Zeit ernüchtert festzustellen, dass ich mich einmal mehr geirrt hatte. Dann ging die ganze Suche von vorne los. Das machte mich fertig.

So fühlte ich mich trotz vereinzelter kurzfristiger Höhenflüge unter dem Strich immer entmutigter. Ich erlebte bodenlos tiefe emotionale Abstürze. Hoffnungslosigkeit. Obwohl ich doch so viel unternahm, fühlte ich mich innerlich immer leerer.

Genauso wie mein Geldbeutel. Langsam wurde ich den Eindruck nicht mehr los, dass ich schamanisch wohl nicht mehr weiterkam. Denn ihre Versprechen vor Beginn der Ausbildung hatten sich bei mir zumindest nicht bewahrheitet. Ich wusste nach den vielen Jahren immer noch nicht, wozu ich lebte.

Hier winkte bereits das nächste und gleichzeitig letzte Kapitel, bevor ich die gesuchte Quelle endlich finden sollte.

Mit Evelyne hatte ich nach wie vor Kontakt. Sie arbeitete als systemische Familientherapeutin in Kombination mit Traumatherapie. Mehr zufällig als geplant begann ich als Assistentin in ihren Seminaren mitzuarbeiten. Innerhalb kürzester Zeit wurde ich ihre bevorzugte Assistentin, weil ich, wie sie sagte, «so viele Eindrücke hatte und alles sehr sensibel wahrnahm».

Mehrere Jahre lang engagierte sie mich, und ich erhielt dadurch ein stabiles Vertrauen in meine Intuition.

Meine Mutter war schwer krank und dem Tod nahe. In ihrem Pflegeheim gab es eine Katze, die sich am Vortag immer auf das Bett der Sterbenden legte. Nun kam sie auch zu Mami. Meine Schwester und ich waren bei ihr, als sie starb. Sie sah mit weit geöffneten, strahlend blauen Augen nach oben, als wenn sie etwas Wunderbares erblickte.

Das fand ich unlogisch, denn ihre Augen waren durch die Krankheit leer und trüb geworden.

Kaum machte sie den letzten Atemzug, öffnete die Krankenschwester das Fenster, damit «die Seele entweichen konnte». Ich durfte Mami einölen und beim Ankleiden und schön Herrichten mithelfen. Gerade jetzt, im Moment des Abschieds, lernte ich sie irgendwie neu kennen.

Sie vermachte mir ihre Pinsel, Malfarben und das restliche Zeichenmaterial. Erst viele Jahre später verstand ich, was sie mir dadurch mitteilen wollte: «Beginn wieder zu zeichnen, male! Du hast den Virus, mach weiter!» Ich aber sah nur klebrige Farbtuben mit Deckeln, die sich nicht mehr richtig zudrehen ließen, abgewetzte Pinsel und vergilbte Zeichenblöcke und freute mich nicht im Geringsten.

Kurz darauf lernte Evelyne eine Lichtarbeiterin kennen mit Namen Katharina, die von sich sagte, sie heile mit dem Christus-Licht. Alles geschehe nur über den Fluss der Liebe. Heilwerkzeuge und rituelle Abläufe seien nicht mehr notwendig.

So etwas kannten wir beide überhaupt nicht. Evelyne testete sie und war begeistert von ihren Fähigkeiten.

Ich war skeptisch, aber gleichzeitig auch vorsichtig interessiert. Stimmte das? Waren mit dieser Art von Energiearbeit im Gegensatz zum Schamanismus tatsächlich keine rituell zementierten Abläufe mehr nötig?

Kurz darauf fand ein Informationsanlass in einem Schloss statt, in dem Katharina viele ihrer Ausbildungen absolviert hatte. Sie lud Evelyne und mich sowie Urs ein, daran teilzunehmen, aber Urs hütete lieber das Sofa und die Katzen. Dieses Hatschi-Bratschi-Zeug sei ihm suspekt. Er hätte es bevorzugt, dass auch ich nicht hinfuhr.

Doch zu der Zeit konnte ich nicht anders, als meinen Willen durchzusetzen. Meine Flügel gehörten mir, und ich wollte sie von nichts und niemandem je wieder zerfetzen lassen. Schon gar nicht von einem Mann.

KAPITEL 11
Die große Illusion
· ·

Wir tuckerten nach Frankreich zu diesem Schloss. Am Steuer saß Christus-Licht-Katharina, die ich zum ersten Mal sah.

Sie war eine zarte, feingliedrige Frau mit flinker Gestik. Ihre langen Haare warf sie immer wieder keck über die eine oder die andere Schulter oder schwungvoll nach hinten. Sie hatte ein bezauberndes Lächeln und weit offene blaue Augen. Ihrer Stimme hörte ich gerne zu. Angenehmes Timbre, lebhafte Sprachmelodie. Unkompliziert! Nett! Bahn frei!

Sie fegte alle meine Einwände und Zweifel mit durchaus stichhaltigen Argumenten weg. Zwar verstand ich nur die Hälfte des Gesagten, aber es klang gut. Trotzdem war es mir unmöglich, mich in ihrer Gegenwart völlig zu entspannen. Doch ist das nicht normal, wenn man sich eben erst kennen lernt?

Katharina erzählte, sie sei eine wiedergeborene Essenerin. *Huch, was ist das denn?*

«Das war eine Gemeinschaft von Menschen, die zur Zeit Jesu lebten. Auch Jesus, seine Familie und die Jünger gehörten dazu. Ich war Teil des innersten Kreises und hautnah mit ihm unterwegs. Es war eine wunderschöne Zeit, damals. Schade ist nur, dass wir Menschen unser gesamtes, in vielen früheren Leben gesammeltes Wissen im Moment der Geburt komplett vergessen. Es ist unsere Aufgabe, uns an unser ursprüngliches Selbst zu erinnern, uns wieder an dieses verborgene Wissen anzudocken und es in die Gegenwart ‹hochzuhieven›. Das macht frei und glücklich, denn dadurch kommen wir endlich wieder bei unserem ureigenen Selbst an.»

Dann erzählte sie von ihrer traurigen Kindheit und wie sehr ihr der Weg geholfen habe, den sie durch diese Tradition kennen lernte. Es sei die sogenannte «Feuertradition»,

und Feuer bedeute Liebe. Sie habe dadurch komplette See-
lenheilung erlebt, und auch die früheren körperlichen Be-
schwerden seien verschwunden. Heute sei sie bei sich
selbst angekommen und rundum glücklich. Sie habe erlebt, dass alles, was sie sich gewünscht hatte, bereits in ihr
angelegt war, und sie habe es wiedergefunden. Das sei einfach herrlich.

«Du meinst, wie eine Harddisk?»

«Ja, genau.»

«Wovon lebst du heute?», fragte ich sie.

«Ich führe Heilsitzungen durch, arbeite mit dem Christus-Licht, verabreiche den Christus-Segen, stelle eigene
Christus-Essenzen her, welche die Energien der Räume
und Menschen erhöhen. Und ich bin Seminarleiterin. Ich
habe den brennenden Herzenswunsch, andere Menschen
auf der Reise zu sich selbst zu unterstützen. Ja, und ich
liebe es über alles, mit der Jesus-Energie zu heilen. Die ist
so stark. Es ist der pure Liebesfluss, der heilt und immer
wieder Wunder bewirkt.»

Katharina lebte also als mediale Energieheilerin. Sie leite
ein sogenanntes Lichtzentrum, das sei ein heiliger Ort mit
hoher Energie. Ihrem spirituellen Führer verdanke sie alles,
das sei der Gründer der Feuertradition, die wir an diesem
Abend kennen lernen würden.

«Weißt du, für mich ist es jedes Mal ein Nach-Hause-
Kommen, wenn ich mich dem Schloss nähere. Und
wenn ich wie ein kleines Mädchen die Treppen hoch-
stürme, dann platze ich fast vor Freude. Ich bin so dankbar. Es gab nämlich Zeiten, da ging es mir nicht gut. Da
kam ich wöchentlich hierher. Ich brauchte die Gleichgesinnten und das Schloss als spirituellen Kraftort. Sonst
hätte ich kaum durchgehalten. Wenn man sich auf diese
Reise begibt, na ja, eigentlich ist es ein Prozess, eine
Häutung, und bis man da durch ist, ist es manchmal
echt hart.»

Nun näherten wir uns dem hell erleuchteten Schloss. Es
lag inmitten von Weinbergen auf einem Hügel und über-

ragte die Gegend. Der imposante, etwas abgewetzte Bau verfügte über einen stolzen Treppenaufgang mit den obligatorischen Löwenstatuen links und rechts.

Mir stockte fast ein wenig der Atem.

Wir landeten mitten in einer prickelnden, feierlichen Stimmung. Die Luft schien voll bunter Luftballons und rosa Satinbänder zu sein. Legte sich nicht ein süßer Rosenduft über uns?

Der Parkplatz war vollgestopft mit noblen Karossen. Überall stiegen fröhlich lachende und sichtlich glückliche Menschen in bunten Kleidern aus. Viele trugen indisch angehauchte Klamotten – aber edle, bitteschön – und lange Ketten mit Amuletten, alles detailbewusst gewählt und als bewusste Statements eingesetzt. Einige kamen sogar in taffen Businessklamotten.

Es waren auffallend viele ausgesprochen schöne Männer dabei, die sich ihrer Wirkung auf Frauen sichtlich bewusst waren und es entsprechend genossen. Für meinen Geschmack gab es viel zu lange und zu enge Umarmungen. Zärtlichkeit, Lust und Verführung, Exhibitionismus und Voyeurismus glitzerten wie süße Pralinés in einer Bling-Bling-Schachtel und standen mitten in der großen Runde von sich liebenden Menschen.

So viel Liebe, ich staunte.

Dass sie so schön aufgebrezelt waren, stand in krassem Gegensatz zu meiner schamanischen Vergangenheit! In meiner bisherigen Welt pafften nostalgische Woodstock-Hippies ihre selbstgedrehten Zigaretten, und daneben standen Pseudo-Indianer in braunem Wildleder, mit Zöpfen, Fransen und Schlapphüten.

Hier galten offensichtlich andere Regeln. Hier zeigte man, was man hatte, wer man war und wie man wahrgenommen werden wollte. Kleckserei in satten Farben. Mein erster Gedanke: *Wie dekadent ist das denn?* Der zweite: *Warum eigentlich nicht?*

Wir stiegen viele Stufen über die Schloss-Marmortreppe hoch. Mit jeder zusätzlichen Stufe dampfte die ausgelassene Stimmung noch lauter aus der großen Schlosshalle. Da musste mächtig was los sein! Wow, und erst die imposante Architektur!

Evelyne und ich zwinkerten uns zu. Wir befanden uns im Hauptsitz einer weltweiten spirituellen Organisation. Hier trafen sich immer wieder Menschen aus der ganzen Welt zu Ausbildungen, Seminaren und verschiedensten Anlässen. Etwa zehn Menschen wohnten und arbeiteten ständig im Schloss.

Die Schlossherrin begrüßte uns. Eine hochgewachsene, sehr schlanke Norddeutsche mit einer schlichten, klaren Ausstrahlung vom Typ Jil Sander. Sie gefiel mir.

Es war Hochsommer und ein heißer Abend. Aber eigenartigerweise war mir die ganze Zeit kalt. So sehr, dass ich gerne eine Daunenjacke übergeworfen hätte.

Evelyne sagte: «Nein, mir ist überhaupt nicht kalt!»

Auch diese Vorwarnung beachtete ich nicht. Ich dachte vielmehr, es sei wegen der Aufregung. Oder vielleicht spielten die Hormone verrückt.

Später am Abend führte die Schlossherrin eine mental geführte Reise zu unserem Ursprungsort durch. Also zu unserer ureigenen Quelle, dem ursprünglichen Heimatort unserer Seele. Die Teilnahme war freiwillig. Wir setzten uns auf Meditationskissen, lagen auf Decken am Boden oder saßen auf Stühlen. Einfach so, wie man wollte.

Mir gefiel, dass wir wählen konnten. Wir waren eine große Gruppe und der Raum rappelvoll. Die Schlossherrin schlug einen langsamen, regelmäßigen Rhythmus auf ihrer Schamanentrommel. Dazu gab sie uns ein paar Anweisungen, damit wir innerlich zur Ruhe kommen und uns öffnen konnten. Alle hatten die Augen geschlossen und folgten innerlich den Anweisungen.

Nun schickte sie weiße und schwarze Drachen vorbei. Mental natürlich. Alle schnappten sich einen. Er führte uns hoch hinauf auf das geheime Gebirge, in dem das gesamte Menschheitswissen gehütet wurde. Dort oben, auf einem Felsvorsprung, sahen wir ein Feuer brennen. Mein

Drache setzte mich ab. Ich entdeckte Babaji. Das war ein hinduistischer Avatar, der seit Jahrhunderten im Himalaya lebte.

Ich ging zu Babaji. Er schaute mich schweigend an, dann nahm er mich an den Händen, stieg ins Feuer und bat mich hinein. Ich wusste, ich hatte die Wahl, mich nicht hineinzustellen, aber ich wollte es tun. So standen wir beide in den gleißenden Flammen, und sie verbrannten uns nicht. Im Gegenteil, sie waren angenehm kühl.

Irgendwann sagte Babaji: «Ich freue mich, dass du endlich nach Hause gekommen bist. Ich bin dein Führer.»

Ich fragte ihn, woher ich käme, was mein Ursprung sei und weshalb ich lebe.

Das orangefarbene Licht der Flammen reflektierte auf seinem fast schwarzen Körper, und seine dunklen Augen funkelten. «Du bist hier, um mit deinen Händen zu heilen und dem Feuer zu dienen.»

Nach einer viel zu kurzen Zeit drängten sich plötzlich die Trommel und die Schlossherrin wieder vor. Sie forderte uns auf, uns von Babaji zu verabschieden, den Drachen zu besteigen und in den Schloss-Saal zurückzukehren.

Babaji segnete mich und versprach, er sei immer an meiner Seite, ich bräuchte ihn nur zu rufen.

Es beschäftigte mich, dass diese mentale Reise dermaßen tief ging, obwohl die Schlossherrin keinerlei alchimistisches Brimborium befolgt hatte. Im Gegenteil, sie hatte verschiedenste Elemente aus unterschiedlichen Methoden relativ willkürlich und konzeptlos gemixt.

Wieso hatte es trotzdem funktioniert? War das ein Beweis, dass diese neue Dimension tatsächlich existierte; eine Dimension, in der nur noch die mentale Absicht zählte und jedes Konzept überflüssig machte?

Danach lud die Schlossherrin die Interessierten ein, herauszufinden, ob die Feuertradition des Zentrums dem persönlichen Weg entspreche. Um das herauszufinden, schaute sie jeder Person sehr lange in die Augen, um sich mit ihrer Seele zu verbinden. Dazu nahm sie sich alle Zeit der Welt und ließ sich durch die wartende Kolonne nicht im Geringsten stören.

Erstaunlicherweise sagte sie oft Nein: «Zu früh; der falsche Weg; zuerst noch etwas anderes lösen.»

Dies erhöhte mein Vertrauen in die Sache. Endlich war *ich* dran. Die Schlossherrin schaute sanft und veilchenblau. Sie hatte etwas von der Gottesmutter Maria.

«Für dich ist die Tür offen», lächelte sie. «Dein Wesen ist das einer Feuerschamanin. Hast du vorhin eine intensive Erfahrung gehabt mit Babaji und dem Feuer?»

«Ja, ich habe lange mit ihm zusammen im Feuer getanzt!» Sie lächelte erfreut.

«Oh, das passt», meinte sie dann. «Eine so intensive erste Begegnung mit Babaji hat nur, wer Teil seiner Familie ist und also auch Feuerschamane ist. Die Bedeutung dieser Feuertaufe wirst du noch erfahren. Als ersten Schritt solltest du dich baldmöglichst für das Basis-Seminar anmelden. Willkommen zu Hause!» Sie strahlte. In ihren Augen tanzten funkelnde Sternchen.

Zwei, drei Monate später saß ich im empfohlenen Basis-Seminar, und in den nächsten vier Jahren folgte ich dieser Feuertradition. Ich besuchte noch sechs weitere Kurse, welche einer Ausbildungszeit von fünf Monaten entsprachen und für deren Gegenwert wir uns eine hübsche Wohnung mit Seesicht hätten kaufen können.

Im Gegensatz zum Schamanismus gab es hier unverhältnismäßig viele Intellektuelle und auch sonst gut gebildete und kultivierte Menschen. Es ging gesittet und sphärisch zu. Wir waren überzeugt, zur Elite zu gehören, zu den auserwählten Vorreitern, die die Welt retten mussten.

Mit jedem Seminarabschluss rückte die vermeintliche Erleuchtung ein weiteres Stück näher.

Plötzlich begann ich weiße Flatterkleider und lange Ketten zu tragen. Schwarz war vorbei. Ich wurde richtig gut im Sitzen auf Meditationskissen, und den Lotussitz schaffte ich locker.

In allen Kursen ging es um Energien und Medialität. Wir lernten, Energieflüsse wahrzunehmen und zu beeinflussen. Dazu gehörten die energetische Häuserbefreiung, das Feng Shui in den Räumen, in der Landschaft und sogar an unserem Körper, sowie geistige Chirurgie, Organheilung und Rückkoppelung an den ursprünglichen Schöpfungszustand.

Wir erhielten viele Zugänge zu den unsichtbaren Welten. Mit der Zeit fühlte ich mich wegen all dieser energetischen Zugänge von Kopf bis Fuß perforiert.

Etwas vom Schönsten war für mich die Sterbebegleitung. Wir lernten, dass die Toten auf dem Weg ins ewige Licht oft im Korridor der Trübsal steckenblieben oder sich verirrten. Deshalb sei es wichtig, sie zu suchen und auf dem Weg ins Licht zu begleiten. Energetisch selbstverständlich.

Ich wollte das auch für meine bereits verstorbenen Eltern tun, brach aber bei beiden ab. Bei Papa hatte ich das Gefühl, dass er in diesem Korridor steckengeblieben war. Ich wagte aber nicht, mich dort umzuschauen. Zur Seele von Mami konnte ich nicht wirklich vordringen; ich hatte aber auch Respekt davor, sie zu suchen oder gar aufzuschrecken.

Mit Evelyne zusammen boten wir eine Zeitlang energetische Häuserbefreiung und Feng Shui an und erhielten immer wieder schöne Aufträge. Ich liebte diese Arbeit, weil wir weder Hilfsmittel benötigten noch etwas berühren mussten, denn alles geschah mit bloßer Gedankenkraft. Aber jeder Auftrag laugte uns extrem aus, und wir benötigten jeweils mehrere Tage, um uns wieder zu erholen.

Doch auch dafür hatten wir eine Erklärung. Wir dachten, das sei der Preis dieser Arbeit, und nahmen uns vor, uns beim nächsten Mal noch besser schützen.

Ich fasste immer mehr Vertrauen in meinen medialen Kanal. Alle hatten spezifische Gaben, mein Talent bestand in einer Art Scannerblick und in speziellen Händen. Dadurch konnte ich gestockte Energien in Fluss bringen. Ich «hörte» die Energien durch meine Hände, sah und spürte, wo sie flossen und wo sie blockiert waren.

Das Bewegen der Energien war sehr einfach. Ich brauchte mich bloß völlig leerzumachen und auf die Kraft des Universums zu vertrauen.

Es gab aber auch sonderbare Momente. Wir hörten viel über das Christus-Licht und den Christus-Segen und durften den esoterischen Jesus auf einer geführten Astralreise sogar in seinem versteckten und geheim gehaltenen Tempel besuchen. Der befand sich unter der Erde in einem energetischen Tempel. Er war wunderschön und rundum mit leuchtendroten Rubinen ausgekleidet. Wir spazierten durch die prächtigen Räume und unterhielten uns mit «Jesus». Abschließend segnete er uns. Danach kamen wir in die Realität zurück.

Am Ende dieser Session sollten wir alle laut sagen: «Ich bin Jesus.» Der Hintergedanke war, dass wir als Vollkommene und als Teil von Jesus selbst auch Jesus sind. Eine Teilnehmerin weigerte sich. Sie meinte, sie könne sagen, dass sie ein Teil von Jesus sei, aber doch nicht Jesus selbst.

Die Leiterin machte ziemlich Druck. Es sei wichtig, dass sie das ausspreche, wenn sie sich an ihre wahre Größe zurückerinnern und wieder hineinwachsen wolle.

Gott und die göttliche Führung waren ständig wiederkehrende Themen. Für uns gab es keinen Unterschied zwischen Gott, Buddha, Jesus und Mohammed. Auch nicht zwischen den großen Weltreligionen. Wir beteten zu Gott und anderen Göttern und auch zum Gründer der Feuertradition, der das Schloss leitete.

Auch Jesus beteten wir an, aber der Kreuzestod und die Auferstehung waren nie ein Thema, denn uns wurde erklärt, Jesus sei am Kreuz gar nicht gestorben. Wer an diesem veralteten Dualitäts-Denkkonzept festhalte, mit Sündendenken und dem Glauben an einen Teufel, könne sich spirituell nicht weiterentwickeln und bleibe abhängig.

Dabei habe die Menschheit die Dualität doch überwunden und sei nun fähig zu erkennen, dass der Kern aller Menschen pure Liebe sei. Verhalte sich ein Mensch trotzdem nicht liebevoll, halte er an falschen Glaubensmustern fest oder habe die eigene Vergangenheit nicht überwunden. Jeder Mensch habe die Möglichkeit, in diese höhere Ebene aufzusteigen, wo alles Harmonie und göttliche Gesetzmäßigkeit sei.

Dieser Weg zur Heilwerdung aus sich selbst heraus mit dem Ziel der eigenen Erleuchtung setzte mich unter Druck und war anstrengend. Wenn die Lösung für jedes Problem in einem selbst liegt und man sich aus sich selbst heraus erlösen muss, dann befindet man sich in einem Hamsterrad, das nie stillsteht.

So hatte ich ständig an mir zu feilen, mich zu verbessern. Und war doch nie auch nur annähernd erleuchtet. Außerdem war es ein unsäglicher Kult des eigenen Egos und der eigenen Befindlichkeit, denn alles drehte sich immer nur um mich.

Aber das war mir damals noch nicht bewusst.

Es war entmutigend, wenn sich ein Problem erneut zeigte, obwohl es ja geheilt sein sollte. Solche Unmöglichkeiten geschahen immer wieder.

Dann wurden wir mit dem eigenen Widerstand konfrontiert und zu weiteren Sitzungen oder Zusatz-Seminaren aufgefordert, damit dieser Schlüssel endgültig gedreht werden konnte.

Zögerten wir, konnten sie durchaus Druck aufsetzen und böse werden. Dann war Schluss mit Liebe und engelsgleicher Sanftheit. Ihr Standardsatz war dann jeweils: «Die Tür steht weit offen, gerade jetzt. Du kannst so einfach wie nie zuvor durchgehen und den Knoten lösen. Mach es, denn es ist deine große Chance. Sie zeigt sich oft nur einmal im Leben, und wenn man sie nicht packt, bedauert man es später. Doch dann ist es zu spät.»

Die notwendigen Behandlungen oder Initiationen dauerten oft nur eine Viertelstunde und kosteten zwischen 80 und 120 Franken.

Urs standen die Haare zu Berge, als er das erfuhr. Er war überzeugt, dass wir uns alle ausnehmen ließen. Ich selber hatte die gleichen Zweifel – und trotzdem ließ ich mich immer wieder zu etwas hinreißen. Das Geschäft mit der Hoffnung kann eine unvorstellbare Sogwirkung ausüben.

Zu Hause richtete ich einen heiligen Raum mit einem Altar ein. Davor betete und meditierte ich täglich zu Jesus, Babaji, Sai Baba und all den andern, kommunizierte mit meinen Krafttieren und spirituellen Führern. Nach jeder Meditation fühlte ich mich erfrischt und ruhiger.

Ich zog mein Hoffnungsding durch und ließ Urs nur wenig daran teilhaben, denn ich wusste ja, wie wenig er davon hielt. Trotz allem bat ich ihn, wenigstens das Basis-Seminar zu besuchen, damit er meine Welt besser kennen lerne. Schließlich war er damit einverstanden. Als er wieder nach Hause kam, schien er beflügelt zu sein.

Doch es war wohl eher die Wiedersehensfreude gewesen, denn er fand die ganze Woche nur lächerlich, das seien nichts als irre Hirngespinste. Man offenbarte ihm, er sei die Reinkarnation eines Teils von Hanuman, dem Affengott. Er sei in dieses Leben gekommen, um einen Kampf gegen die Dunkelheit zu führen, gegen Geister und Dämonen. Erst wenn er diesen Kampf gewonnen habe, könne Jesus wiederkommen.

So schien es ausgerechnet von meinem blonden Urs im ausgebeulten Homedress abzuhängen, der mit den Katzen auf dem Sofa herumlümmelte, dass Jesus wiederkommen konnte. Tja …

Es war nicht anders zu erwarten, als dass Urs die Fantasiegeschichte als «affig» bezeichnete, und ich musste auch darüber schmunzeln. Mit *denen* wollte er nichts mehr zu tun haben.

Zum Thema «Schloss» waren wir uns in den vier Jahren nicht ein einziges Mal einig, und auch nachher brauchten wir lange, bis wir ruhig darüber sprechen konnten. Obwohl

213

ich wusste, dass ich Urs damit keinen Gefallen tat, folgte ich dem Sog, der stärker war als jede Vernunft. Evelyne und ich tauschten uns ebenfalls oft über unsere Zweifel aus. Es war durchaus nicht so, dass unser Verstand ausgeschaltet gewesen wäre. Aber die Sucht war stärker.

Ohne es zu merken, verlor ich zunehmend den Bezug zur Realität. Nur Urs gab nicht auf, mir mein Abheben widerzuspiegeln. Wenn ich mit Freunden über meine Themen sprach und sie mich offensichtlich nicht verstanden, dachte ich, dass unsere energetischen Levels auseinanderdrifteten. Dass sie im Gegensatz zu mir oberflächlich seien und die wichtigsten Lebensthemen verdrängten.

In dieser Zeit war ich getrieben vom Wunsch, ein für alle Mal heil zu werden und in meinen Lebensauftrag hineinzuwachsen. Schließlich hatte ich schon viel von meiner Lebenszeit verplempert. So besuchte ich auch außerhalb des Schlosses viele Seminare, von denen ich mir jedes Mal aufs Neue den ultimativen Schlüssel versprach.

Ich erhielt intensive Lehre durch *Die Bibel des neuen Zeitalters*. Diese «Bibel» öffnete mir die Augen und war spannend zu lesen. Ja, in dieser Zeit hielt ich mich haargenau an das Zitat von Mark Twain: «Nachdem wir das Ziel endgültig aus den Augen verloren hatten, verdoppelten wir unsere Anstrengungen.»

Ich war nun so richtig im spirituellen Suchtverhalten gefangen, ein Junkie nach immer mehr, immer häufiger, immer extremer. Manchmal frage ich mich, ob ich zu dem Zeitpunkt überhaupt noch wusste, wonach ich suchte. Eigentlich hatte ich ja den Urquell gesucht, den ersten Atemzug des Universums. Nun suchte ich einfach nur noch wild mal hier und mal da und ergriff jeden Strohhalm, der sich mir darbot.

Ständig sich wiederholende Enttäuschungen und Hoffnungen waren ein perfekter Katalysator, um mich noch mehr anzutreiben. Veredelung um jeden Preis. Doch die Dauer der vermeintlichen Sättigung nach einem Seminar oder einer Sitzung wurde immer kürzer, der Hunger artete aus in getriebene, gierige Besessenheit.

Es war ein zerbrechliches Stückwerk, eine riesengroße Illusion, und trotzdem hielt ich weiterhin krampfhaft daran fest. Die wiederkehrenden Zweifel tat ich als inneren Widerstand ab.

Urs, der alles mitverfolgte, hatte einen schweren Stand.

Ich arbeitete nun als Energieheilerin und empfing Klienten in meinem heiligen Raum mit den schönen Buddha-Statuen.

Esoteriker sind gut vernetzt und unterstützen sich. Jedenfalls sprach sich meine Arbeit schnell herum, und ich wurde weiterempfohlen. Die bestehenden Kunden kamen immer wieder, denn auch sie reagierten auf die wunderschönen Behandlungen und brauchten sie stets aufs Neue. Viele kamen, weil sie sich erschöpft oder ausgelaugt fühlten.

Wenn sie mir ihre Probleme schilderten, hörte ich weniger auf das Gesagte, sondern las die Gedanken und Gefühle dahinter. Der Mensch war für mich in unterschiedliche Körper unterteilt, eine Art Schichtmodell in verschiedenen Farben, Formen und Strukturen. Die verschiedenen Anteile konnte ich anstrengungslos lesen und unterscheiden, und dann kommunizierte ich mit dem Teil, der sich gerade in den Vordergrund drängte. Dadurch wusste ich, um was es wirklich ging, und antwortete direkt darauf, auch wenn es sich völlig von der Geschichte unterschied, die sie mir gerade erzählten.

Das bewirkte, dass sich die Klienten auf einer sehr tiefen Ebene verstanden fühlten. Dadurch entstand Vertrauen. Und tatsächlich lösten sich ihre eigentlichen Probleme schnell und oft fast von alleine.

Mit einer Kollegin führte ich gut besuchte Abende zum Thema «Heilen mit dem Christus-Licht» durch. Dazu lagen die Frauen und Männer auf weichen Decken und genossen die sanften Energiebehandlungen. Wir legten ihnen die

Hände auf, ließen die vermeintliche Jesus-Energie durch uns hindurchfließen und sich in ihnen ausbreiten. Es ging um konkrete körperliche oder seelische Probleme. Manchmal beteten wir auch laut, sangen in fremden Zungen oder erhielten eine Mitteilung von unserem «Jesus».

Interessanterweise gingen die Klienten erfrischt nach Hause, und wir waren es auch.

Zu der Zeit führte ich längst meinen spirituellen Namen, der nichts mit dem schamanischen Medizinnamen zu tun hatte. Dieser neue Name war «Nalia» und entsprach der inneren Bestimmung: «die das Licht der Sterne liest.»

Man hatte mir dazu gesagt: «Du bist eine Geschichten-Erzählerin. Du kennst die gesamten Schöpfungsgeschichten, die in den Sternen gespeichert sind. Da du das Sternenwissen lesen kannst, sollst du es auf die Erde herunterbringen und die Menschen darin unterrichten.»

Diese Worte klangen zwar lieblich, aber als Geschichten-Erzählerin erkannte ich mich gar nicht.

Kurz darauf kaufte ich ein Buch, das die wahre Lebensgeschichte von Jesus enthalten sollte. Es war ein medial gechanneltes Buch, und der Gründer des Schlosses wurde darin als Bruder von Jesus vorgestellt. Viele wichtige Personen der Feuertradition waren darin aufgeführt, nur deren spiritueller Name war manchmal leicht abgeändert.

Auch ich kam darin vor, als «Nanea» und essenische Energieheilerin. Die im Buch aufgezeichnete Geschichte war der des Neuen Testaments sehr ähnlich. Die in der Bibel erwähnten Personen kamen mit fast oder sogar in ganzen Sätzen gleichem Wortlaut ebenfalls vor.

Es gab die Bergpredigt mit einem verklärt abgewandelten «Vaterunser», es gab Johannes den Täufer, die drei Magier Kaspar, Melchior und Balthasar, König Herodes, Pilatus und viele andere mehr. Die Kreuzigung war ebenfalls aufgeführt, aber Jesus starb nur beinahe und wurde glücklicherweise durch die fähigen Essener-Heiler mit Kräutern und Energiebehandlungen wieder aufgepäppelt. Dann wanderte er nach Indien aus.

Eine der zentralen Figuren des Schlosses war Huena, eine spirituelle Lehrerin. Wir fühlten uns wie Seelenschwestern, beide hatten wir einen künstlerischen Beruf erlernt, und die Liebe zum Schönen verband uns. Sie war eine bemerkenswerte Frau, charismatisch und sinnlich.

Als sie mich in ihr Lichtzentrum nach Südfrankreich einlud, sagte ich sofort zu. Nach vielen Jahren war ich zum ersten Mal so viele Stunden alleine mit dem Auto unterwegs. Während der Reise fühlte ich mich schlaff und krank. Ich dachte, es seien Angriffe aus der geistigen Welt, die mich von diesem Entwicklungsschritt abhalten wollten.

Das Lichtzentrum von Huena war eine vornehme, ockerfarbene Villa, eingebettet in eine gepflegte Parkanlage mit Feigenbäumen, Zypressen, vielen duftenden Pflanzen und einem Meer von Blumen. Allein im Seerosenteich zählte ich 36 blühende Seerosen!

Immer wieder gab es Schüler, die aus Liebe zur Lehrerin für ein paar Wochen ehrenamtlich zum Arbeiten hierher kamen. Es war eine Ehre für sie, Huena auf diese Weise zu dienen. Das bezeichnete man als «Seva», als selbstlosen Dienst. Man sagte, der Seva-Dienst öffne das eigene Herz zu völliger Hingabe. Wahrscheinlich war das Lichtzentrum wegen der vielen Seva-Dienste so gut in Schuss.

Im Erdgeschoss befand sich das Lichtzentrum, einen Stock höher befanden sich Huenas Privaträume, zu denen ich nie Zutritt hatte.

Es überraschte mich, in diesem klosterähnlichen Tempel eine dermaßen edle Designerküche anzutreffen. An so einem Ort lebten spirituell Suchende normalerweise in einer Wohngemeinschaft ruhig und friedlich zusammen. Das Leben war einfach bis spartanisch. Und nun diese Küche, dieser Kontrast, das war typisch Huena. Denn – wieso sollten die nicht auch Edelstahl auf Hochglanz polieren dürfen, 217 statt bloß Holzwurmhäufchen von einer verfärbten Holzplatte wegzuwischen?

Huena hatte ein Händchen für Design und hatte hier ein geschmackvolles Ambiente geschaffen. Es gab keinen einzigen faulen Kompromiss, der die ästhetische Durch-Orchestrierung beeinträchtigt hätte.

Links neben der Küche war der Gebetsraum mit dem Altar. Gleich gegenüber das Allerheiligste: der Jesus-Raum. Ein Schweigeraum mit Rosenduft. Große Olivenbäume in Terrakotta-Kübeln umrahmten ein riesiges Wandbild von Jesus. Das war der Lieblingsraum von Huena. Hier verbrachte sie viel Zeit mit Jesus, betete, sang und meditierte. Die Wände waren in einem zarten Rosa gehalten, der Jesus-Farbe.

Im Garten stand ein weiterer Kraftplatz mit einem imposanten Buddha.

Am ersten Tag zeigte mir Huena die Gegend. Wir fuhren in die roten Sandsteingebirge. Nach einem Fußmarsch erreichten wir einen versteckten Kraftplatz mit einer speziell hohen Christus-Energie. Es war ein elektrisierender Ort inmitten von Felsen und Olivenbäumen. An diesem Ort fanden immer wieder Rituale und große Zeremonien statt. Abends gingen wir feudal essen.

Huena sagte, wie überzeugt sie von mir sei. Sie wolle mir etwas mitteilen, was sie schon seit der ersten Begegnung verspüre: «Ich weiß, dass hier dein ureigener Platz ist. Ich weiß auch, dass du mein Lichtzentrum übernehmen solltest. Dieser Ort bedeutet mir sehr viel, da ich alles selbst erschaffen habe, aber jetzt ruft mich ein neuer Ort. Ich möchte alles der richtigen Person weitergeben, und das bist du. In dieser Gegend ist der ideale Platz, um den Menschen dein Wissen zu vermitteln, deine Gaben auszuleben und deine Geschichten zu schreiben.»

Ihre samtweiche Stimme war wie geschmolzene Schokolade, die jeden meiner Widerstände auflöste. Sie argumentierte weiter, und wer weiß, vielleicht hätte ich ihr Angebot sogar angenommen, wenn ich alleine gewesen wäre. Aber mit Urs kam so etwas nicht in Frage.

Huena versuchte auch ihn zu gewinnen, doch er war und blieb der standhafte Zinnsoldat.

Eines Tages stellte er mich zu Hause vor die Wahl: «Entweder wir bleiben zusammen, oder dann gehst du allein in dein lächerliches Lichtzentrum. Aber eines sage ich dir klipp und klar: Ich bleibe hier!»

Für mich war es sonnenklar, dass ich mit ihm zusammenbleiben wollte.

Aber Huena bohrte weiter: «Weißt du, im Leben gibt es manchmal echt harte Entscheidungen zu treffen. Und trotzdem sind es Chancen, die sich aber erst danach offenbaren. Sonst wird man die negativen Konsequenzen tragen müssen. Dein Platz ist hier – und übrigens auch der von Urs. Wenn ihr euch eurer Bestimmung widersetzt, wird es mit euren Leben und eurer gemeinsamen Zukunft schwierig werden.»

«Du meinst, dass es zur Trennung kommt?»

«Ja, genau.»

Sie ließ einfach nicht locker. Ein energetisch fletschender Pitbull im süßen Spitzenkleidchen.

Obwohl ich sie durchschaute, fühlte ich mich hin- und hergerissen. Und wenn es dennoch stimmen würde, was sie sagte? Sie, die große Huena, die inkarnierte Göttin, die angesehene mystische Visionärin, die Licht-Informationen in die menschliche Sprache übersetzte?

Wenn ich unter Menschen war, hatte ich nun beinahe täglich Wahrnehmungen. Das war bestimmt eine Folge all der Ausbildungen, in denen es um nichts anderes ging als um Medialität, um Hellsichtigkeit in jeder Form. Mit meiner bereits vorhandenen Sensitivität verstärkte sich diese «Begabung», und ich gelangte in Sphären, auf die ich liebend gern verzichtet hätte.

Da waren einerseits die Fratzengesichter, die sich einfach so über die Menschengesichter legten, mit denen ich gerade zu tun hatte. Ich fürchtete mich davor. Sie plagten mich, denn das zu sehen, quälte den Geist und die Seele. Es geschah ohne äußeren Grund, völlig unvermittelt, und ich bekam jedes Mal einen Riesenschreck, so groß, dass es unmöglich war, mich daran zu gewöhnen. Da war der normale Gesichtsausdruck der Person, dann veränderte er sich schlagartig und wurde zur Fratze, um gleich darauf wieder normal zu sein, als wenn es die Fratze nie gegeben hätte.

Es war ganz selten, dass eine Gesichtsfratze länger als einen Sekundenbruchteil anhielt oder kurz nacheinander nochmals wiederkam. Ich musste mich immer extrem zusammenreißen, um nicht darauf zu reagieren. Trotzdem kam es vor, dass das Gegenüber eine winzige Reaktion wahrnahm und mich darauf ansprach.

Die Erfahrung hatte mich aber gelehrt, dass es meist klüger war, nicht darüber zu sprechen. Denn obwohl ich nicht verstanden wurde, reagierten die meisten Betroffenen gereizt oder verängstigt auf eine solche Rückmeldung. Ich nahm an, dass sich mir die Schattenteile der Menschen in diesen Fratzen offenbarten und dass ich sie wahrnehmen konnte, weil ich einen «sehenden» Blick hatte.

Aber wieso gerade ich dies sehen musste und wieso genau im Moment X – das blieb mir völlig unverständlich. Ich ertrug die Fratzen auf die gleiche Weise, wie andere mit einer chronischen Krankheit zurechtkommen mussten.

Seit Neustem nahm ich nicht mehr nur die Fratzengesichter wahr, sondern ganze Wesen. Sie hingen an den Menschen, vorne, hinten oder seitlich. Manche folgten den Menschen dicht auf dicht oder schwebten sogar über ihnen mit, wie dunkle Ballons an einem unsichtbaren Faden. Die Wesen waren etwa einen halben Meter lang und hatten vier Beine, einen langen Schwanz und glänzten dunkelgrau. Es war ein Mix zwischen Robbe und haarlosem Affen.

An manchen Tagen war die Luft voll von diesen düsteren Wesenheiten. Und an anderen sah ich nur wenige oder überhaupt keine. Höchst unangenehm war, dass ich diesen

Eindrücken ausgeliefert war. Mit meinem Willen konnte ich sie weder beeinflussen noch abstellen.

Im Gegenteil, sie beherrschten mich. Das war anstrengend und schwächte mich. Ich hatte oft Angst, unter Menschen zu gehen, weil ich nie wusste, was mich erwartete.

Eigenartigerweise sah ich «meine» Schlossmenschen kaum je anders als so, wie sie sich präsentierten, nämlich lächelnd und liebevoll.

Nur einmal hatte ich ein Erlebnis gehabt, bei dem sich Huena sehr hässlich zeigte. Ich erlebte sie als Ungeheuer. Das war nachts, ich träumte, wachte halbwegs auf, war aber immer noch im Traum. Huena fiel wie eine Furie über mich her, ein grauenhafter Mix aus Tier und Teufel. Sie versuchte, mich zu töten, war sehr stark und sehr wütend. Ich konnte es nicht fassen, dass sich der Freund plötzlich zum vor Hass glühenden Feind verwandelt hatte.

Schließlich verstand ich, dass es ein harter Kampf um Leben und Tod war, und begann, mit ihr zu ringen. Ungläubig nahm ich wahr, dass meine Kräfte unmerklich zunahmen. Gleichzeitig brach mir dieser Kampf fast das Herz. Als sie schließlich vor mir am Boden lag, gab sie noch immer nicht auf. Schlange! Schließlich überwand ich mich und erwürgte sie.

Dieser Traum hinterließ mich so ratlos, dass ich ihn zwei Vertrauenspersonen vom Schloss erzählte. Beide Antworten überraschten mich. Die eine Person sagte, das sei wie der Kampf zwischen David und Goliath. Wir hätten in einem früheren Leben einen karmischen Zwist gehabt und in diesem Leben auf diese Weise ausgetragen. Die andere Person sagte, das sei ein typischer Initiationstraum, ich hätte meinen eigenen Schatten überwunden und sei nun frei.

Kurz danach sah ich Huena und erzählte ihr den Traum ebenfalls, aber ohne die beiden Deutungen. Sie schaute ganz bestürzt. Dann sagte sie etwas ausweichend, dass er ganz viel bedeuten könne und dass es sich wahrscheinlich um eine karmische Geschichte handle.

Oft setzten wir das Karma und den Ausgleich einer alten Schuld ein, wenn wir nicht weiterwussten. Mit dem heutigen Blick war dieser Traum vermutlich mein erster unbewusster Schritt aus den manipulativen Abhängigkeiten. Aber das war mir damals nicht bewusst.

Es gehörte zu meiner Tageshygiene, mich täglich mit dem Himmel und der Erde zu verbinden, um mich anzudocken. Mit der Waffenrüstung, die wir je nach Situation anzogen, konnte uns nichts geschehen. So stellten wir uns auf einen Sockel und wurden zu unserem eigenen Götzen. Unseren Wahrnehmungen vertrauten wir blind und ungefiltert, sie waren unser Maßstab. Deshalb konnte es durchaus sein, dass wir bestimmte Restaurants, Orte oder Menschen plötzlich mieden, weil wir deren scheinbar dunkle Energien nicht mehr ertrugen.

Ich war zutiefst überzeugt, Gutes zu tun. Wirklich! Wurde ich gefragt, ob ich gläubig sei, antwortete ich stolz: «Ja, der Glaube ist mir sehr wichtig, ich bin gläubig!» Ich war so überzeugt davon, dass ich ohne jede Hemmung oder Scham bei jeder Gelegenheit über meinen Glauben redete und in aller Öffentlichkeit für andere betete. Auf meine Weise natürlich.

Meiner gläubigen Schwester gegenüber behauptete ich: «Ich bin gläubiger als du! Ich bete viel mehr als du und verbringe auch mehr Zeit mit meiner Spiritualität als du!»

Sie schwieg wohlweislich.

Meine spirituellen Weggefährten sagten, mich umgebe ein helles Licht. Urs sah zwar nichts davon, aber unsere Beziehung hatte sich ein wenig beruhigt, seit wir uns gegen die Auswanderung entschieden hatten. Doch das Thema «Schloss» war nach wie vor ein rotes Tuch für ihn.

Es machte mir Sorgen, dass er sich seinem Weg so trotzig widersetzte. Er wiederum hielt mir vor, dieses Abrakadabra verdrehe mir den Kopf.

Ja, und damit hatte er offensichtlich nicht ganz unrecht, denn ich lebte tatsächlich in meinem persönlichen «Disneyland». Als ich sogar begann, den Atem unseres Hauses zu hören, wenn es ganz still war, begann auch ich mir einzugestehen, dass ich wohl tatsächlich in Schieflage geraten war.

Bei einem Treffen im Schloss begegnete ich Huena wieder. Zu der Zeit war ich weiter am Aufwachen.

Sie sagte mit ernster Stimme, sie nehme eine seelische Panzerung bei mir wahr. Da seien noch Widerstände. Es sei wichtig, dass ich ganz frei werde, damit ich meine für dieses Leben vorgenommene Aufgabe vollumfänglich ausüben könne. Sie helfe mir gerne dabei.

Unterkühlt sagte sie: «Nalia, ich kann keinen Kontakt zu dir herstellen. Du bleibst mir verschlossen, der Himmel über dir und dein Lebensbuch ebenso. Ich komme nicht durch! Warum hast du dich abgekapselt? Du begibst dich auf Glatteis. Ich bin sehr traurig und mache mir Sorgen um dich.»

Das fand ich sonderbar. Sie, der so viele Menschen liebend gerne die Füße wuschen, kam gerade bei mir nicht durch?! Wie war das möglich? Könnte es sein, dass Urs recht hatte? War es wie im Märchen von Hans Christian Andersen «Des Kaisers neue Kleider», als der Kaiser für viel Geld bei Betrügern neue Kleider bestellte?

Die Betrüger gaukelten ihm vor, dass seine prächtigen neuen Gewänder nur von den Menschen erkannt würden, die intelligent und der Ehre würdig seien. Der Kaiser selbst sah die Kleidung zwar auch nicht, aber aus Eitelkeit schwieg er. Alle machten tiefe Bücklinge und lobten das prachtvolle Gewand, bis bei einem Festumzug auf einmal ein Kind ausrief: «Aber er hat ja gar nichts an! Der Kaiser ist ja nackt!»

War auch dieser Weg bloß ein *vermeintliches* Kaisergewand, eine kolossale Illusion, ein Lügengebilde, mit dem Menschen, die wie ich nach Erfüllung suchten, geködert und gerupft wurden?

Durch immer neue Fantasiegeschichten über die vermeintliche Auserwähltheit wuchsen Ego und Stolz dermaßen, bis sich die Person irgendwann in einer ausgewachsenen Verblendung wiederfand. Das war der Moment, wo das vermeintliche Kaisergewand zur zweifelsfreien Realität wurde. Abkapselung von den «Dummen» und viel Gemeinschaft mit Gleichgesinnten verstärken bekanntlich solche Prozesse.

Was war mit all den energetischen und mentalen Zugängen, Toren, Schlüsseln, die wir erhielten, um den inneren Frieden zu finden und zu werden wie Jesus? Auch alles Lügen?

Wo war die Handvoll hoch angesehener Menschen, die plötzlich von der Bildfläche verschwanden, und kaum waren sie weg, wurde über sie hergezogen?

Hatte ich mich da in etwas ganz Dummes reingeritten und am falschen Ort vertraut?

Immer und immer wieder erinnerte ich mich an die Worte von Huena, bis sich mir deren Sinn erschloss. Offenbar konnte sie mich medial nicht mehr erreichen. Wer hatte ihr den Riegel vorgeschoben? Ich war es nicht gewesen. Sie selbst bestimmt auch nicht, Urs konnte ich ebenfalls ausschließen, Einbildung war es auch nicht. Sonderbar.

Im Nachhinein bin ich überzeugt, dass der lebendige Gott in diesem Moment eingriff und mich herauszuziehen begann. Vielleicht auch, weil meine Schwester regelmäßig für mich betete, denn sie war verständlicherweise in großer Sorge um mich.

Ich begann mich neu zu sortieren, stand vor dem Schloss-Debakel wie vor einem Trompe-l'oeil-Gemälde[15] und begann plötzlich zu ahnen, dass die Treppe in der Wand gar nicht real war, sondern nur gut hingepinselt. Ich war *ent*täuscht.

Wie konnte ich bloß so naiv sein? Dann erinnerte ich mich wieder an die Drohung: «Wenn ihr euch von diesem

Weg entfernt, nehmen wir euch alle energetischen Zugänge und Fähigkeiten weg und schicken euch ins ewige Eismeer.»

Ich hatte über dieses ewige Eismeer nachgeforscht, aber nichts Stichhaltiges gefunden. Nun wurde mir bis auf die Knochen bewusst, dass auch das ein Märchen war und – vor allem – dass ich stärker war als diese Fantastereien.

Eins ums andere fiel in sich zusammen und sollte nicht mehr hinterlassen als eine trübe Staubwolke. Mehr und mehr erwachte ich und stellte fest: Es war nur so lange wahr, wie ich daran glaubte. Eben doch wie des Kaisers neue Kleider.

Ich kontaktierte eine «Verschollene». Sie ermutigte mich, die gefährliche Blase zu verlassen und mich von allem abzuschneiden. Mittlerweile war mir bewusst, wie abhängig und süchtig ich war.

Wenn ich mich mit meinen Weggefährten etwas kritischer über das Schloss austauschen wollte oder etwas zu hinterfragen wagte, rasteten sie sogleich aus und distanzierten sich von mir. Sie ertrugen nicht den kleinsten Zweifel.

Das wiederum bestätigte meine Zweifel.

In dieser Zeit tauschte ich mich viel mit Urs aus, und wir analysierten das Geschehene, was mir viel Klarheit brachte. Ein paar Monate später verabschiedete ich mich offiziell. Entgegen der geäußerten Drohungen geschah überhaupt nichts. Niemand reagierte, ich fand mich auch in keinem Eismeer wieder.

Ein paar Monate später schaffte auch Evelyne den Absprung.

Ich bedauerte sehr, dass ich alle Unkenrufe von Urs dermaßen überhört hatte. Dafür war ich stolz darauf, dass er sich nicht hatte manipulieren lassen. Er machte mir aber auch deutlich klar, wie schwierig und oft unerträglich die Situation gewesen war und dass nun endgültig Schluss sei mit stinkenden Räucherstäbchen.

Ich war sehr dankbar für seine Geduld und dafür, dass er

mich nicht aufgegeben hatte. Aber es brauchte seine Zeit, bis die Beziehungswunden verheilten.

Seelisch ging es mir nicht gut. Ich fühlte mich verloren, schlief schlecht. Und inzwischen plagten mich mehrere Albträume, nicht nur bloß der «eine». Einschlafen machte mir Angst.

Doch dann geschah etwas Unerwartetes. Am Karfreitag 2011 erlebte ich meinen letzten Tag. Glaubte ich. Ich saß vor meinem Altar und meditierte. Plötzlich verkrampfte sich mein Herz. Es war so extrem, dass ich mich auf den Boden fallen lassen musste und kaum mehr atmen konnte, geschweige denn Urs rufen konnte, der sich im oberen Stock aufhielt. Ich atmete schwer und weinte vor Schmerz.

In meiner Not betete ich zu Gott, und diesmal wirklich zu ihm: «Gott, wenn es dich wirklich gibt, dann hilf mir, oder nimm mich zu dir!»

Das Gebet wurde erhört, denn mein Herz entspannte sich nach ein paar Minuten, und das Atmen ging leichter. Trotzdem wollte ich wissen, was mit mir los war, und ging am Osterdienstag zum Arzt.

Der untersuchte mich und sagte dann: «Ihr Herz ist völlig gesund!»

«Wieso hatte ich dann diesen grauenhaften Herzschmerz?»

«So ein Herzkrampf ist etwas wie ein Muskelkater und kann auftreten, wenn man sehr starken Stress hat. Ist das bei Ihnen der Fall?»

Ich verneinte und meinte es ehrlich. Erst ein paar Stunden später wurde mir bewusst, dass der Riesenstress, in dem ich mich befand, diesen Herzkrampf ausgelöst hatte. Dass nun sogar mein Herz als zentrales Organ darauf reagierte, fuhr mir extrem in die Glieder.

Gott hatte meinen Hilfeschrei tatsächlich erhört. Noch heute bekomme ich Gänsehaut, wenn ich daran denke. Es ist alles so gut gemacht. Der Mensch hat die Freiheit, sich für oder gegen Jesus und seine Botschaft zu entscheiden.

Solange er sich nicht bewusst dafür entschieden hat, wird er an der langen Leine gehalten. Wie ich. Doch sobald der Mensch Gott um Hilfe ruft, verspricht der Bibelvers in der Apostelgeschichte, Kapitel 2, Vers 21: «Jeder, der den Namen des Herrn anruft, wird gerettet werden.»

Jeder, das sind einhundert Prozent. Und es ist wahr, ich kann es bezeugen.

Doch ich sollte noch eine kurze Runde weiterbraten, bevor die endgültige Wende kam. Ich war verunsichert. Der Herzschmerz war weg und mein Hilfeschrei zu Gott bereits vergessen.

Wenige Wochen später ging ich zu einer Fotografin, ich brauchte neue Bilder. Ich kannte sie nicht sehr gut, aber ich mochte sie, denn wir hatten die Esoterik als gemeinsames Hobby.

Beim Mittagessen sagte sie unvermittelt: «Ich habe mein Leben völlig umgekrempelt und folge jetzt Jesus nach! Und stell dir vor, ich ließ mich sogar taufen! Seither hat sich viel verändert. Ich bin ausgeglichener und zufriedener geworden, sogar meine Familie bestätigt es.»

Ich traute meinen Ohren nicht. So etwas hätte ich zuallerletzt erwartet. Claudia – plötzlich gläubig? Dass sie ein Bibelgretchen würde, war ungefähr so unwahrscheinlich wie die Sache damals, als Milan meinen Fingerring im Sand gefunden hatte.

Und doch, es war so. Claudia lud mich zu einem Gottesdienst in ihre Kirche ein, und ich sagte natürlich zu. Nicht wegen des Gottesdiensts, sondern weil mich ihre Umkehr aufkratzte. Wenn Claudia Christin war, dann konnte dieser Jesus nicht ganz so verstaubt sein, wie ich bisher angenommen hatte. Ja, Jesus begann mich zu interessieren. Es war nicht das lodernde Feuer, aber doch genug, dass ich mich am Sonntag früh aus den Federn wälzte.

Ich erinnere mich genau, wie ich zum ersten Mal im Gottesdienst saß. Es war unglaublich, ich verstand kein Wort.

Demzufolge saß ich da und langweilte mich. Doch plötzlich geschah etwas, womit ich nie im Leben gerechnet hätte.

Wie ein weiter Mantel legte sich eine weiche, helle Wattedecke über mich. Gleichzeitig wurde mir unglaublich heiß, aber es war keine normale Hitze. Ich wusste: *Das muss Liebe sein!* Eine Liebe, wie ich sie in meinem ganzen Leben noch nie gefühlt hatte. Nicht mal im Schloss, wo sich doch alles um Liebe gedreht hatte.

Nun saß ich da, ganz still, bewegte mich nicht, atmete kaum und hoffte, dass dieser Moment nie zu Ende ginge.

Und tatsächlich, dieser Liebestaumelwärmewattemantel blieb bis am Donnerstagnachmittag. In dieser Zeit fühlte ich mich anders als sonst, es gab mir Vertrauen in etwas, wovon ich noch nichts ahnte.

Ein paar Wochen später lud Claudia mich ein, mit ihr zusammen einen Glaubensgrundkurs zu besuchen, Alphalive-Kurs hieß er. Ich sagte sofort zu, und wenige Monate später saß ich astrein einmal pro Woche zwischen diesen Christen, die übrigens gar nicht so abnormal waren, wie ich immer gedacht hatte. Darunter gab es außer mir noch ein paar andere Verwackelte, die in irgendwelchen trüben Lebenssümpfen herumgeirrt waren.

Jeder Abend begann mit einem soliden Abendessen, Nudelsalat – für Schweizer: Hörnlisalat – oder Wiener Würstchen im Schlafrock und so. Danach folgte ein Input vom Pastor, und nachher traf man sich in der Kleingruppe, um darüber zu diskutieren.

Ich hatte Glück mit meinen Kleingruppenleitern. Der Pastor erzählte in einem Input beispielsweise, die Bibel sei kein Märchenbuch, sondern wahr. Darauf ermunterten uns die Kleingruppenleiter, nächstes Mal eine Bibel mitzubringen:

«Wenn ihr eine kauft, dann wählt ‹Hoffnung für alle› oder ‹Die Gute Nachricht›. Diese Übersetzungen sind für Neulinge viel einfacher zu verstehen.»

Dann begannen die Diskussionen und Einwände.

«Ich kann die Bibel nicht lesen. Entweder schlafe ich ein dabei, oder dann stelle ich am Ende eines Absatzes fest, dass ich kein Wort verstanden habe.»

«Dann bete zu Jesus. Bitte ihn, dass er deinen Geist öffnet, damit du verstehst und die Bibel lebendig wird für dich!»

«Wieso soll ich in der Bibel lesen, und wie weiß ich, ob sie wirklich wahr ist? Zudem steht so viel Schlimmes drin, Mord und Totschlag, ich bringe das nicht mit einem Buch zusammen, das von Gott stammen soll.»

«Die Bibel ist das Wort Gottes. Wenn du sie liest, wird dein Glaube stärker. Beginn mit dem Johannes-Evangelium, und lies danach die anderen Evangelien, Matthäus, Markus und Lukas. Die sind einfacher zu verstehen als das Alte Testament.»

Wir löcherten unsere Kleingruppenleiter, denn wir hatten viele Fragen: Wie die Bibel zustande kam, ob es Beweise für ihren Wahrheitsgehalt gibt, wieso die Übersetzungen sich unterscheiden, wer entschieden hat, welche Bücher in der Bibel aufgenommen werden, nach welchen Kriterien das geschah, was mit den nicht aufgenommenen Texten geschah, die Unterschiede zu Koran und Thora …

Ich dachte, ich vergesse es mit dieser Bibel. Doch es ließ mir keine Ruhe, und so trabte ich beim nächsten Mal mit einer funkelnagelneuen Bibel an und hatte bereits ein Register eingeklebt. So war ich fast ebenso schnell wie die Cracks, und es fiel nicht auf, dass ich keinen blassen Dunst hatte, wo dieser Johannes oder dieser Lukas in diesem Buch zu finden waren.

Wenn wir die Inputs des Pastors hörten und er einen Bibelvers zitierte, dann gab es doch tatsächlich Menschen, die sofort ihre Bibel zückten und am entsprechenden Ort aufschlugen, dabei war der Bibeltext beim Rednerpult groß auf die Leinwand projiziert. Waren die kurzsichtig, oder mochten sie die raschelnden Seiten? Gehörte das zum Gläubigen-Groove?

Und dann das viele Beten. Sogar vor dem Essen beteten

die! Wie war das, musste ich auch für ein Essen danken, das mir nicht geschmeckt hatte?

Die Kleingruppenleiter waren sehr verständnisvoll. Sie sagten, niemand solle sich gezwungen fühlen, laut zu beten, und sie hätten uns genauso gern, so oder so. Und Jesus sehe sowieso als Einziger in unsere Herzen, das sei viel wichtiger, als eine noch so gelungene Show abzuziehen.

Das entlastete mich.

Aber es gab schon einiges, was ich nicht verstand.

Einmal sagte der Pastor: «Jesus ist die Quelle. Nur bei ihm wird euer Durst gelöscht. Und nur bei ihm findet ihr wahren Frieden.»

Ich fand das interessant, hatte ich doch immer nach der Quelle gesucht. Was wäre, wenn Jesus wirklich die Quelle wäre? Wenn ich da tatsächlich endlich zur Ruhe kommen würde? Aber nach all meinen Irrwegen war meine diesbezügliche Hoffnung kaum mehr vorhanden.

Das nächste Mal sagte der Pastor: «Ihr könnt nicht lauwarm glauben. Ihr könnt nicht ein wenig an Jesus Christus glauben und noch ein wenig an andere Dinge oder andere Götter. Es braucht eine Entscheidung. Wenn ihr es wollt, dann entscheidet euch für ein Leben mit Jesus, exklusiv und ohne alles andere.»

Ich fühlte mich ertappt, machte ich doch genau das. Ein Birchermüesli aus Jesus, Buddha, Babaji, meinen Krafttieren, Engeln, Drachen, meinem hochheiligen Altar, den Kerzen, Statuen, meinem ganzen Arsenal! Ich wollte gern mit Jesus unterwegs sein und mich für ihn entscheiden, aber nicht ohne meinen Tribe! Anders gesagt, ich wollte beides: Jesus UND meine Krücken.

Es fiel mir mehr als schwer, mich nur für ihn allein zu entscheiden. In der Kleingruppe war ich ganz still. Ich wusste ja, dass mein Konzept nicht aufging, also wieso darüber diskutieren? Aber in mir gärte und blubberte es.

Ein anderes Mal sagte der Pastor etwas für meine Ohren sehr Brutales: «Es gibt nur einen einzigen lebendigen Gott. Man darf nicht an mehrere Götter glauben.»

Was? Wie geht das, wie meint er das?

In der Kleingruppe erklärte das Ehepaar, dass die Menschen sehr oft mehrere Götter haben, das wären dann Götzen, also quasi Konkurrenz zu Gott. Wie damals, als sie das Goldene Kalb anbeteten, kaum dass Mose weg und mit Gott beschäftigt war. Heute könnten Götzen der Beruf sein, die Kinder, der Partner, das Geld, das Auto, der Sport, das Schloss, das faltenfreie Gesicht, einfach etwas, das wir über Gott stellten. Das sei nicht gut, weil Gott die Nummer eins sein wolle in unserem Leben.

Ich fand das kurios, denn meiner Meinung nach war Gott in meinem Leben an der ersten Stelle, auch vor Urs.

Die Kleingruppenleiter schwiegen zu meinem Einwand, und das war so was von weise.

Später am Abend verbiss ich mich noch fester in meine Behaupterei.

Das Ehepaar riet mir, selbst darüber zu beten: «Gott wird dir die Antwort geben! Frag Jesus, er hört alle Gebete!»

Dann bekam ich ein drittes Mal eine Watsche, die schlimmste von allen. Der Pastor behauptete, dass es den Teufel tatsächlich gäbe. Er würde in der Bibel immer wieder erwähnt und zeige sich in ganz unterschiedlichen Formen. Er sei ein Lügner und ein Durcheinanderbringer und zeige sich manchmal verführerisch als weißer Engel.

Sofort dachte ich ans Schloss und all die Menschen. Mich schauderte: Das waren doch alles weiße Engel, und überdies waren sie verführerisch. Sie sprachen ständig von Licht und Liebe, aber wehe, man hatte eine andere Meinung.

Aufgewühlt ging ich in die Kleingruppe und sagte, dass ich offenbar kolossal ausgerutscht war und weißen Engeln vertraut hatte, die eben genau solche verkleideten Teufel waren. Ich wünschte ein Gebet, um davon freizukommen.

Ein weiteres Mal reagierten die Kleingruppenleiter genau so, wie ich es brauchte. Hätten sie nämlich gesagt: «Komm, wir beten!», hätte ich höchstwahrscheinlich gedacht, dass es nicht funktionierte.

Sie aber sagten: «Zoë, bete selbst und sage dich los davon!»

Ich war sprachlos: «Was, *ich* soll beten? Ich hab so was noch nie gemacht – und dann noch laut, vor anderen Menschen?»

«Doch, du kannst das. Jesus hört ganz besonders auf die Gebete der ‹Babys›, er ist ein großzügiger, barmherziger Gott und wird dein Gebet ganz sicher erhören!»

So stotterte ich mein erstes öffentliches Gebet und konnte mir nicht vorstellen, dass irgendwer ein dermaßen unbeholfenes Gefasel ernst nehmen könnte. Doch tatsächlich: Etwas fiel spürbar von mir ab. Und ich bekam Lust, Ordnung zu machen.

Es war schon spät, als ich zu Hause ankam. Aber jetzt schlafen gehen? Unmöglich. Es drängte mich, unbedingt aufzuräumen. Mit großem Elan durchstöberte ich mein Reich.

Nach mehreren Tagen standen etwa zwanzig gefüllte Papiersäcke voll krasser Ware da. Ich hatte das Gefühl, dass die Säcke wackelten. Der Inhalt schien lebendig zu sein, wollte aus den Säcken raus und zurück an seinen Platz. Viele rituelle Gegenstände, die ich in wochen- oder monatelanger Arbeit und mit großer Liebe selbst hergestellt hatte. Mein Herz tropfte zwischendurch, aber ich wischte jedes Gefühl weg, denn ich wusste: *avanti,* fertig jetzt und tschüss damit.

Ich hatte verstanden, dass sowohl Jesus als auch der Teufel existieren. Und ebenso, dass meine Ritualgegenstände unbiblisch waren. Das musste nun einfach weg. Ich erinnere mich nicht mehr, wie viele Bücher und CDs ich aussortierte, genauso wie meine Kristallsammlung, den Kristallschädel, die Heilsteine, Federn, Räuchermischungen, Essenzen, und dann natürlich meinen geliebten Altar, die Göttervergrößerungen und schließlich die prallvollen Ausbildungsordner.

Das Schlimmste aber waren die Zeremonialgewänder, an denen ich sehr hing. Da waren so viele Träume, Gedanken,

Tränen und Hoffnungen hineingewebt, hineingestickt, hineingenäht. Wie viele Monate hatte ich daran gearbeitet! Schluss damit.

Dann die esoterischen Shirts mit üppiger Jesusromantik. Einen Moment lang dachte ich, dass ich diese Dinge doch noch verhökern könnte – NEIN! Das Material sollte nicht zu jemand anderem wandern und sich dort womöglich erneut ausbreiten.

In solchen Momenten ist der finanzielle Verlust das allerkleinste Übel. Man darf an nichts anderes denken und muss einfach nur handeln. Dafür winkt der Preis, nämlich Freiheit.

Den Samstag konnte ich kaum erwarten, um das Auto zu füllen und alles zu entsorgen. Danach spürte ich eine große Erleichterung, und im Haus wurde es heller. Ich meinte, alles weggeworfen zu haben, aber noch Monate später fand ich immer wieder irgendwelche Dinge zum Entsorgen.

Mit jeder Säuberungsaktion wurde es friedlicher und entspannter zwischen Urs und mir. Dass ich nun beim christlichen Glauben andockte, störte ihn nicht, obwohl er kirchenfern lebte.

Zwei Monate später fand ein Wochenende zum Thema «Wer und was ist der Heilige Geist?» statt. Ich wusste kaum etwas über diesen Heiligen Geist und empfand ihn als viel abstrakter als Jesus oder Gott. Irgendwann kam der große Moment.

Der Pastor kündigte eine viertelstündige Pause an und sagte: «Alle, die ihr Leben in die Hände von Jesus legen möchten, sollen nachher wieder im Raum sein!»

Ich meinte, es völlig cool zu nehmen, dabei war ich extrem aufgeregt. Ich hatte auch nicht wirklich Lust, diesen Schritt zu tun, spürte aber innerlich, dass es meine letzte Chance war. Ich hatte meinen Lebensfaden so erfolgreich komplett falsch gewickelt – und nun stand ich da, verirrt, verwirrt, verloren.

Ich sagte zu mir selbst: «Wenn du die heutige Chance

nicht packst, dann kannst du dich gleich in den Sarg packen und den Deckel über dir zuschlagen.» Rumms!

Die fünfzehn Minuten waren unglaublich schnell zu Ende. Plötzlich waren alle bereits drinnen, und ich stand ganz allein vor der bereits geschlossenen Tür.

Einen Moment lang zögerte ich, und ein esoterischer Gedanke drängte sich vor: «Wenn es der richtige Moment wäre, dann stünde die Tür für dich noch offen!»

Ich überwand mich, verwarf den Gedanken, und drückte die Klinke herunter. Das heißt, ich wollte es tun, schaffte es aber erst, nachdem ich so richtig Anlauf genommen hatte und sie mit aller Kraft herunterdrückte. Wieso war die plötzlich so schwer?! Auch das Aufstoßen der Tür schaffte ich kaum. Da mussten Kräfte im Spiel sein, die das verhindern wollten, anders konnte ich es mir nicht erklären.

Mir schien, dass sich der Pastor freute, als er mich hereinkommen sah, und dass er darauf gewartet hatte, bevor er uns in die Kleingruppen wegschickte.

Mein Kleingruppenleiter gab mir einen Zettel, darauf war ein sogenanntes Lebens-Übergabegebet geschrieben:

«Jesus Christus, danke, dass du mich liebst und mir begegnen willst. Es tut mir leid, dass ich bisher ohne dich gelebt habe und Dinge tat, die dir nicht gefallen. Bitte vergib mir meine Sünden! Danke, Jesus, dass du für meine Schuld am Kreuz gestorben bist und mir alles vergibst. Ich vertraue dir, dass du mir ein neues und ewiges Leben schenkst. Bitte komm in mein Leben und übernimm die Leitung. Heile du alle Wunden meines Lebens und verändere mich durch deinen Heiligen Geist so, wie du mich haben willst. Danke, lieber Vater im Himmel, dass ich nun dein Kind sein darf und du in meinem Herzen bist! Ich danke dir, dass du dieses Gebet erhörst. Amen!»

Er fragte mich vorab, ob ich etwas bereue von dem, was ich bisher gemacht hatte, und ob ich das bekennen möchte.

Ich verneinte, denn mir war nichts bewusst, ich fand mich ganz okay.

Glücklicherweise konfrontierte er mich nicht, sondern sagte nur, dass ich das Gebet laut und langsam lesen solle.

Bevor ich damit begann, kündigte ich an, dass dieses Gebet nur bis zum 31. Dezember 2011 gelte. Ich wolle eine Art Probezeit mit Gott und in dieser Zeit so richtig christlich leben, in jeder Beziehung, und an Silvester erst endgültig entscheiden, ob dieser Weg wirklich besser sei als der bisherige.

Glücklicherweise verhandelte der Kleingruppenleiter wieder nicht, sondern akzeptierte meinen «Deal» mit Gott.

So las ich das Gebet laut und langsam. Der Himmel öffnete sich nicht, es flogen auch keine weißen Tauben durch den Raum, nein, alles verlief ganz ruhig. Ich las die Worte, fühlte nichts und verstand nicht wirklich. Aber ganz sachte nahm ich eine sanfte Wärme wahr in meinem Herzen, und ein unbeschreiblicher Friede, den man in keiner Meditation erreichen kann, breitete sich in mir aus. Damit hatte ich nicht gerechnet.

Es war Sonntag, der 30. Oktober 2011.

KAPITEL 12
Auf der Galaxy Christiania gelandet
....

Aufgewühlt und etwas wacklig traf ich nach diesem Wochenende zu Hause ein, denn die neuen Schuhe waren noch nicht wirklich bequem.

Urs erwartete mich interessiert.

Ich wusste nicht genau, was und wie ich ihm von meinem Übergabegebet erzählen sollte, denn ich brauchte noch etwas Zeit, bis die Worte und Gefühle zu schlüssigen Sätzen zusammenfanden. Auch befürchtete ich, dass er alles zerreden oder verrationalisieren würde, und dafür war mir meine Erfahrung zu kostbar.

Aber es kam anders. Er hörte zu, etwas erstaunt zwar und mit einem einmal leicht nach oben zuckenden Mundwinkel. Offensichtlich verkniff er sich ein Lächeln, dachte aber bestimmt:

«Voilà, und hiermit, sehr geehrtes Publikum, sehr geehrte Damen und Herren, liebe Freunde, Bekannte und Verwandte, sind wir beim nächsten Trip unserer umtriebigen Zoë angekommen! Warten wir gemeinsam ab, wie lange es diesmal dauert!»

Während wir zusammen kochten, erwähnte Urs in neutralem Tonfall plötzlich etwas, das ich verbockt hatte. Es war nichts Schlimmes, vielleicht geflickte Schuhe, die ich abzuholen versprochen und dann vergessen hatte.

Normalerweise hätte ich so reagiert: «Oh nein, Urs, das hast du komplett falsch verstanden. Es war nämlich so …», und hätte mich herausgeredet. Doch diesmal hörte ich ihm aufmerksam und ohne zu kontern zu, nahm seine Worte ernst, und plötzlich fühlte ich mich betroffen und entschuldigte mich sogar.

Mein Verhalten überraschte mich selbst, das kam unmöglich von mir. Auch Urs schien es aufzufallen.

Auf diese Weise begann Jesus, mich Schritt für Schritt zu verändern. Er veränderte mein Herz und erneuerte diverse

Gedanken. In einem Tempo, das mich forderte, aber niemals überforderte.

Ich fühlte mich wie ein Kind auf einer bunt bemalten Schaukel. Jesus hielt die beiden Seile, und ich wusste: *Ich kann unmöglich fallen, denn er hält mich, auch wenn mir manchmal der Wind um die Ohren pfeift.*

Ich weiß, es klingt wie in einer billigen Werbung, aber es war tatsächlich so, dass es mir jetzt besser ging denn je. Es waren nicht gerade Dauerferien am Meer, aber jedenfalls war kein Eisberg mehr in Sicht. Keine Wildschweine und auch keine schlagenden Männer mehr.

In den ersten Wochen benutzte Jesus immer wieder Urs, um zu mir zu sprechen. Warum auch nicht, las ich in der Bibel doch auch von einem Esel, durch den Gott gesprochen hatte. Wenn es mit Tieren funktionierte, dann erst recht mit Menschen. Gott wusste, was richtig war.

Übrigens bewirkte dieses Vorgehen gleich zwei gute Dinge. Erstens bestätigten mir diese «Urs-Sätzchen», dass ich tatsächlich einen Platz in der Anfänger-Klasse der himmlischen Jesus-Universität ergattert hatte, und zweitens begann ich, Urs mit neuen Augen zu sehen.

So hörte ich beispielsweise überrascht hin, als er mir sagte, dass er sich auch gerne zu bestimmten Entscheidungen äußern würde, die ich bisher ohne ihn getroffen hatte.

Dass ich mich so verhielt, wurde mir erst jetzt bewusst. Indem ich Urs näher an mich heranließ und ihn mehr einbezog, stellte ich fest, dass er mir wohlgesinnt war und bereichernde Ideen hatte. Dieser Schritt lohnte sich also mehrfach.

Jesus gab mir dadurch zu verstehen, dass mein Partner respektiert und geachtet werden wollte.

Ich trug diese beiden für mich eher abstrakten Wörter herum wie eine neue Frisur, die zwar nett aussieht, aber in der ich mich noch kaum wiedererkannte. Mit der Zeit begann ich ansatzweise zu erahnen, wie Respekt und Achtung in einer Beziehung verbal umgesetzt werden könnten.

Ich war betroffen, musste ich mir doch eingestehen,

dass ich mich bei meinen Partnern bisher mehrheitlich «anders» verhalten hatte. Bei ihnen wusste ich grundsätzlich alles besser, und auch meine Ausdrucksweise konnte ungalant ausfallen.

Ich bat Jesus um Hilfe. Er räumte aus, was Achtung und Respekt verunmöglichte, ganz besonders Rechthaberei und Besserwisserei. Darunter fand er eine versteckte, hartnäckige Verachtung den Männern gegenüber, die in unserer Frauenlinie seit Generationen weitergegeben wurde. Die besiegte er auch. Deren Wurzeln waren brutal zäh, aber Jesus schaffte es überraschend schnell.

Nun konnten Respekt und Achtung entstehen. Danach musste ich mich noch entsprechend verhalten. Das schaffte ich zwar nicht immer. Aber wenn ich es tat und Jesus im Himmel zufrieden nickte, ich also meine Sätzlein und Anliegen artig formulierte, dann reagierte Urs nicht etwa mit einem fröhlichen Luftsprung, sondern immer einen Tick zeitversetzt, bevor er antwortete.

Es schien, als ob er meine neue Melodie zuerst innerlich nochmals abspielen müsste, um sich zu vergewissern, sich auch bestimmt nicht verhört zu haben.

Eigentlich waren das «geistige Operationen», aber im Unterschied zu früher hatten sie eine bleibende Wirkung. Das war stückweise Heilung, die mir niemand mehr rauben konnte und die auch auf keiner Einbildung beruhte.

Ich brauchte Zeit, bis ich das Neue verstand, denn es war mir alles sehr fremd. Und um zu glauben, musste ich zumindest die großen Zusammenhänge einigermaßen verstehen. Deshalb las ich mir auch das Übergabegebet mehrere Monate lang jeden Tag in der Stillen Zeit laut vor, bis ich schließlich verstand, was es bedeutete.

So war es auch mit dem Sündenbewusstsein. Ich hatte angenommen, Sünde beschränke sich auf Mord und Totschlag, und da ich keines von beidem getan hatte, war ich doch bestimmt sündenfrei.

Mit der Zeit wurde mir aber bewusst, dass ich falschlag und dass Sünde all das ist, was ich denke, fühle oder tue, nachdem ich von Gottes Schoß heruntergerutscht bin und ihm mehr oder weniger trotzig den Rücken zudrehe.

Auch wenn das Kind es manchmal nicht gerne hört, es kopiert trotzdem seine Eltern und übernimmt ganz viele ihrer Verhaltensweisen und Denkmuster. Das geht bis zu familieninternen Lieblingsrezepten, die von Generation zu Generation weitergereicht werden, Vaters Geschäft, das man weiterführt, oder gleiche Hobbys, die man weiterpflegt. Im Normalfall lieben die Kinder ihre Eltern. Auch wenn diese sich nicht immer so verhalten, wie es die Kinder gerne hätten, schmälert das deren Liebe nicht.

Auch ich liebte den himmlischen Vater. Somit sollte ich doch hochmotiviert sein, mich mit ihm zu befassen, ihn kennen zu lernen und zu kopieren, oder nicht? Es sollte mir doch wichtig sein, mich so zu verhalten, dass er stolz auf mich war, richtig? Nun erst verstand ich, dass Sünde offensichtlich alles andere ist, also eben das, was Gott keine Freude macht. So musste ich alle biblischen Grundsätze und Fachausdrücke für mich durchkauen, verdauen und dann so durchbuchstabieren, bis ich sie verstehen konnte.

In einem Gottesdienst ging es noch einen Schritt weiter. Da hörte ich, es gebe weder große noch kleine Sünden. Nein, Sünde sei Sünde. Wie wusste ich konkret, was Sünde war? Indem ich mich fragte: Hätte Jesus Freude daran? Auf diese Weise erschlossen sich mir meine eigenen Sünden, und mir wurde bewusst, dass auch ich keineswegs über alle Zweifel erhaben war.

Ich stellte beispielsweise fest, dass ich mich selbst ziemlich hässlich fand. Das ging so hin und her, bis mir plötzlich bewusst wurde, dass ich mich durch meine Besserwisserei über Gott stellte. Wenn er mich erschaffen hatte und ihm keine Fehler unterliefen, dann galt das auch für mein Aussehen.

Diese Erkenntnis überflutete und ertränkte alle meine vermeintlichen Minderwertigkeiten. Ich kroch zum Kreuz und bat Jesus um Vergebung. Und bat ihn zudem, mich mit *seinen* Augen sehen zu lernen.

Er hat auch diesen Wunsch erfüllt, und mittlerweile bin ich längst dankbar für meine optische Einzigartigkeit.

Monatelang war ich mit solchen Themen beschäftigt. Auch dazu sprach Gott immer wieder durch Urs. Es dauerte seine Zeit, bis die Groschen zu fallen begannen, und auch heute klirrt es immer wieder mal, weil wieder einer über den Boden kullert. Wurde mir eine Sünde bewusst, dankte ich Jesus dafür, denn es war ein Zeichen, dass er mich erneuerte.

So gewöhnte ich mich langsam an diese neuen Jesus-Schuhe. Sie gefielen mir, weil sie avantgardistisch waren und trotzdem deutlich bequemer als alle früheren zusammen. Aber vor allem war die scharfe Schuhspitze weg, so dass ich weniger oft stolperte. Mein Leben wurde für meine Begriffe fast abnormal lieblich, und auch die innere Stabilität fand ich eher beunruhigend. War es diesmal wirklich anders?

Ich hatte das Gefühl, dass Gott extrem liebevoll mit mir umging. Da war nichts vom strengen, schimpfenden Übervater, wie ich ihn mir vorgestellt hatte. War er grundsätzlich so, oder hatte das mit mir persönlich zu tun? Warum war er so lieb mit mir? Es war mir fast peinlich. Lieber etwas weniger, dafür für immer. Weil, ganz ehrlich, es konnte ja nicht sein, dass das nun bis zum Tod so weiterging. Irgendwann musste die Beschwernis wieder losgehen, oder?!

Manchmal überfielen mich Schuldgefühle, weil es mir nun so gut ging. Wie früher meiner Schwester gegenüber. Sie war behindert, ich nicht. Aber diesmal betraf es nicht die Schwester, sondern andere Christen, denn ich sah doch, dass die verschiedenen Christenleben ganz unterschiedlich verliefen. Es war mir schleierhaft, warum es so divergierend ablief. Gnade, ein Geschenk von Gott – für mich?! Und die anderen, was war mit denen? War das Strafe? Oder auch Gnade?

Ich spürte, dass die Sache mit dem Glauben etwas Ernstes war und dass ich ihn entsprechend ernst nehmen muss.

Das war nicht einfach so ein Zauberpülverchen, da ging es ums Ganze, um mein Leben und meinen inneren Frieden.

Ich spürte aber auch, dass ich ein «trockener Junkie» war. So wie ein trockener Alkoholiker trocken bleiben musste, um nicht ins Alte zurückzufallen, war es auch für mich klüger, engmaschig bibelgemäß zu leben.

Sobald ich nämlich der Versuchung erlag und ausscherte, um auf den Websites meiner ehemaligen Weggefährten herumzustöbern, öffnete ich dadurch ein Tor für die Finsternis, und die Rechnung kam postwendend. Das konnte ein emotionaler Sturm sein. Und nachts setzte der altbekannte Albtraum noch einen drauf. Den hatte ich leider noch, zwar nicht mehr täglich, aber doch sehr regelmäßig. Sogar dann, wenn ich meinen Blick unbeirrt auf Jesus richtete.

Am Neujahrsabend stand für mich fest: *Keine Frage, ich bleibe bei Jesus, verlängere den «Vertrag» und verzichte auf eine Kündigungsklausel.* Zudem entschied ich mich zu einem weiteren Schritt und wollte mich taufen lassen.

Der Pastor der damaligen Gemeinde erklärte, dass durch die Wassertaufe unser alter Körper sterbe, wie der von Jesus bei der Kreuzigung, und dass wir danach mit Jesus zusammen neu auferstehen.

Meinem Naturell entsprechend nahm ich diesen Vorgang einmal mehr sehr wörtlich. Ich war fest überzeugt, dass die alte Christine-Zoë beim Untertauchen stirbt und nur noch die neue Zoë auftaucht – und als neue Kreatur weiterlebt. Sorgen bereitete mir, dass das Ganze vor der versammelten Gemeinde stattfinden sollte.

Auf der Bühne war ein großes Wasserbecken, in das wir ganz untertauchen und dann klatschnass wie Ursula Andress in der Strandszene im James-Bond-Film «Dr. No» auftauchen würden. Das war mir peinlich. Aber da musste ich durch.

Die Wassertaufe war ein sehr tiefes Erlebnis. Danach fühlte ich mich deutlich freier und noch näher bei Jesus.

Aber was, wenn nicht «alles» neu war? Was, wenn altes Verhalten auftauchte, obwohl man doch eine neue Schöpfung war? Bedeutete das, dass die Person nicht *in* Christus war, sondern auf dem Weg zur neuen Schöpfung stecken geblieben war?

Ach wie gut, dass niemand weiß, dass ich Klein-Banäuschen heiß! Aber auch das war egal, Jesus verlangte von mir keine herausragende Klugheit oder sonstige Exzellenz, er wünschte sich bloß eine Herzensbeziehung.

Und was tut man da? Miteinander austauschen! So erzählte ich ihm alles, was mich bewegte, und auch meine Fragen deponierte ich bei ihm am Kreuz. Jesus würde mir die Antworten schenken, wenn es Zeit war. Und vielleicht auch nie, und das war auch egal. Vorbei die Zeiten des Abstrampelns im Umfeld von Gurus, vorbei die Selbstprofilierung, die Suche nach Erleuchtung.

Im Vergleich zu diesen Fragen fand ich meinen erhaltenen Taufspruch deutlich einfacher: «Ich habe dich je und je geliebt, darum habe ich dich zu mir gezogen aus lauter Güte» (Jeremia, Kapitel 31, Vers 3).

Wow, das gefiel mir! Und das Schönste daran? Es galt ebenso für alle anderen Menschen!

Es freute mich sehr, dass sogar Urs bei meiner Taufe zugegen war und auch meine Schwester mit Schwager und ein paar weitere Freunde.

Aber Urs sagte der Taufgottesdienst überhaupt nicht zu: «Das ist wie eine amerikanisch inspirierte Verkaufsveranstaltung, da geh ich nicht mehr hin.»

Überhaupt schnitten wir das Thema «Glaube» nur selten an. Er war überzeugt, der Glaube sei bloß ein weiteres Püpserchen in der beachtlichen Sammlung seines Lieblings-Space-Girls, und nach geraumer Zeit würde auch dieser durch etwas scheinbar noch viel Besseres ersetzt. Er kannte mich! ...

Wie hätte ich ihm dies verübeln wollen? Seine Reaktion war verständlich, und das sagte ich ihm auch.

Obwohl Urs nicht in den Gottesdienst mitgehen wollte,

ließ er mich schalten und walten und respektierte meinen Weg. Auch die tägliche Stille Zeit war nie ein Diskussionsthema. Sie wurde mir wichtig, und ich brauchte sie richtiggehend. Es war mein himmlisches Zähneputzen, um schmerzhafte Löcher zu vermeiden. Jedenfalls für den Teil, der in meiner Verantwortung lag.

Natürlich könnte man einwenden, ich sei abhängig gewesen von der Stillen Zeit, und sie sei nicht so wichtig, aber im Unterschied zu anderen Abhängigkeiten erlebte ich dadurch ausschließlich gute Nebenwirkungen! Diese tägliche halbe Stunde verbrachte ich auf dem Crosstrainer, las in der Bibel, sang Bibeltexte oder betete laut.

Wenn Gott zu mir sprach, dann geschah es während der Bibellektüre. Da schmetterte ich gerade einen Psalm oder einen Bibelvers in die Welt – keine Sorge, der Crosstrainer stand im Luftschutzkeller –, und plötzlich erhielt ich die Antwort auf eine Frage, die ich Gott noch gar nicht gestellt hatte, oder er schenkte mir eine Erkenntnis, die mich noch mehr mit ihm verwob.

Wenn ich Bibeltexte sang, kam ich viel langsamer voran als beim bloßen Lesen, und die Worte prägten sich tiefer ein. Die Stille Zeit ist für mich noch heute wie der morgendliche Espresso. Man kann den Tag auch ohne beginnen, aber mit ist besser.

Gebet und Glaube verliefen rund, dafür hatte ich beruflich immer noch gestutzte Flügel. Ich konnte und wollte selbstverständlich nicht mehr als Medium oder als Essener-Heilpriesterin arbeiten, das war ja klar. Auch meine Ernährungsberatungspraxis war verkauft.

Und nun stand ich da – und es war kein Wegweiser in Sicht. Ich war den Blick über die Bergkuppen in die weite Ferne gewohnt, und nun saß ich ständig im Nebelloch. Wenn ich mit Gott im Gebet darüber sprach, blieb er still. Auch Bedrängen brachte nichts. Offenbar war kein Panoramaflug angesagt.

Ich spielte verschiedene Szenarien durch und kam immer auf dasselbe: Ich suche mir einen Teilzeitjob.

Als ich zum ersten Mal den Stellenanzeiger studierte, fiel mir eine Stelle als Politesse bei der Polizei auf. «Kontrolle Ruhender Verkehr», so nannte sich das. Das waren die ziemlich unbeliebtesten Menschen der Stadt, welche die bösen Strafzettel unter die Scheibenwischer klemmten. Das musste man offenbar lernen, und dafür wurde eine mehrmonatige bezahlte Ausbildung angeboten.

Ich las das Inserat, bis ich es fast auswendig konnte. Mit jeder Wiederholung verstärkte sich meine innere Gewissheit, dass ich mich bewerben müsse. Das verstand ich überhaupt nicht, gehörte ich doch weder zum Fanklub der Polizei, noch empfand ich überdurchschnittlich viel Sympathie für Strafzettelverteiler.

Urs, Familie und Freunde waren entsetzt und lachten mitleidig: «Was erzählst du da? Du machst einen Witz, oder? Klar, du hast schon immer gemacht, was du wolltest, aber diesmal gehst du zu weit. Du und Polizistin, das geht gar nicht!»

Sie hatten ja recht, ich gab's gerne zu, aber ich musste mich trotzdem bewerben, denn ich war mir so was von sicher, dass es die richtige Entscheidung war.

Mit den privaten Entscheidungen war es ja immer so eine Sache gewesen. Aber seit ich gläubig wurde, ging es plötzlich. Jesus zeigte mir, dass es genügte, wenn ich auf meinen Bauch hörte. Entspannte er sich und fühlte ich mich gleichzeitig zu Jesus hingezogen, war es ein «Ja». Zog der Bauch sich aber nach innen und spannte sich an, war es ein «Nein». Eine zweite Art «Nein» war, dass ich gar nichts wahrnahm.

Bei dieser Polizeigeschichte kam immer ein «Ja»! Also gab ich mir ganz besonders Mühe mit der Bewerbung und schickte sie ab.

Wen erstaunt's? Ich wurde vorgeladen. Nach mehreren Durchgängen entschieden sie sich für mich. So saß ich nach ein paar Wochen an einem Schülerpult, wie früher mit einem Stiftmäppchen und Radiergummi bestückt. Wir waren über zwanzig Personen, die meisten jung, dazwischen zwei ältere Männer und ich als älteste Frau der Truppe.

Nun musste ich 280 unterschiedliche Parkstrafen auswendig lernen, und das war sehr hart. Ich hätte nie gedacht, dass Falschparken so facettenreich ist. Fast gewaltsam musste ich all die verschiedenen Unarten in mein zartes Köpfchen hineinboxen.

Als typischer Nostalgie-Hippie mit elastischem Rechtsdenken musste ich mich sehr anstrengen, um die Stadtpolizei-Denkweise nicht nur zu verstehen, sondern auch zu übernehmen. Es war eine harte Schule, und ich war oft sehr verzweifelt, aber ich wollte einfach nicht aufgeben. Ich wusste, ich muss da durch.

Die Abschlussprüfung schaffte ich mit Bravour, ich war sogar Klassenbeste. Das war nur, weil ich so hart gebüffelt hatte.

Dann kam ich in mein «Revier». Mein Chef war extrem streng mit mir. Meine Leistung war immer ungenügend, es gab keinen Tag ohne Rüffel. Mit jeder Abkanzelung fiel ich mehr in mich zusammen und war unfähig, mich zu wehren.

Ich verstand nicht, weshalb ich mir diesen Umgang und diesen Ton bieten ließ, normalerweise wusste ich mich doch durchzusetzen. Aber hier: unmöglich. Ich wäre eher weinend zusammengebrochen, etwa in seinem Büro, als dass ich mich gewehrt hätte. Was war nur los mit mir?

Zu Hause gab es nur noch ein Thema: meinen Chef. Und als zweites: Wo sind Taschentücher? Noch nie hatte ich so viele verbraucht wie zu dieser Zeit.

Nach dem Dienst auf der Straße schrieben wir auf dem Polizeiposten die Strafen fertig. Dazu saßen etwa zwölf Personen auf engstem Raum an einem wackligen Tisch. Schulter an Schulter, die Ellbogen stießen gegeneinander. Das Lineal konnte ich nur diagonal anlegen, um nicht den Kollegen ins Gehege zu kommen.

Dazu erzählte man sich die erlebten Schauergeschichten von der Straße. Und ich saß mundtot dazwischen, fühlte mich wie das hässliche Entlein unter den schnatternden Gänsen. Dazu der launische, unberechenbare Chef. Ich war wieder das kleine Mädchen, fühlte die gleiche Panik wie damals. Die gleiche Hilflosigkeit, das gleiche Ausgeliefertsein, die gleiche Fernsteuerung.

Ich verstand überhaupt nicht, was mit mir los war. Wieso war ich nur ständig so weinerlich? Ich erkannte mich selbst nicht mehr. Von Gott fühlte ich mich geliebt, ich wusste, dass er bei mir ist. Aber dieser labile Zustand war unerträglich. Auch Urs konnte mir nicht helfen.

Auf der Straße zu arbeiten war speziell. Bei jedem Wetter draußen zu sein, stets aufmerksam und geistesgegenwärtig, sich jeder Situation blitzschnell anpassend, die schwere Tasche schleppend, die Nase voller Abgase, es war nicht ohne. Der Dienst war körperlich anstrengend, trotz meiner guten physischen Kondition.

Mit der Straße als Maßstab sieht eine Stadt ganz anders aus. Und wer einen unbeliebten Beruf ausübt, lernt auch die Menschen ganz neu kennen. Außer, er heißt Brad Pitt oder so. Es war eine gute Schule in Menschenkenntnis. Ich habe gelernt, zwischen Beobachtung und Interpretation zu unterscheiden, statt beides miteinander zu verwechseln.

Und ich stellte ernüchtert fest, wie viele Menschen einem irgendwelche Märchen auftischten. Wenn jemand sagte, Kreativität sei nicht sein Ding und er brauche mindestens drei Tage, bis ihm etwas Spontanes einfalle, dann übersah er wohl die fantasievollen Märchen, die bestimmt auch er unter Druck produzierte.

Ich gab mir Mühe. Doch mein Chef war nach wie vor der Meinung, ich liefere zu wenig Strafzettel ab, und er hatte damit nicht ganz unrecht.

Tatsächlich drückte ich regelmäßig ein bis zwei Augen zu. Nach wie vor verlor ich, wenn ich meinem Chef gegenüberstand, jede Contenance, kroch zurück und schaffte es nicht, mich wie ein erwachsener Mensch zu verhalten.

Urs ermutigte mich immer wieder: «Hör doch auf mit diesem Karussell, du machst dich nur kaputt!»

Doch auf einmal konnte ich kaum mehr gehen. Ich hatte unsägliche Schmerzen und schlurfte wie eine Greisin. Ich schaffte es kaum noch, die Füße zu heben. Der Arzt diagnostizierte eine Entzündung in den Fußgelenken. Die starken Schmerzmedikamente zeigten null Wirkung. Schließlich entschloss ich mich nach intensivem inneren Ringen zur Kündigung. Und, oh Wunder, kaum hatte ich den Brief eingeworfen, war ich schmerzfrei! Das war schon merkwürdig.

Psychisch ging es ebenfalls schlagartig aufwärts. Ich erkannte plötzlich, dass ich zur Polizei und zu diesem Chef hatte gehen müssen, weil ich ein sehr stolzes Persönchen gewesen war. Während dieser Zeit, in der ich so viel Demütigung erlebte und alle bisher funktionierenden Überlebensmuster nicht griffen, lernte ich, demütig zu werden.

Es war eine wirklich harte Lektion, denn gerade auf der Straße wurde ich oft herablassend behandelt. Viele Passanten unterschieden nicht zwischen Beruf und Mensch und schmissen beides in den gleichen Kübel. Doch dank dieser «Behandlung» schrumpften Stolz und Arroganz in sich zusammen.

Dabei verlor ich jede Überheblichkeit und jedes Elitedenken, ich wurde ganz gewöhnlich und eine unter vielen. Das lehrte mich auch, *alle* Menschen als Gottesgeschöpfe zu respektieren, und heute grüße ich Toiletten-Reinigungspersonal ganz besonders freundlich, auch Straßenarbeiter, und jeder Angestellte eines Call-Centers wird höflich verabschiedet.

Fast seit Beginn meines Glaubenslebens – und auch heute noch – nehme ich einmal pro Woche an einer Frauen-Gebetsgruppe teil. Einerseits schätzte ich die durchwegs sympathischen Frauen, andererseits lernte ich dadurch nicht nur, freier zu beten, sondern das Gebet mit Jesus im Zentrum wurde selbstverständlich. Dadurch geschah Wachstum, und es bestätigte sich, was bereits der Philosoph Søren Kierkegaard feststellte: «Das Gebet ändert nicht Gott, sondern den Betenden.»

Mit einer Freundin aus dieser Frauen-Gebetsgruppe besuchte ich ein sogenanntes Lebensseminar der Evangelistin Maria Prean. Anfang der Woche erhielt ich eine Lektion über die Vielfalt der Christen.

Bis dahin hatte ich angenommen, dass Christen immer in dieselbe Richtung schauten, sich freundlich an den Händen hielten und blindlings verstanden, weil sie doch denselben Glauben hatten.

Nun lernte ich, differenzierter hinzuschauen, und stellte fest, dass sich manche tatsächlich an den Händen hielten, andere sich aber auch den Rücken zudrehten. Und trotzdem waren alles gläubige, wiedergeborene Christen!

Statt dem Seminar zu folgen, beschäftigte ich mich mit solchen Beobachtungen und war der Meinung, die einen seien zu verurteilen. Als nächsten Schritt schob ich Jesus zur Seite, und danach verlor ich mich selber sukzessive im menschlichen Gestrüpp.

Irgendwann war es genug, und ich zog die Handbremse. Glücklicherweise fiel mir ein, das Thema an Jesus abzugeben, denn das war seine und nicht meine Angelegenheit. Und da ihm keine Fehler unterliefen, durfte ich ganz auf ihn vertrauen. Was auch immer er tat, es war richtig.

Das Blumenfeld vor dem Haus bestätigte diese Einsicht, denn da blühten ganz viele verschiedene Frühlingsblumen. Es gab Blumen in allen Farben, wohlriechende und andere, große, kleine, wuchernde, kränkelnde, einfach alles. Und Gott war der Schöpfer von allen. So gesehen durften doch auch die Christen ihren Glauben unterschiedlich leben.

Danach konnte ich mich voll auf das Seminar einlassen. Als Erstes packte mich der Lobgesang, weil ich erlebte, wie heilsam er sein kann. Worship war offenbar viel mehr als bloß schöne Unterhaltung vor der Predigt, wie ich bisher angenommen hatte.

248 Ich gehörte zu denen, die sich vor allem aufs Hirnfutter

freuten, und bei diesem Seminar war ich enttäuscht, dass wir so viel Zeit singend verbrachten. Nun stellte ich aber fest, dass sich während des Singens sogar Verkrampfungen, Beklemmungen und Verhärtungen lösten, ohne dass ich mich bewusst anstrengen musste. Auch darin war Jesus der allwissende, liebende Vater, dessen Hand ich mich anvertrauen konnte.

Dann hatte ich ein weiteres «Typisch Gott»-Erlebnis, oder etwas geistlicher ausgedrückt: etwas Übernatürliches geschah. Ich erhielt plötzlich eine Antwort auf eine Frage, die ich gar nie gestellt hatte. Wieso hätte ich sie auch stellen sollen, wenn sie gar nicht existierte? Wir waren gerade am Singen, ich stand inmitten der anderen, genoss den Lobpreis und schnurrte zufrieden.

Plötzlich wurde ich herausgerissen. Da kam eine innere Erkenntnis angeprescht und übertönte alles andere: «Deine geistliche Heimat ist dort, wo die Menschen sind, die niemand will!»

Was sollte das denn? Ich hatte meine geistliche Heimat ja gefunden! Mir war pudelwohl in der modernen, angesehenen Gemeinde, in der ich ein- und ausging. Nur schon, weil ich dort zum Glauben gefunden hatte und getauft worden war. Zudem war ich mittlerweile eine der Leiterinnen der Glaubenskurse. Also null Grund zu einem Wechsel.

Aber ich wusste: Gemeint war die Heilsarmee, denn dort sind die, die niemand will. *Was, wieso ausgerechnet die Heilsarmee?* Ihrem sozialen Engagement gebührte zwar mein voller Respekt. Aber ich hatte Vorurteile von früher her. Für mich waren es die mit Aktionsmayonnaise und Würzmischungen auf klebrigen Wackeltischen und Soldaten in schlecht sitzenden Uniformen. Ein Kontrastprogramm zu meiner jetzigen Church. Musste das wirklich sein? Schon bald würde ich es wissen.

Im Verlaufe der Woche lieferte uns Maria Prean noch zwei weitere, etwas schwerer verdauliche Häppchen. Zum Ersten rief sie uns auf, den «Zehnten» unseres Einkommens abzugeben. Mit dem Zehnten war gemeint, dass wir zehn

Prozent unserer Einkünfte ins Reich Gottes zurückgeben sollten. Es sei eine Illusion zu glauben, dass wir Besitzer unseres Kapitals seien:

«Wieso schaut ihr so?! Ihr sagt, dass euer Leben Jesus gehört, dann gehört alles eurem Herrn, auch das Finanzielle. Ihr seid bloß Verwalter, aber Jesus ist der Besitzer.»

Ich dachte: *Das wird ja immer besser.* Dieser Zehnte war für mich unmöglich und völlig übertrieben. Wenn ich das täte, würde ich mich unweigerlich verschulden, denn seit Jahren kam ich finanziell nicht vom Fleck. Im Gegenteil. Das ganze Jahr stand ich recht gut da, aber wenn im Dezember die hohen Nachzahlungen für Alters- und Hinterbliebenenversicherung, Steuern und dritte Säule den Briefkasten verstopften, dann musste ich zur Bezahlung regelmäßig auf das Vermögen zurückgreifen. Wenn ich ehrlich war, ging es mir finanziell von Jahr zu Jahr schlechter.

Warum das so war? Keine Ahnung. Es beunruhigte mich. An Faulheit konnte es bestimmt nicht liegen. Und nun sollte ich auf weitere zehn Prozent verzichten? Was würde wohl mein Banker-Gatte dazu sagen? Ich wusste die Antwort bereits, ohne ihn zu fragen.

Maria Prean ermutigte uns, diesen Vertrauensschritt eine Zeitlang zu tun, Gott zu vertrauen, dass er uns das großzügig vergelten würde. Und wir sollten den Zehnten «von Herzen» geben, immer daran denkend, dass wir ihm sein eigenes Geld zurückgeben.

Nach einigem Ringen beschloss ich, den Zehnten probehalber ein Jahr lang abzugeben. Probehalber, weil ich damit früher schon gut gefahren war …

Zuerst brauchte es Überwindung, und es war eine gewisse Wehmut dabei. Doch ich steigerte mich und tat es zusehends fröhlicher und dankbarer, Jesus zuliebe. Um Urs nicht zu provozieren, rechnete ich nur von *meinem* Einkommen ab.

Das ist nun seit einigen Jahren der Fall. Und tatsächlich, es hat sich etwas verändert. Heute habe ich trotz dieses abgegebenen Zehnten mehr Geld zur Verfügung als vorher, und meine finanzielle Situation hat sich deutlich verbessert. Es ist nicht so, dass ich mehr verdienen würde, ich habe auch wie früher manchmal ein Loch im Hosensack, aber es ist, als wenn ein Franken weiter reichen würde.

Zu meinem großen Erstaunen liegt tatsächlich ein Segen auf dem Geld. Auch da ist das Bibelwort wahr und ist Jesus verlässlich. In der Bibel stehen viele Verse übers Geben. Hier im Buch Maleachi, Kapitel 3, Vers 10: «Bringt aber die Zehnten in voller Höhe in mein Vorratshaus, auf dass in meinem Hause Speise sei, und prüft mich hiermit, spricht der HERR Zebaoth, ob ich euch dann nicht des Himmels Fenster auftun werde und Segen herabschütten die Fülle.»

Das zweite aufrüttelnde Thema betraf das «Blut Jesu». Maria Prean war die Erste, die ich darüber predigen hörte.

Sie sagte: «Das Blut Jesu, das Jesus am Kreuz für uns vergossen hat, ist mächtig und ein großes Geheimnis. Der Schutz durch sein Blut ist stärker als alles andere. Befasst euch damit, auch wenn es euch sonderbar oder altmodisch erscheint, tut es einfach! Ihr könnt das Blut Christi für alles einsetzen, denn in ihm liegt der Sieg Jesu. Dieser schenkt Erlösung, Vergebung, Befreiung, Weisheit, Schutz, Reinigung, Gesundheit, Erfrischung.»

Das war etwas viel für mich als Anfängerin, und Blut war sowieso nicht mein Ding. Aber ich wollte mich damit auseinandersetzen und kaufte deshalb vor Ort ein Büchlein mit dem Titel *Das Blut Jesu* von Helmut Schweiker. Darin las ich nun täglich und übte mich im lauten Lesen dieser für mich doch etwas fremdartigen Gebete.

Durch meine berufliche Selbständigkeit hatte ich mir eine gute Arbeitsdisziplin angewöhnt, und deshalb fiel es mir leicht, etwas mir Vorgenommenes auch zu tun; außerdem hatte mich die lange Zeit in der Esoterik gelehrt, die Dinge auch dann zu tun, wenn ich sie nicht bis ins letzte Detail verstand.

Mit dieser Haltung befasste ich mich von dieser Woche

an mit dem Thema «Blut» und stellte fest, wie sich mir Jesus dadurch auf eine bisher unbekannte Art offenbarte und ich deutlich weniger wankte.

Doch auch diese Intensivwoche musste irgendwann zu Ende gehen. Wieder daheim, wollte ich es wissen und ging schnurstracks in den Gottesdienst der nächstgelegenen Heilsarmee.

Eine kleine ältere Frau mit strahlend blauen Augen lächelte mich freundlich an und hieß mich willkommen.

Dieser Blick und diese Herzlichkeit – um mich war es geschehen. Ich wusste, dass ich hier richtig war, auch wenn es sich an diesem Ort bestimmt gelohnt hätte, mein verstaubtes Arbeitsmaterial als ehemalige Farb- und Stilberaterin hervorzunehmen und großflächig einzusetzen. Doch ich war noch nicht fähig zu einem Wechsel, denn es fiel mir schwer, einer Gemeinde den Rücken zu kehren, der ich nur dankbar war.

Diese Woche bei Maria Prean erwies sich als Vitaminkur für meinen Glauben, und mir wurde dadurch noch bewusster, wie sehr die Menschen im Schloss verirrt und verwirrt waren.

Deshalb sagte ich beim nächsten Frauengebets-Treffen: «Ich möchte für die Befreiung des Schlosses beten! Es kann doch nicht sein, dass das ewig so weitergeht!»

Die Leiterin schaute mich an: «Das ist grundsätzlich richtig. Nur habe ich das Gefühl, dass du zuerst *selbst* ganz frei werden solltest!»

Ich war leicht eingeschnappt, ich war doch keine Patientin?! Was bedeutete diese Bemerkung, ich war doch wiedergeboren, alles war neu?! Nun kam noch die Woche bei Maria Prean dazu, die Taufe im Heiligen Geist ... Als ich bei der Wassertaufe eintauchte, wurde meine Vergangenheit abgewaschen, ich tauchte neu geboren wieder auf; an mir haftete nichts mehr aus meiner früheren Zeit – oder irrte ich mich?

«Was meinst du damit, ich bin doch bekehrt und wiedergeboren, hast du wirklich das Gefühl, dass ich noch nicht frei bin?»

Sie erklärte, dass ein sogenanntes General-Lossagegebet aufgrund meiner krassen Vorgeschichte angebracht sein könnte.

«Und wo, bitte schön, kriegt man das?»

«In der Heilsarmee Zürich Oberland, melde dich dort doch mal an!»

Oh, das war ja dort, wo ich schon im Gottesdienst war. Gleich am nächsten Tag rief ich an, und nach ein paar Wochen trabte ich an, mit einem langen Zettel, auf dem ich meine fast sechzig esoterischen und okkulten Ausbildungen und Tätigkeiten notiert hatte.

Im großen Empfangssaal standen ein paar schlichte Tische mit billigem Gebäck in Glaskristallschälchen. Ein korpulenter Mann, offenbar der Hüter des Raums, kam auf mich zu und bot mir einen Kaffee an.

«Nein, danke!» Ich war nervös, fühlte mich unwohl und wäre am liebsten unbemerkt davongeschlichen. Der Pastor sei leider verspätet.

Auch das noch.

Endlich holte mich der Pastor. Ich kannte ihn bereits vage aus den Gottesdiensten. Ein älterer, weißhaariger Mann, freundlich. Ich hatte sofort ein gutes Gefühl, wusste mich gut aufgehoben. Wir gingen in ein Sitzungszimmer mit Spannteppichen und einer langen Vergangenheit.

Er saß auf der einen Tischseite, ich gegenüber. Bevor er mit der Seelsorge begann, holte er Gebetsverstärkung: eine blonde, engelslockige, behäbige Frau und drei oder vier große, starke Männer.

Der Pastor erklärte den Ablauf.

Im Hintergrund beteten die Männer, und die blondgelockte Frau saß neben ihm. Dann begann er mit lauter Stimme zu beten, und ich wiederholte seine Worte. Es ging darum, dass ich mich im Namen von Jesus Christus von allen okkulten Verfehlungen und Belastungen lossagte, die von mir oder meinen Vorfahren gemacht wurden. Dann

253

wurde ich von allen Punkten der mitgebrachten Liste und insbesondere vom Wahrsagegeist, jeder Art von Medialität sowie von meinem Stolz gelöst.

Beim Lösen des Wahrsagegeistes wurde mir eng im Hals, und ich konnte kaum noch atmen.

Sofort bat der Pastor die Frau, sich hinter mich zu stellen und für mich zu beten. Ihre Hand auf meiner Schulter und ihr Gebet mit sanfter Stimme beruhigten mich, genauso wie die Männergebete im Hintergrund.

Nach einer guten Stunde waren wir durch. Der Pastor sagte abschließend: «Gemäß Matthäus-Evangelium Kapitel 18, Vers 18 gilt auch für dich: Alles, was auf der Erde gelöst ist, ist auch im Himmel gelöst!»

Das zu wissen, gab mir ein gutes Gefühl. Dann schrieb er alle Dinge auf, von denen ich nun gelöst war, unterschrieb und datierte den Zettel und übergab ihn mir, damit ich mich daran erinnerte.

Er fuhr fort: «Du bist nun frei von allen Bindungen aus der Vergangenheit! Ich habe den Eindruck, dass du, wenn du bis in ein oder zwei Jahren geistlich gefestigt bist, zurück in die Eso-Szene gehst. Vielleicht wirst du wieder auf Eso-Messen gehen, aber nicht mehr als Teilnehmerin, sondern um den Menschen die Botschaft von Jesus zu überbringen. In der Schule für geistliche Kampfführung erhält man das Rüstzeug dazu. Ich glaube, diese Schule wäre gut für dich.»

Militär, Kampf, ich?!

Beat Schulthess bemerkte meinen karierten Blick und erklärte, dass es sich um einen *geistlichen* Kampf handle. In der Bibel stehe, dass wir nicht gegen Menschen kämpfen, sondern gegen die unheilvollen Mächte des «Bösen», der die Menschen für sich gewinnen wolle.

So ging ich zwar leicht aufgewühlt nach Hause, aber in meiner Wahrnehmung hatte sich eigentlich nichts verändert. Ich wusste, dass ich jetzt vom Unguten aus der Vergangenheit losgesprochen war, aber es war ein Abend wie jeder andere.

Am Tag darauf arbeitete ich wie gewohnt in meinem Home-Office. Ich fühlte mich seltsam, wie aus der Zeit gefallen. Klar dachte ich an die General-Lossage zurück, aber der braune Holztisch war immer noch braun, und die Straße hieß immer noch gleich.

Gegen Ende des Tages wurde mir bewusst, dass es noch nicht mal zehn Uhr morgens war. Mir war so unendlich langweilig. Wie damals, als ich mit dem Rauchen aufhörte und die Tage einfach kein Ende nahmen. Was war denn jetzt los?

Mit einem Mal war mir alles klar. Wenn ein Mensch gläubig wird, geht für ihn ein Vorhang auf, und ihm wird eine neue Dimension erschlossen. Bei mir war es umgekehrt. Durch die Befreiung ging bei mir ein Vorhang zu, und ich war nun nur noch «normal».

Plötzlich sah ich keine Doppelgesichter, Fratzen und Geister mehr, keine Energieflüsse und auch nicht mehr, was die Menschen dachten oder fühlten. Es war Ruhe! Ich war frei von jeder Medialität, von jeder «Multi View». Das fühlte sich so ungewohnt an, dass ich es kaum aushielt. Trotzdem war ich unglaublich erleichtert. Es war ein so schönes Gefühl, und das Beste daran: Seither habe ich kein einziges Mal mehr Fratzengesichter gesehen! Nie mehr!

Die erlebte Befreiung und die Herzlichkeit in der Heilsarmee erleichterten mir den Wechsel. Nach ein paar Monaten des Hüpfens zwischen beiden Gemeinden war ich so weit, und seither ist die Heilsarmee mein geistliches Zuhause. Es war richtig, dass ich diesen Gehorsamsschritt machte.

Interessanterweise wurde auch die Beziehung zu Urs immer entspannter, und eines Tages sagte er: «Ich sehe, dass dir der Glaube an Jesus guttut, denn du bist eindeutig netter als vorher. Du bist emotional viel stabiler geworden, keine Launen oder Vollkrisen mehr. Und du bist auf einmal richtig fröhlich. Dass du jetzt mehr Zeit im Haushalt verbringst und regelmäßig kochst, gefällt mir auch sehr. Aber trotzdem will ich nicht mitkommen in den Gottesdienst. Lass mich damit bitte in Ruhe, es interessiert mich nicht. Weißt du, mir geht es gut ohne diesen Jesus, ich brauche ihn nicht.»

Ich bedankte mich und legte wohlweislich keine Werbeeinlage ein. Setzte bei der Hausarbeit aber noch einen drauf, da er es offenbar schätzte. Ich wollte ja beweisen, dass Gott auch ganz bodenständige Dinge wichtig waren. Es wäre gelogen, zu behaupten, dass Jesus mich mit einer Paul-Bocuse-Begabung segnete, aber ich machte doch in Sachen «Kochkunst» Fortschritte.

Wenn ich vom Gottesdienst nach Hause kam, erzählte ich Urs nur dann etwas, wenn er mich danach fragte. Und wenn, musste es kurz sein, kürzer als eine Kaffeelänge. Das Thema irritierte ihn schnell. Deshalb erzählte ich ausschließlich schöne und harmlose Episoden aus meinem Christenleben, welche in unterschiedlichen Variationen stets nur eines bezeugten: Wie sehr Jesus jeden Menschen liebt.

Heikle Themen wie Befreiung oder allzu Frommes wie «das Blut Jesu», «Sünde» oder «Teufel» kamen nicht gut an. Insgeheim hoffte ich, dass er durch die netten christlichen Minifolgen seine Meinung über gläubige Menschen ändern würde.

Ich wusste, dass ich diese Ausbildung in geistlicher Kampfführung besuchen wollte. Wie konnte ich Urs dafür gewinnen?

Ich betete, und schließlich fragte ich: «Wie würdest du mir etwas beibringen, das du tun möchtest, von dem du aber annimmst, ich sei dagegen?»

Sofort sagte er: «Du meinst sicher deine Heilsarmee-Schule! Mach sie doch, aber bitte übertreib es nicht damit.»

Obwohl ich selbst ein Befreiungswunder erlebt hatte, verstand ich seine Vorsicht, denn auch ich war beim Thema «Geistliche Kampfführung und Befreiung» ein we-

nig skeptisch. Die letzten Worte von Jesus vor seinem Kreuzestod waren mir lieber: «Es ist vollbracht!»

Wir waren mit ihm am Kreuz gestorben, sodann mit ihm
wiederauferstanden, und jetzt waren wir durch ihn eine
neue Schöpfung geworden. Das bedeutete doch, dass alles
Alte gekreuzigt und besiegt war? Wieso brauchte es dann
noch ein Befreiungsgebet, das in der Bibel nirgends erwähnt ist? Und warum eine Spezialbefreiung mit geistlichen Waffen?

Ich fand das Thema «Teufel» übrigens furchtbar unangenehm und wollte möglichst nichts mit ihm zu tun haben,
befürchtete aber, dass mit dem Befreiungsdienst genau das
Gegenteil geschah. Zudem hörte ich immer wieder Christen, die bei offensichtlichen Charakterschwächen immer
sehr schnell dem Teufel die Schuld gaben, statt selbst in
den Spiegel zu schauen. Ich wollte lieber noch viel mehr
erfassen, was es bedeutete, dass Jesus uneingeschränkter
Sieger ist.

Trotzdem wollte ich die Ausbildung besuchen, denn das
Thema kitzelte mich.

Die Antwort auf dieses damalige Dilemma habe ich
heute gefunden. Heute weiß ich, dass es nicht um ein Richtig oder Falsch geht, sondern um ein gnädiges «Sowohl als
auch»! Es gibt Menschen, bei denen tatsächlich «alles vollbracht» ist – und es gibt Menschen, die brauchen trotz Bekehrung auch Befreiung, Geist- oder Seelenpflege. Warum
das so ist, dafür ist Jesus zuständig. Es reicht, wenn ich ihm
auch in diesem Punkt demütig vertraue.

Bezüglich Demut machte ich mit Urs auch so meine Erfahrungen. Wir waren beide ausgebildete Imker und pflegten
gemeinsam ein paar Bienenvölker. Unser Bienenhaus
stand am Waldrand auf einer Wiese voller Obstbäume,
also sehr idyllisch. Es war zwei Urs-Schritte lang, bei mir
waren es gut drei.

Im Sommer war es da drin auch tagsüber nicht wirklich
hell, denn die Fenster waren nur klein. Dafür war es stickig

und heiß. Und dann natürlich die Bienen, die neugierig überall herumschwirrten.

Einmal räumte ich ihnen die vollen Honigwaben aus. Das irritierte sie, zudem war ein Gewitter im Anzug, was ihre schlechte Laune verdoppelte. Jedenfalls hörte ich beim 28. Bienenstich auf zu zählen und packte mich von diesem Tag an immer schön brav von Kopf bis Fuß ein. Nach dem Motto: Lieber schwitzen als gestochen werden.

Im Bienenhaus gab es weder Strom noch fließendes Wasser, nicht einmal Handy-Empfang, dafür Natur pur. In den unförmigen Bienenanzügen watschelten wir wie Marsmenschen über die Wiese, und mit dem schwarzen Tüllnetz vor den Augen sahen wir höchstens verschwommen.

Dann begann das Abenteuer. Wie damals in der Schwitzhütte waren wir schweißnass, nur diesmal vermummt. Dann stolperten wir andauernd über die Füße des anderen und stießen aneinander, so dass bestimmt einer etwas fallen ließ und dadurch die Bienen aufschreckte. Das Tragischste war, dass beide ständig recht hatten und es auch begründen konnten. Vollprofis halt.

Das Fass zum Überlaufen brachte Urs jeweils, wenn er mich verschmitzt anlächelte und mit schweißverklebtem Augenaufschlag fragte: «Was würde wohl Jesus sagen, wenn er dir so zuhört?»

Das machte mich selbstverständlich betroffen. Der Bienenflüsterer, der Jesus aus dem Weg ging, hatte recht. Und wenn bei zwei Personen im Raum beide die Nr. 1 sein wollen, wird es heikel. So erinnerte ich mich an die Empfehlung in der Bibel und entschied mich, die Imkerin des Imkers zu sein.

Von da an wurde es entspannt und lustig und der Honig noch süßer. Nun waren wir ein funktionierendes Team, und das Hobby bereitete uns große Freude.

Ab und zu sagte Urs, versunken dem Treiben zuschauend: «Wenn man sich mit Bienen beschäftigt, dann kommt man zum Schluss, dass es gar nicht anders möglich ist, als dass es einen Schöpfergott geben muss.»

Solche Bemerkungen purzelten fröhlich in mein Herz. Trotzdem durfte ich mich auch hier in harter Selbstbeherrschung üben, scheinbar unbeteiligt lächeln und seine Bemerkung keinesfalls als ultimative Evangelisations-Chance nutzen.

Auch über die Ausbildung in geistlicher Kampfführung tauschte ich kaum je mit Urs aus – das Thema war zu exotisch für ihn. Das bemerkte ich daran, dass er entgegen seinem Charakter sofort unwirsch reagierte, wenn ich eine Bemerkung fallen ließ. Und ich hätte einiges zu erzählen gehabt, denn ich lernte viel.

Die Ausbildung zementierte meinen Glauben und nahm mir jede Angst vor dem Teufel. Auch die bescheidene Art von Pastor Beat Schulthess überzeugte mich, zudem war seine Liebe zu Jesus und den Menschen deutlich spürbar.

Schon bald zu Beginn sagte er, dass es deutlich mehr seelisch verletzte als dämonisierte Menschen gebe. Dass sogar Manifestationen seelisch bedingt sein können. Er rief uns zu Vorsicht auf, wir sollten nicht vorschnell behaupten: «Das ist ein böser Geist», oder: «Das ist vom Teufel.»

Ich lernte sehr viel Interessantes und Praktisches, um mein Leben als Christin im Alltag vollmächtiger zu gestalten. Dasselbe galt offensichtlich auch für langjährige Christen und sogar «Glaubensprofis».

Es gab viele Highlights, davon prägten mich die drei folgenden ganz besonders: Das erste war «Danken statt murren». Das war heftig. Und irgendwie paradox. Wir sollten uns vom murrenden Jammern und Klagen verabschieden und stattdessen lernen, für alles zu danken.

In mir war ein enormer Widerstand, denn es gab einige Dinge in meinem Leben, die ich zwar stehenlassen konnte, aber dafür zu danken war ausgeschlossen. Beispielsweise meine ungewollte Kinderlosigkeit. War es nicht zynisch, für diese seelische und körperliche Wunde zu danken?!

Als ich mich schließlich doch überwand und dafür zu danken begann, wurde ich zwar nicht schwanger, dafür innerlich leichter. Das sich einstellende Gefühl ist kaum zu beschreiben; ich hätte nie geahnt, wie sehr dieses «Sagt Dank allezeit für alles»[16] meine Beziehung zu Jesus stärken und mich selbst verändern würde.

Indem ich mich auf diese Weise in seinen Willen demütigte, umfing er mich noch fester, oder vielleicht spürte ich auch bloß seine Arme stärker als vorher, wie auch immer. Jedenfalls fühlte ich mich noch mehr als sein Kind. Und verstand in einer ganz neuen Tiefe, dass es nicht um die Meinung von «Madame» ging, sondern um *seine*.

Ein weiterer Punkt war, dass der geistliche Kampf auch in meinem Alltag stattfindet. In der Kampfarena der Gedanken und Gefühle.

Das erinnerte mich an meine inneren Dialoge, die mir immer wieder weismachten, ich sei eine ausgewachsene, obernaive Versagerin und müsse mich bis ans Lebensende schämen. Nun lernte ich, mich nicht blindlings mit solchen Gefühlen und Gedanken zu identifizieren, sondern sie vorab zu überprüfen.

Diese Gedankenkontrolle fühlte sich wie das Erlernen einer nicht alltäglichen Fremdsprache an und brauchte viel Übung. Aber es zeigte, wenigstens bei mir, dass ein Großteil der Gedanken und Gefühle Schrott waren. Die Vorgabe lautete: Wenn sie mich herunterzogen, also von Jesus wegzogen, dann sollte ich sie unverzüglich durch biblische Wahrheiten ersetzen.

Meinen Versager-Dialog ersetzte ich selbstverständlich auch, und zwar, indem ich mir selbst immer wieder Vergebung zusprach und mich daran erinnerte, dass meine Vergangenheit mit Jesus am Kreuz mitgekreuzigt worden war. Wenn er mir also vergeben konnte, dann sollte es mir selbst doch auch möglich sein. Trotzdem, es dauerte seine Zeit mit dieser Selbstvergebung.

Das dritte Highlight war das Thema «Prophetien». Wegen meiner medialen Vergangenheit war ich übervorsichtig, wenn es um Prophetien ging. Um nichts auf der Welt wollte ich beides vermischen. Lieber keinen geistlichen Eindruck haben als einen falschen. Es kam mir entgegen, dass der Pastor diese Vorsicht teilte. Er sagte sogar, viele Christen seien medial, ohne es zu wissen, und dass sie davon herausgelöst werden sollten.

Ich war erleichtert über seine nüchterne Sichtweise. In meiner Vergangenheit hatte ich von Astrologen und Medien mehrmals absolut zutreffende Antworten erhalten, und auch die schamanische Heilungszeremonie hatte gewirkt, auch wenn die Quelle immer widergöttlich war. Das war offenbar ein heikles und durchmischtes Terrain, von dem ich mich weiterhin fernhalten wollte.

Was ich in der Ausbildung lernte, war wertvoll, aber was jetzt? Noch immer hatte ich keine neue berufliche Perspektive. Dann las ich, dass man sein ganzes Leben und jeden Lebensbereich Jesus weihen könne. Alles, auch das, was man ihm gerne vorenthalten möchte.

Ich hatte ja bereits zur Genüge erlebt, dass meine von mir kreierten Drehbücher nicht immer erfolgreich endeten. So entschloss ich mich zu diesem nächsten Vertrauensschritt. Sinnbildlich legte ich mich auf den Altar und schenkte mich ihm selber, also meine Gesundheit, meinen Körper, aber vor allem auch meine Seele und meinen Geist. Dann weihte ich ihm alles, was mir lieb war:

«Übernimm du jetzt, Jesus. Ich weihe dir mein eigenes Leben mit allem. Urs gehört dir, unsere Bienen, das Geld und das Haus, aber auch meine Kleider und Schuhe, die Stoffsammlung, sogar meine Agenda. Du bist ab jetzt der Besitzer von all dem, und was du mir gibst, nehme ich dankbar an.

Ich danke dir auch für das, was du mir vorenthältst, und ebenso für alles, was du mir wegnimmst. Ich habe keinen Plan mehr, denn du bist ab jetzt mein Plan und meine erste Priorität. Du bist meine Agenda, und du führst auch meine Tagesplanung. Du zeigst mir, wie ich meine Zeit verbringen soll, und du schaffst überall Ordnung. Deine himmlische Ordnung.

Zeig mir, wie es in den Psalmen steht, wenn ich auf falschen Wegen gehe. Ziehe meinen Blick von Nichtigkeiten ab und führe mich den Weg zum ewigen Leben. Du bist mein Erlöser und Vollender, mein Verstand, meine Arbeit, meine Zunge, meine Hände, du bist mein Alles.»

Seit ich Jesus das Steuer überließ, ohne ihm gleich noch vorzugeben, was er tun sollte, veränderte sich mein Leben in seinen Grundfesten. Das fand ich erstaunlich.

Zum Beispiel brauchte ich plötzlich nichts mehr zu leisten oder mich zu beweisen, um eine feste Daseinsberechtigung zu verspüren. Es war nicht mehr notwendig, besser oder klüger zu sein; im Gegenteil, ich lernte echt zu werden und mich trotzdem zu lieben!

Das entspannte mich ungemein, denn ich verstand bis zuinnerst, dass *seine* Liebe nicht von meiner Leistung abhing und an keine Bedingung geknüpft war. Nicht einmal von meinem Ansehen in der Kirche. Auch wurde mir bewusst, wie unwichtig es ist, was andere über mich denken oder wie ich bei ihnen ankomme.

Ich wollte nur noch ein Jesus-«Schätzi» sein, denn nur ihm war ich zu Rechenschaft verpflichtet. Natürlich gibt es bis heute Situationen, in denen ich das kurzzeitig vergesse, aber es ist kein Vergleich zu früher.

Je mehr Jesus mich renovierte, desto mehr begann ich das Leben zu genießen. Ich wurde plötzlich ohne äußeren Anlass innerlich heiter und dankbar. Speziell für das mir geschenkte Leben und dass er mich bis hierher durchgezogen und durchgeliebt hatte. Ich begann das Leben sogar so richtig zu mögen, und wenn andere beteten: «Jesus, komm bald», dann dachte ich: *Nein, warte noch ein wenig, ich möchte vorher noch ein paar Dinge erledigen.*

Mein Dauerglück war mir fast ein wenig peinlich. Da hatte ich ihm die Führung über mein Leben übergeben, *et voilà,* schon kam die unerwartete Rechnung. Offensichtlich nahm er den Auftrag ernst.

Auch mein Herz veränderte sich. Plötzlich empfand ich echtes Mitgefühl, Barmherzigkeit und vor allem Geduld meinen eigenen Schwächen und denen meiner Mitmenschen gegenüber. Wo ich früher mit Überzeugung verurteilte, verstummte ich nun und empfand Mitgefühl. Auch das Verhältnis zu meinen Geschwistern entspannte sich. Zu meiner Schwester und dem Schwager, die beide gläubig sind, sowieso, aber auch zu meinen Brüdern und Schwägerinnen.

Es war unendlich viel besser, *made by Jesus* zu sein als *made by myself.* Und ich hing vorher an einem «Goldenen Kälbchen», meiner Agenda. Deren Planung veränderte sich, plötzlich füllte sie sich viel spontaner und kurzfristiger. Dadurch fühlte ich mich freier und hatte mehr Zeit für mich, zum Beten, zum Lesen und Staunen oder um mit Mitmenschen zusammen zu sein.

Neu war, dass ich vergaß, die Agenda zu öffnen, und dadurch Termine verpasste. Früher absolut undenkbar!

Und dann das liebe Geld. Interessanterweise hatte ich plötzlich immer genug, und das Vermögen nahm sogar zu, obwohl ich gut lebte, weniger arbeitete und viel weniger verdiente. Bezeichnete das die Bibel nicht als Segen?

Ich erfuhr, dass Gott sehr großzügig ist und mich besser versteht, als ich selbst es tue.

Eines Tages, so gegen Ende des Sommers, erinnerte ich mich wehmütig daran, dass ich seit dreißig Jahren jedes Jahr mindestens einen neuen Mantel gekauft hatte. Dabei traf mich selbstverständlich keine Schuld, denn die waren mir so penetrant nachgelaufen, bis ich ihnen zuliebe irgendwann kapituliert hatte. Dieses Verhalten wollte ich nun aber nicht mehr weiterpflegen.

So bekannte ich Jesus meinen Mantelkaufzwang und sagte ihm, dass es mir leidtue und ich damit aufhören wolle. Ich wollte Jesus künftig auch über jeden Mantel stellen.

Und ich sah nicht ein, weshalb nicht auch Madame ihre Mäntel mehrere Jahre tragen könnte. Das betete ich ein paar Mal, bis ich das Bedürfnis loslassen konnte, eines neuen Wintermantels zu bedürfen (man beachte den schicken Genitiv).

Im September war ich bei einer Bekannten zum Kaffee eingeladen, die ich seit Jahren nicht mehr gesehen hatte.

Plötzlich stand sie auf und sagte: «Warte schnell, ich glaube, ich habe etwas für dich!» Sie kam mit einem wunderschönen, funkelnagelneuen Wintermantel daher.

Ich zog ihn an, schwarze, edelste Wolle mit königsblau unterlegtem Kragen. Meine Farben! Normalerweise sind mir die Ärmel aber immer zu lang. Das liegt daran, dass ich an einem 30. Dezember geboren wurde, und da waren alle Großgewachsenen mit langen Armen bereits vergeben … Diese Mantelärmel hingegen passten wie angegossen.

Die Frau sagte: «Ich schenke ihn dir, ich habe ihn noch nie getragen. Dir steht er viel besser!»

Ich war sprachlos und überglücklich. Mir wurde noch nie ein Mantel geschenkt, geschweige denn ein solches Designerstück. Innerlich schrie ich: *Danke, Dschiiiises! Und danke, dass ich sogar ein Designerstück haben darf. Du weißt doch, dass ich nur noch in der Brocki*[17] *einkaufen wollte. Du bist so großzügig, danke, danke!*

Im Oktober war ich bei einer anderen Bekannten eingeladen. Die kannte ich so wenig, dass ich mit ihr «per Sie» war.

Auch sie kam plötzlich mit einem Wintermantel auf dem Arm daher. Auch der funkelnagelneu, ein exklusives Designermodell, passte wie eine Maßanfertigung.

«Ich habe ihn gekauft und nie getragen. Irgendwie steht er mir nicht. Ich dachte, dass er Ihnen bestimmt steht, und siehe da: Es stimmt. Ich schenke Ihnen das Teil!»

Ich bin fast gestorben. Vor Freude natürlich. Ist das nicht unglaublich?! Ich konnte es kaum fassen. Das war eine dieser Geschichten, wie sie nur Jesus schreiben kann. Gott ist so gewaltig und durch und durch unfassbar!

Die beiden Mäntel trage ich heute noch. Wenn ich sie anziehe, fühle ich mich speziell eng mit Jesus verbunden.

In der Heilsarmee habe ich über diese Mantel-Geschichte ein Zeugnis abgegeben, obwohl mir deren materieller Inhalt fast ein wenig peinlich war. Doch diese Geschichte lehrte mich, dass Jesus sich nicht nur für die großen Dinge interessiert, sondern auch für ganz Irdisches wie einen Manteltick, und das freute mich so sehr, dass ich gleich hundert Luftsprünge machte, mental natürlich. Ich liebte seine Überraschungen!

Er schimpfte nicht, sondern reagierte mit Humor und Verständnis. Und obwohl ich doch mantel-immun leben wollte, hatte er nicht nur meinen kühnen Wunsch erfüllt, sondern ihn mit einem Augenzwinkern auch gleich verdoppelt! Er machte das also nicht nur mit Fisch und Brot, sondern auch mit Wintermänteln. Und wenn er es mit Wintermänteln machte, dann machte er es mit allem.

Außerdem berücksichtigte er sogar meinen persönlichen Geschmack – von vor der Bekehrung –, als ich noch supereitel war. Und so ganz nebenbei hat sich mein Manteltick seit diesem Erlebnis in Luft aufgelöst, weil Jesus mir einen Spiegel vor das Näschen hielt. Gott liebt wirklich und wahrhaftig, auch unsere Schwächen. Und mit diesen Schwächen zusammen nimmt er uns ernst. Unser himmlischer Vater – ein Gott, der weiß, was jeder Mensch braucht, um ihn, den Schöpfer, zu lieben. Bei mir war und ist es das Staunen über seine Größe.

Einmal mehr hatte ich großen Grund zu staunen und dankbar zu sein: Mitte zwanzig hatte ich ein Schleudertrauma erlitten, nachdem ich einen vor mir stehenden Mercedes gerammt hatte. Seit mehreren Jahren litt ich wieder sehr darunter. Der Nacken wurde immer steifer, ich konnte ihn kaum mehr bewegen und befürchtete, den Führerschein bald abgeben zu müssen.

Dann beanspruchte ich mehrmals Heilungsgebete. Immer wieder wurde gebetet, aber die Schmerzen gingen leider nicht zurück. Ich kämpfte und wies sie weg, aber sie blieben. Dann schenkte ich ihnen keine Beachtung mehr. Hatte ich auch dafür gedankt? Nein, ich hatte nicht daran gedacht. Jedenfalls blieben die Schmerzen, aber sie beschäftigten mich nicht mehr.

Einmal legte der Pastor die Hände schwer auf meinen Kopf und betete um Heilung.

Danach fragte ich ihn, ob man eigentlich daran glauben müsse, damit Heilung eintrete.

Er antwortete: «Ja, sicher», und schob einen Bibelvers aus dem Alten Testament hinterher.

Ich erschrak, denn ich konnte mir eine Heilung überhaupt nicht mehr vorstellen, hatte schon viele Jahre zuvor resigniert. So bat ich Jesus, meinen Glauben an eine Heilung wiederherzustellen, und begann, für die Schmerzen und das Schleudertrauma zu danken.

Nach einiger Zeit stellte ich plötzlich fest, dass meine Schmerzen komplett weg waren, und so ist es bis heute geblieben. Der Nacken ist zwar nicht mehr so beweglich wie vor dem Unfall, aber das Abgeben des Führerscheins war überhaupt kein Thema mehr.

Kurz darauf fragte mich eine Berufskollegin, ob ich mit ihr zusammen einige Knigge-Seminare für die Schweizer Garde im Vatikan geben würde.

Ich sagte sofort zu, denn einen so speziellen Auftrag wollte ich mir nicht entgehen lassen. Am Flughafen wurden wir von einem uniformierten Chauffeur abgeholt – in einem Auto mit Vatikan-Kennzeichen. Wir wohnten in der Casa Anna, im selben Haus wie der Papst, und teilten auch das Esszimmer mit ihm und seiner Entourage.

Es war speziell, und obwohl ich keinen Bezug zum Papst hatte, war ich aufgeregt, als wir gemeinsam aßen. Selbstverständlich drehte er uns den Rücken zu, und wir hatten uns verpflichtet, ihn in Ruhe zu lassen. Papst Benedikt XVI.

war kleiner als angenommen, dafür war die Ausstrahlung sehr viel größer.

Die im Vatikan verbrachten Tage waren aufwühlend, denn wir führten viele tiefsinnige Glaubensgespräche. Überhaupt war der Glaube hier etwas Selbstverständliches.

Am Abreisetag wurden wir spontan zu einer Papstaudienz eingeladen. Die Stimmung war so ausgelassen, es war eine Riesenfete! Fröhliche Christen, die sich zulachten, in die Hände klatschten und Fahnen schwangen. Und die auf die Stühle stiegen, begeistert mitsangen und vor Freude jauchzten.

Ich hatte eine katholische Liturgie erwartet, aber ich kannte alle Lieder, sie gehörten auch zu unserem Gemeinde-Repertoire. Das erstaunte mich, denn ich war gelehrt worden, der Katholizismus vertrete viele bibelferne Inhalte. Hier aber verspürte ich die Gegenwart Christi dermaßen stark, dass ich mich selbst kaum mehr halten konnte.

Zu Hause bestätigte mir der Pastor, dass die Gegenwart Christi überall sein könne. Eigentlich machte es ja auch Sinn, denn Jesus will jedes Herz berühren.

Ich hatte das Gefühl, nun stabil genug zu sein, um mich wieder für die Yoga-Stunde anzumelden, denn Yoga ist meinem Körper immer sehr gut bekommen. Gesagt, getan. Ich wusste, dass nicht die Yoga-Übungen per se heikel waren, sondern das dahinterliegende Weltbild, weil es mit unserem christlichen Glauben nicht vereinbar ist. Ich hatte aber keine Angst, etwas zu vermischen oder mich unguten Mächten auszusetzen, denn ich war mir meines Schutzes sicher und war gewiss, dass mir nichts geschehen konnte.

Das Erste, was ich im schönen Yoga-Raum erblickte, war ein erhöht platzierter goldener Buddha, der den ganzen Raum dominierte. *Zoë, beachte ihn nicht, denk an Jesus!*

Als am Schluss der Lektion die Lehrerin mit vor dem Herzen zusammengehaltenen Händen ein indisches Mantra betete, faltete ich die Finger zur christlichen Gebetsgeste und betete innerlich das Vaterunser.

Die Yoga-Stunde tat mir gut. Aber am Nachmittag überfielen mich dieselben Kopfschmerzen, wie ich sie früher hatte. Zudem fühlte ich mich flattrig, nicht stabil. Ich konnte mich zwar wieder auffangen, aber es war ein harter Tag. Und die nächtlichen Attacken waren wieder ganz schlimm. Kurz und schlecht: Ich war schräg drauf!

Trotzdem ging ich in der folgenden Woche wieder dorthin. Vorsichtshalber zog ich die in der Bibel empfohlene «Waffenrüstung» an und schnallte sie fest. So fühlte ich mich geschützt und für alles gewappnet.

Doch das Gleiche wiederholte sich, aber diesmal noch heftiger. Den restlichen Nachmittag und den ganzen Abend verbrachte ich mit einem schmerzhaften Brummschädel vor dem Computer.

Ich hatte eine gloriose Idee gehabt: *Schauen wir doch mal am Bildschirm, wie es Huena geht, meiner ehemaligen Weggefährtin aus dem Schloss! Nur drei Minuten!* Nun ja, die Schleuse war offen, und nach dem Surf-Besuch bei Huena schaute ich noch bei fast allen anderen «schnell» mal rein. Trotz Brummschädel.

Nun verstand ich es endlich und ließ das Yoga sein. Es riss zu viele Türen und Fenster auf, und Durchzug ist mir schon als Kind nicht bekommen. Da hielt ich mich lieber an Mark Twain: «Es ist nie verkehrt, das Richtige zu tun.»

Und wie sah es bei Urs und mir aus, was war für uns das Richtige? Heiraten, weiterhin ohne Trauschein zusammenleben oder uns sogar trennen, weil ein gläubiger Mensch keinen Ungläubigen heiraten sollte? Und ich war ja auch keine Heilige mit meinen zwei Scheidungen.

Wir waren ratlos, und so bat ich Urs, gemeinsam mit meinem Pastor darüber zu sprechen.

Dieser fragte Urs mehrmals, ob er sein Leben Jesus übergeben möchte, aber Urs wollte nicht. Er hatte Angst vor ich weiß nicht was, es war diffus und deutlich spürbar, wie unangenehm ihm die Frage war.

Trotzdem ermunterte uns der Pastor zur Heirat. «Zoë, Urs ist ein wertvoller Mensch. Liebe ihn, und sei ihm im Alltag eine lebendige Predigt!»

Das zu hören tat gut.

Beim Hinausgehen sagte er leise: «Übe ja keinen Druck auf ihn aus, damit erreichst du höchstens das Gegenteil.»

Das hingegen war mir nicht neu.

Im Mai 2014 heirateten wir in Zermatt – mit unseren Trauzeugen zusammen. Über Nacht hatte es geschneit, und so wateten wir in den leichten Schühchen durch fast wadenhohen Schnee. Schneeflocken so groß wie weiße Rosenknospen zeigten uns den Weg.

Während der vier dort verbrachten Tage erblickten wir das Matterhorn nicht ein einziges Mal, bloß ein verhangenes Wolkenmeer. Wir fragten uns deshalb – und das feuerte die Diskussionen mächtig an –, ob das Matterhorn tatsächlich existierte oder nur eine Erfindung sei. So ähnlich wie Jesus, der auch nur für diejenigen existiert, die an ihn glauben.

Im Oktober feierten wir auf einem Schiff und luden die uns am nächsten stehenden Menschen ein, eine kunterbunte Mischung. Es war eine gute Gelegenheit, um mich vor Family und Friends in puncto Glauben zu outen.

Leider führte das dazu, dass mehrere langjährige Freunde den Kontakt schlagartig abbrachen. Das schmerzte, denn wenn ich früher Karten legte, wurde nie aus diesem Grund eine Beziehung abgebrochen, im Gegenteil.

Evelyne war auf dem Schiff auch mit dabei. Auch sie hatte sich vom Schloss verabschiedet, aber ansonsten war bei ihr alles wie früher. Sogar äußerlich hatte sie sich nicht verändert, derselbe Lidstrich, dieselbe Frisur, derselbe Boho-Einschlag. Und nach wie vor definierte sie sich ausschließlich über den Erfolg ihrer psychologischen Praxis. Genauso, wie wir es früher machten.

Ich verstand sie so gut, und gleichzeitig tat es mir weh, denn sie musste wahrscheinlich etwa dasselbe Leck haben wie ich damals, als ich noch vergeblich an Orten suchte, an denen Durst und Hunger nur kurzfristig gestillt werden konnten.

Ein paar Wochen später trafen wir uns, und ich erzählte ihr vom Alphalive-Glaubensgrundkurs, den wir in unserer Church durchführten, und lud sie ganz außerordentlich herzlich dazu ein. Auch sie war von diesem Schleier umgeben, der es ihr verunmöglichte, zu sehen und zu verstehen. Trotzdem, einem inneren Impuls folgend meldete sie sich für den Kurs an.

Auch Evelyne hatte viele Fragen, und es brauchte seine Zeit, bis sie sich dann schließlich für ein Leben mit Jesus entschied! Sie hatte besonders Mühe mit dem Gedanken, eine Sünderin zu sein, denn sie bezeichnete sich als Gutmenschen.

Immer wieder sagte sie, dass sie die Zehn Gebote befolge und sündenfrei lebe. Sie habe nie mehr als Parkbußen verursacht, sei nie untreu oder geschieden gewesen, bezahle alle Rechnungen termingemäß, sei spendabel, achtsam, selbstverständlich wertschätzend und liebe die Mitmenschen. Die Bibel liege schon lange auf ihrem Nachttischchen, und Jesus liebe sie auch, klar doch. Auch Beten sei für sie kein heikles Thema.

Im Alphalive-Kurs versuchten wir, ihr den Unterschied aufzuzeigen. Es gelang uns aber nicht wirklich. Wir beteten sehr intensiv während und außerhalb des Kurses, und am famosen «Heilig-Geist-Wochenende» war sie dann plötzlich bereit. Sehr ergriffen entschied sie sich für ein neues Leben an der Hand von Jesus.

Für mich war die Durchführung der Alphalive-Kurse das Größte, denn mein Herz schlug für die Menschen, die Jesus noch nicht kannten oder gar ablehnten.

Seit mehreren Jahren war ich Teil des Seelsorgezentrums unseres Heilsarmee-Korps und hatte mich ebenfalls als Heilsarmee-Soldatin einreihen lassen. Dabei erhielt ich denselben Vers wie seinerzeit bei der Erwachsenentaufe: «Ich habe dich je und je geliebt; darum habe ich dich zu mir gezogen aus lauter Güte.» Das verbindliche Glaubensbekenntnis und das Versprechen, Jesus treu zu folgen, erwiesen sich als richtig.

Kurze Zeit danach rief mich ein ehemaliger Trainer aus Süddeutschland an, mit dem ich früher Seminare gegeben hatte.

Er sagte: «Ich weiß ja, dass du keine Farb- und Stilseminare mehr gibst, und bedaure es immer noch. Trotzdem suche ich eine Trainerin für unsere Church, wen kannst du mir empfehlen?»

Ich freute mich über den Anruf, denn ich mochte ihn sehr. Er war ein paar Jahre länger gläubig als ich. Sofort wusste ich, dass ich selbst das Seminar geben wollte, obwohl ich längst kein Analyse-Material mehr besaß. In den verbleibenden Wochen nahm ich meine Malpinsel von anno dazumal hervor, kaufte dickes Papier und stellte eigenes Farbanalyse-Material her. Den Rest bestellte ich extern.

Vor Ort war es, als wenn ich mit den Beratungen gar nie aufgehört hätte. Alles lief geschmeidig und gut geölt, ich war im Flow. Dazu stellte ich zu meiner Verwunderung fest, wie unbeschreiblich glücklich mich diese Beratungen machten.

Es war einer dieser Tage, bei denen man einem dieser Mini-Impulse gehorchend die Straßenseite wechselt, um dann verwundert festzustellen, dass hier, nur ein paar Meter entfernt, plötzlich die Sonne lacht. Ein Gefühl, als wenn sich der Himmel öffnet, Jesus persönlich dir zuwinkt, lächelt und sagt: «Du bist mein geliebtes Kind, ich habe dich nicht vergessen!»

Es war ganz ähnlich wie damals, als mich in meinem ersten Gottesdienst nach der langen Odyssee eine Liebeswolke umfing.

Ich empfand die Freude des verlorenen Sohnes, als er wieder nach Hause fand. So musste es sich anfühlen, wenn man seiner Berufung folgte. Auch die Teilnehmerinnen ermutigten mich, meinen ursprünglichen Beruf wieder auszuüben.

271

Doch etwas hatte sich verändert. Früher ging es um mich als Expertin, die brillieren wollte. Heute aber ging es um die Frauen, ihre Bedürfnisse, Fragen und Unsicherheiten. Wahrscheinlich war es eine Folge des durch Jesus geheilten Herzens, dass ich fähig wurde, mich echt für die Menschen zu interessieren.

Das veränderte die Beratungen von Grund auf, und so stülpte ich nun keine Einheits-Schönheitstipps mehr über die Menschen, sondern ging auch hier, innerlich vom Heiligen Geist geleitet, individuell ganz unterschiedlich vor. Das machte die Beratungen auch für mich jedes Mal zum spannenden Abenteuer.

Urs freute sich sichtlich, dass ich mich mit dem Thema versöhnte und die Beratungen wieder aufnahm. Kurze Zeit darauf arbeitete ich wieder aktiv im Vorstand des Fachverbandes mit, und zwei Jahre später übernahm ich dessen Präsidium.

Es hatte mich also wieder gepackt, aber diesmal maßvoll. Ich führte einen verbandseigenen Blog ein und fütterte ihn mit wöchentlichen Beiträgen. Zudem sollte ich die künftigen Farb- und Stilberaterinnen der französischsprachigen Schweiz ausbilden. Aber die Zeiten hatten sich geändert, zum Unterrichten benötigte man mittlerweile eine Zusatzausbildung in Erwachsenenbildung, die ich als weitaus älteste Teilnehmerin auch noch absolvierte.

Wer mich kennt, weiß, dass ich lieber zuhöre, als dass ich selbst rede. Trotzdem begleitete mich das Reden vor Publikum schon mein ganzes Leben. Es begann als Auszubildende, als ich Klassensprecherin und Mitglied der Lehrlingskommission war, dann als Zentralsekretärin und schließlich als Selbständige mit den jahrelangen Seminaren, Kursen und dem Unterrichten.

Sogar als ich gläubig wurde, ging es damit weiter, denn mein Ausstieg aus der Esoterik war von Interesse. Seither war ich immer wieder als Referentin unterwegs. Sei es, um ein Zeugnis zu geben, als Gast eines Talk-Gottesdienstes oder sogar in Presse und Fernsehen. Das Reden scheint ein Teil meiner Tätigkeit zu sein, sogar bei Gott.

An diesem Punkt meines Lebens fühlte sich mein Berufsleben endlich wieder rund an, und ich war so glücklich und dankbar über die Vielseitigkeit meiner Tätigkeitsfelder: die Seelsorge, der Fachverband, die Beratungen, das Bloggen, das Reden vor Publikum und das gemeinsame Hobby mit Urs, die Bienen.

Ich fühlte mich in jeder Hinsicht angekommen und hatte ein gesundes Maß gefunden. Die Aktivitäten waren nicht mehr Kompensation für irgendeinen Schmerz, sondern ein Leben und Teilen meiner Werte und Stärken. Dasselbe Gefühl wie damals, als wir im Herbst bei den Großeltern die Äpfel pflückten. Wenn abends Kiste neben Kiste bis oben gefüllt mit gelben, roten und grünen Äpfeln die Nacht parfümierte, das miauende «Schnurrli» herumstrich, bis ich den Kater endlich streichelte – dieses Gefühl von Freude und Fülle erlebte ich nun wieder.

Nur ein Wunsch blieb unerfüllt: Die Beziehung zwischen Urs und Jesus. Selbstverständlich betete ich immer für ihn, aber er blieb distanziert und uninteressiert.

Eine erfahrene Glaubensschwester empfahl mir folgendes Gebet: «Jesus Christus, segne Urs und zeig ihm, wer du bist! Setze ihn aus seinem Gefängnis frei, so dass er dich erkennt. Besiege seine Überzeugung, er brauche dich nicht. Berühre sein Herz so, wie nur du es kannst. Du bist ein kreativer Gott, und du kennst Urs besser als sonst jemand. Ich danke dir!»

Die Gebetszeiten waren für mich sowieso immer das Schönste. Mein Lieblingsvers war aus dem Buch Jeremia, Kapitel 33, Vers 3: «Rufe mich an, so will ich dir antworten und will dir kundtun große und unfassbare Dinge, von denen du nichts weißt.»

Genau das bestätigte sich, als Claudia, die mich damals zum Glaubensgrundkurs eingeladen hatte, und ich feststellten, dass uns derselbe Herzenswunsch beschäftigte: ein Buch über gläubige Frauen zu schreiben und sie während ihrer Gebetszeit zu fotografieren.

Wir setzten uns zusammen, planten und legten zu dritt los. Der Dritte im Bunde war natürlich der Heilige Geist. Er führte uns vom ersten Tag an. Das Buch heißt *Frauen beten anders,* und wir richteten es speziell auf suchende Menschen aus, gerne aus der Esoterik, und selbstverständlich auch für Gläubige.

Wir stellten 56 ganz unterschiedliche Frauen vor. Das einzig Gemeinsame war der christliche Glaube. Dass der Fontis-Verlag uns Grünschnäbeln Vertrauen schenkte und das Buch veröffentlichte, konnten wir kaum fassen. Das war eines von vielen Wundern, die wir immer dann erlebten, wenn wir uns voll auf Jesus stützten.

Und erst das Gefühl, als ich an einem Samstagmorgen das erste Buchexemplar in den Händen hielt – ich werde es bis an mein Lebensende nicht mehr vergessen. Es war eine tiefe Dankbarkeit Jesus gegenüber und ein riesengroßes Staunen über sein Gnadengeschenk an Claudia und mich.

Im Sommer folgte der nächste Vertrauenstest: Versorgt Gott uns Menschen auch heute noch wie damals zu Zeiten der Jünger Jesu? Da mich ein «Glaube light» etwa so sehr interessierte wie wässriger Filterkaffee, wollte ich es wissen.

So nahm ich an einem Einsatz teil, der von «Mission2go» durchgeführt wurde. Wir waren zu zweit oder zu dritt ohne Geld unterwegs, nur mit Rucksack und Schlafsack. Es ging darum, zu evangelisieren und darauf zu vertrauen, dass Gott uns mit Nachtlagern und Essen versorgte. Meine Tandempartnerin war die Jüngste und ich die Älteste der über zwanzig Teilnehmer; sie sechzehn, ich 61. Alle hatten sechs oder sieben Personen für regelmäßige Gebetsunterstützung organisiert.

274 Einige Freunde machten sich im Vorfeld Sorgen um

mich: «Du bist doch viel zu alt für so was! Was machst du denn, wenn es regnet oder du kein Nachtlager findest?»

Ich wusste den Höchsten an meiner Seite, und «schlimmstenfalls» löschte er mein Lebenskerzlein aus, aber wenn, dann nicht wegen fehlendem Bett, sondern weil meine Zeit hier unten abgelaufen war.

Sara und ich verstanden uns blendend, es gab weder Spannungen noch Diskussionen. Mein größter Wunsch war gewesen, dass ich jeden Morgen duschen und einen Kaffee trinken konnte.

Das Organisationsteam fand jedoch, es wäre gut, solche Gewohnheiten loszulassen, und wahrscheinlich hatten sie recht.

Trotzdem zählte ich auf meinen verständnisvollen Jesus. Er sorgte tatsächlich dafür. Es klappte wirklich jeden Tag, und dafür war ich sehr dankbar.

Sara und ich sollten die Woche in St. Gallen verbringen. Wir stiegen an einem heißen Samstagnachmittag aus dem Zug, die Stadt war sozusagen menschenleer. Es war abgemacht, jeden Tag erst ab vier Uhr nachmittags für eine Schlafunterkunft zu sorgen, vorher sollten wir uns führen lassen, mit fremden Menschen beten oder sprechen; was sich eben gerade ergab.

Wir hatten beide das Gefühl, dass uns eine leichte Woche bevorstehen dürfte, und das bestätigte sich. Trotzdem hatten auch wir Problemchen, einmal wäre zum Beispiel ein Eis hochwillkommen gewesen – aber ohne Geld?

Als die Zeit fürs erste Nachtlager gekommen war, beteten wir unter einem schattigen Baum: «Jesus, führe uns dorthin, wo du uns für diese Nacht haben willst. Zeig uns den Weg auf eine Weise, die wir verstehen, und so lange, bis wir im richtigen Haus ankommen!»

Nun warteten wir auf einen ersten Eindruck, dem wollten wir vertrauen. Er lautete: «Weißer Bus!» Etwas seltsam, aber wir akzeptierten. Innerhalb der nächsten zehn Minuten folgten wir drei weißen Bussen, die uns die Richtung wiesen. Der letzte stand vor einem Haus, bei dem wir klingelten. Dort verbrachten wir die erste Nacht.

Am nächsten Tag hatten wir nichts zu essen, und irgendwann knurrte der Magen. Wir hatten Lust auf Pommes, Pizza, Pannacotta, Paella, Pasta, Parmesan, Piri Piri, Popcorn, aber das war alles Pustekuchen. Schließlich dösten wir in der prallen Sonne weg und fielen immer wieder fast von der Bank herunter.

Plötzlich schubste mich Sara: «Schau, da kommen zwei Kolleginnen!» Die winkten und lachten: «Wir bringen euch Essen, wir haben viel zu viel!»

Sogar Pasta mit Pesto war dabei. Herrlich!

Danach boten wir unbekannten Menschen auf der Straße Gebete an. Die meisten lehnten verständnislos dreinschauend ab, doch ab und zu ergaben sich Herzensgespräche.

Dann war wieder Zeit, um ein neues Lager zu beten. Der erste Eindruck kam postwendend: «Zweistöckiges Haus mit weißem Strukturputz und seitlichem Anbau. Die Haustür ist im Anbau.»

Bald erreichten wir ein solches Haus, aber die Haustür war nicht im Anbau. Als wir klingelten und eine Frau öffnete, war sofort klar, dass das nicht unser Ort sein konnte.

Jesus lehrte uns die nächste Lektion: Er ist ein präziser Gott; seine Anweisungen funktionieren nur, wenn sie präzise gemäß unseren Eindrücken befolgt werden. Kurz darauf sahen wir das exakt übereinstimmende Haus:

«Guten Tag, wir sind ohne Geld unterwegs wie die Jünger zur Zeit von Jesus. Wir suchen ein Nachtlager und möchten Sie fragen, ob wir heute bei Ihnen übernachten dürfen. Wir haben den Schlafsack dabei, können überall schlafen.»

Wir erhielten fröhliche Spaghetti und ein Lager.

Am nächsten Morgen machten wir Pause auf einer Kirchentreppe, die geschenkte Tasche voller Lebensmittel hielt es nicht mehr aus und wollte Gewicht verlieren. Wir beteten gerade, als uns der Hauswart einen Kaffee offerierte.

Daraus wurden viele gemeinsam verbrachte Stunden, die Jesus ganz offenkundig zu meiner Heilung inszeniert hatte.

Dieser Mann hätte der Bruder meines Ex-Gatten Milan sein können. Er und Milan stammten aus derselben Gegend, aber dieser Mann hier war tiefgläubig. Als wenn es das Selbstverständlichste auf der Welt wäre, erzählte ich ihm von Milan und all den verschleppten Wunden, die mir erst jetzt bewusst wurden.

Am Schluss betete er für mich, und plötzlich fühlte ich mich wie gut riechende, frisch gewaschene Wäsche.

Sara saß die ganze Zeit dabei und langweilte sich keine Sekunde.

Nachher verbrachten wir zwei Tage bei einer Bauernfamilie in Not. Wir waren vielleicht nicht die umtriebigsten Mägde, dafür dockten sie wieder am Himmel an. Einen Tag lang stachen wir Blacken, also Stumpfblättrigen Ampfer, ein schwer auszurottendes, giftiges Unkraut mit tiefen und sehr zähen Wurzeln. Beim stundenlangen Stechen sammelte ich Parallelen zwischen Blacken und einem Verhalten, das Gott keine Freude macht.

Zum Abschied erhielten wir hundert Franken. Wir fühlten uns reich wie nie, und unsere Rückfahrkarten waren somit auch bereits finanziert.

Wir lernten, unseren Eindrücken immer mehr zu vertrauen. Wenn wir das taten, erhielten wir ein Bett und volle Teller mit Nachschlag. Machten wir aber einen Misstritt in eigene Ideen, wollte man uns nicht aufnehmen, oder wir erlebten anstrengende Situationen.

Kaum hatten wir es geschafft, vertrauensvoll vorwärts zu gehen, war Schluss mit den Eindrücken. Da war gerade Halbzeit. Von da an hatten wir kein einziges Bild mehr, aber ein innerer Kompass sagte uns, in welche Richtung wir gehen sollten. Dadurch lernten wir, auch ohne konkreten Plan oder Eindruck zu vertrauen.

Diese Woche war eine Intensivschulung mit dem himmlischen Daddy, Kost und Logis inbegriffen, und am Schluss einem Kilogramm mehr auf der Waage!

Am Ende hatten wir ein großes JA: Jesus versorgt auch heute noch. Jedoch mit einem Vorbehalt: Jesus versorgt nur dann aus der Fülle, wenn er für alles zuständig ist, wenn wir von ihm fürs ganz Große und nicht bloß für den kosmetischen Feinschliff abhängen. Er will, dass wir «nackt auf dem Eis tänzeln», dann wird er uns von A bis Z versorgen. Er ist mehr als ein Retter in der Not. Nein, Gott ist ein Gott fürs Ganze. Er will unser Vater sein, und ein Vater sorgt gut für sein Kind. Er ging so weit, dass er sogar sein Leben opferte, um das seines Kindes zu retten.

Und dann wurde ein weiteres «Kind» gerettet. Auf einen Schlag erlebte ich Gebetserhörung und meinen Jesus einmal mehr in Bestform. Er machte einfach nie halbe Sachen. Und sie waren stets perfekt abgestimmt auf die Bedürfnisse der jeweiligen Kandidaten.

Urs unterlief ein kleiner Fehler mit Malfarben. Es war wirklich keine große Sache. Wenn mir das Gleiche geschehen wäre, hätte ich nur gelacht und gesagt: Es gibt unendlich viel Schlimmeres.

Aber für ihn brach sein ganzes Kartenhaus zusammen. Innerhalb weniger Minuten war er untröstlich und am Boden zerstört. Hatte er bisher immer behauptet, «diesen Jesus» nicht zu brauchen, sagte er nun kleinlaut: «Ich sollte wahrscheinlich reinen Tisch machen. Ich möchte einen Termin bei Beat Schulthess.»

Bereits am übernächsten Abend saßen wir zu dritt zusammen. Urs war sehr bewegt. Der Pastor fragte ihn mindestens fünf Mal, ob er sicher sei, dass er sein Leben Jesus übergeben wolle. Jedes Mal bejahte Urs mit vollster Überzeugung. Was für ein Unterschied zum ersten Gespräch! Seitdem ist er ein Gotteskind, und das vertiefte unsere Beziehung auf eine Weise, wie sie nur Jesus vollbringt.

Es war typisch für mich, anzunehmen, dass Urs genau dasselbe glauben und genauso unterwegs sein würde wie ich. Wie ein kleiner Klon von mir, sozusagen.

Mittlerweile bin ich dankbar dafür, dass Jesus mir einmal

mehr liebevoll über die Haare strich und sagte: «Zoë, beruhige dich, vertraue mir, ich habe einen viel besseren Plan für deinen Mann!»

Heute weiß ich, wieso auf der Wiese nicht nur eine einzige Blumenart wächst. Natürlich wäre es auch nett, wenn rund um die Erdkugel nur blaue Vergissmeinnicht blühten. Doch wenn ich es nur ansatzweise durchdenke, würden daraus viel größere Probleme entstehen als durch Gottes Vielfalt.

Gott ist unermesslich kreativ, und deshalb erschuf er eine riesige Fülle an unterschiedlichen Pflanzen, die nicht einmal alle gleichzeitig blühen. Er kennt trotzdem jedes einzelne Pflänzchen und gebraucht es auf eine ganz besondere Weise.

So sind auch Urs und ich und überhaupt alle Glaubensgeschwister eigenständige Pflänzchen, unterschiedlich und trotzdem gleichwertig. In Gottes Reich gibt es keine Klone, nur Originale! *Voilà!* Das war meine himmlische Nachhilfestunde zu diesem Thema.

Am darauffolgenden Karfreitag hatte Urs ein unvergessliches Erlebnis. Im Gottesdienst schauten wir eine Filmsequenz über die Kreuzigung Jesu. Die Kamera zoomte auf den blutenden und leidenden Jesus, dessen Gesicht schmerzverzerrt war.

Ich schloss die Augen, und Urs entschlüpfte gleich darauf ein leiser Schrei, dann brach er zusammen. In diesem Moment zeigte ihm der Heilige Geist, was für unermessliche Schmerzen Jesus für ihn und uns alle am Kreuz auf sich geladen hatte. Und was für ein wunderbares Geschenk, das schlussendlich für ihn und uns alle gilt. Das verstand Urs plötzlich in einer ganz neuen Tiefe, und wochenlang hatte er nur noch ein Thema: seine Erfahrung an Karfreitag.

Doch es gab auch etwas anderes, das uns immer wieder beschäftigte und das deutlich unangenehmer war. Mein Albtraum. Trotz Befreiungsgebet hatte ich ihn immer noch. Urs schreckte wegen meinen Schreien auch immer auf, es war für uns beide belastend. Viele Menschen hatten dafür gebetet – und ich natürlich auch. Zwar kam der Albtraum seltener, und ich schrie nicht mehr, sondern wimmerte nur noch. Trotzdem, ich war noch nicht frei davon.

Eine Glaubensschwester sagte, ich solle mich jeden Abend unter das Blut Jesu stellen und beten: «Ich stelle mich unter dein Blut, Jesus Christus. Du bist auch für die Attacken und den Albtraum gestorben, und deshalb weise ich beides zurück. Dein Blut beschützt mich und ist stärker als jeder Angriff aus der unsichtbaren Welt. In deinem Namen ziehe ich eine schützende Blutlinie um mein Bett und um das Haus. Nichts und niemand kann dein kostbares Blut durchdringen oder zerstören. Ich schlafe in der Geborgenheit unter dem Schutz deines Blutes und wache morgen gestärkt auf.»

Wenn ich das betete, war tatsächlich Ruhe. Dann nahm ich an, dass ich jetzt frei war, oder vergaß das Ganze, und nach ein paar Tagen war alles wieder beim Alten. Ich wollte das nicht akzeptieren, war aber ziemlich ratlos. Eigentlich sollte ich doch frei sein. Und ich wusste, dass Jesus auch dafür am Kreuz gestorben war. Ich wusste auch, dass ich mit Jesus am Kreuz gestorben und mit ihm auferstanden war – als neue Schöpfung ohne Albtraum und ohne Attacken.

Aber wieso, wenn das so war, wieso war trotzdem beides immer noch da? Hatte ich etwas falsch gemacht? Ich rang mit Jesus im Gebet und auch mit mir. Und entschloss mich nach monatelangem Abwägen zu einer christlichen Trauma-Seelsorge.

Ich meldete mich bei einem älteren Ehepaar aus unserer Gemeinde an. Das Zentrum ihrer Wohnung war ein sehr langer und relativ breiter Korridor. Vom dem aus erreichte man alle Zimmer, die Küche, das Bad und den Ausgang. Das gab mir Vertrauen für meine Seelsorge bei ihnen. Wenn es möglich wäre, mein Innenleben rund um den Albtraum ebenso klar zu ordnen, wie die Architektur ihrer Wohnung strukturiert war, dann erwartete mich Gutes.

Die Seelsorge fand im Wohnzimmer statt. Auf dem Tisch stand ein älteres Nähmaschinenmodell, daneben begonnene Flickarbeiten. Oha, da war doch tatsächlich jemand, der noch Wäsche flickte.

Jeder Fenstersims war vollgestellt mit – blühenden – Orchideen. Das war doch gar nicht möglich. Die mussten aus Plastik sein. *Schnell ein wenig draufdrücken.* Tatsächlich, die waren alle echt.

Das Ehepaar saß immer eng nebeneinander auf dem Sofa. Sie sahen aus wie die Menschen aus den herzberührenden Heimatfilmen der Fünfzigerjahre: einfach, akkurat, herzlich. Es fehlte nur noch der Geruch vom Hefezopf im Backofen. Bei der nächsten Sitzung war auch das der Fall. Ein anderes Mal standen Kuchenbleche voller Anis-Chräbeli[18] auf dem Wohnzimmertisch.

«Die müssen trocknen, damit die Guetzli ‹Füßchen› bekommen», sagte die Frau, «sonst sind sie steinhart. Richtige Anis-Chräbeli haben einen luftigweichen Boden, und nur die Spitzen sind hart. So sollen richtige Anis-Chräbeli sein.» Erklärte sie.

Interessant, sogar bei den Anis-Chräbeli kommt es auf den richtigen Mix an. Nicht zu hart, nicht zu weich, wie im richtigen Leben.

Die Frau war eine gewaltige Beterin, ich hätte ihr stundenlang zuhören können. Sie sprach eher leise. Ihre sanfte Stimme mit dem rollenden «R» wirkte sehr elegant. Wenn sie zu beten begann, konnte ich mich gleich entspannen.

Der Mann erklärte mir das Vorgehen. Warum man was wie machen könnte, und ob ich bereit sei. Er stellte kluge Fragen, und beide hörten genau zu. Zwischendurch berieten sie sich. Sie gaben keine prophetischen Eindrücke weiter und gingen sorgfältig vor, denn sie wollten eine Retraumatisierung meinerseits vermeiden.

Dass ich mit meinem Albtraum-Thema zu ihnen ging, fühlte sich goldrichtig an. Ich durfte mich fallen lassen.

Ohne dass ich etwas erwähnte oder damit rechnete, landeten wir bei der ersten Sitzung gleich beim Missbrauch, den ich als Kind erlebt hatte. Das Vorgehen der christlichen Trauma-Seelsorge unterschied sich völlig von meiner früheren, humanistisch inspirierten Trauma-Therapie. Hier lernte ich, Jesus in alle schwierigen Momente und Situationen hineinzurufen, quasi hineinzubeten.

Es war glücklicherweise nicht notwendig, sich an alles im Detail zu erinnern oder den Seelsorgern «Kleingedrucktes» aufzutischen. Es funktionierte trotzdem, denn Jesus war auch diesmal größer. Und er heilte sanft, schnell und nachhaltig.

Es gab zwar auch himmeltraurige Momente, in denen ich zu ersticken drohte. Überhaupt fühlte ich mich noch einmal so richtig durch und durch schäbig. Jedoch: Nach nur fünf oder sechs Sitzungen war mein Albtraum weg! Seither habe ich ihn kein einziges Mal mehr gehabt. Das ist ein Wunder.

Waren diese zuletzt konsultierten Seelsorger wirklich so viel fähiger als die früheren Therapeuten, bei welchen ich unzählige Sitzungen gebucht hatte? Systemische Symptom-Aufsteller, nichtchristliche Trauma-Therapeuten, klassische Gesprächstherapeuten und Komplementärmediziner – alle neben der Spur? Vermutlich nicht, die waren bestimmt auch kompetent.

Aber zwischen diesem Ehepaar und den anderen Therapeuten gab es einen entscheidenden Unterschied. Keiner meiner vorherigen Therapeuten kooperierte nämlich mit dem Heiligen Geist. Sie vertrauten ausschließlich auf ihr eigenes Können. In der christlichen Trauma-Seelsorge hingegen ließen sich die Seelsorger vom Heiligen Geist führen und luden Jesus ein, das Zerbrochene zu heilen. Und er hat es getan.

Trotzdem ist die Frage berechtigt: Wenn Jesus heilte, wieso war der Albtraum dann nicht bereits mit der General-Lossage verschwunden? Ich weiß es nicht. Offenbar gehörte ich zu denjenigen, bei denen die Worte von Jesus am

Kreuz: «Es ist vollbracht», nicht ausreichten. Warum auch immer. Glauben ist Vertrauen.

Mit meiner Geschichte will ich weder die Esoterik noch den Schamanismus schlechtmachen. Denn beides gehörte zu meinem Lebensweg, und ich bin dankbar für alle Erfahrungen, denn schließlich führten sie mich zu Jesus. Und genau darum ging es mir: mit diesem Buch das Eingreifen Gottes in meine Geschichte zu bezeugen! Ihn, für den es keine hoffnungslosen Fälle gibt.

Mögen noch ganz viele Menschen zur Quelle der Liebe kommen, zu Jesus, unserem Heiland.

Wenn wir auch fliehen, du bist uns nah.
Was wir auch denken, du weißt es schon.
Was wir auch fühlen, du wirst verstehn.
Und wir danken dir, dass du uns kennst
und trotzdem liebst.

Ja, ich danke dir, dass du mich kennst
und trotzdem liebst.[19]

Zoë Bee

Epilog

Was wohl aus den Protagonisten geworden ist?

Inzwischen sind sieben Jahre vergangen, seit ich mich für ein Leben mit Jesus entschieden habe. Ich habe es noch keine Sekunde bereut, denn mein Leben hat sich geordnet, und es ist Ruhe eingekehrt – und seit einiger Zeit sogar eine innere Heiterkeit. Davon wagte ich früher nicht einmal zu träumen. Und, so ganz nebenbei ... meine Lebensfragen sind längst beantwortet!

Urs und ich feierten das 20-jährige Zusammensein und bereits den vierten Hochzeitstag. Er ist der erste Mann, mit dem ich mich darauf freue, zusammen alt zu werden.

Von meinen Geschwistern leben noch die Brüder und ihre Angehörigen. Wir sehen uns nur selten. Dann geloben wir uns jeweils, uns nun öfters zu treffen. Aber dann kommt irgendwie immer das Leben dazwischen.

Meine tiefgläubige Schwester ist leider bereits gestorben. Ein paar Stunden vor ihrem Hinscheiden war im Korridor und in den nahegelegenen Zimmern plötzlich ein überirdisch schöner Chor zu hören. Die Mitbewohner des Pflegeheims bezeichneten ihn als eine Art Engelschor. Sie beschwerten sich sogar, weil sie keine Einladung erhalten hatten, und monierten, das Personal solle sie beim nächsten erneut so außergewöhnlich schönen Chor dann doch bitte unbedingt einladen. Ein Engelschor für meine Schwester? Irgendwie passt es, sie war schon immer sehr speziell.

Mein erster Ehemann Georges und ich sind nach wie vor gute Freunde. Er ist ein reisefreudiger Rentner, und mit seiner langjährigen Partnerin besucht er mich ab und zu. Er hat kein zweites Mal geheiratet. Vom Glauben ist er leider abgekommen, aber auf einer intellektuellen Ebene unterhält er sich gerne darüber.

Der algerische Ex Yasser lebt nicht mehr. Von seinem Tod

habe ich nur durch Zufall erfahren, denn nach seiner Ausweisung hatten wir nie mehr Kontakt.

Vom Ex «Tadzio» sehe und lese ich regelmäßig in den Medien. Er war zweimal verheiratet und hat insgesamt fünf Kinder. Letztes Jahr haben wir uns einmal getroffen. Wir erschraken beide über das gealterte Aussehen – des anderen.

Mit dem zweiten Ehemann Milan habe ich nur dann Kontakt, wenn es von Amts wegen notwendig ist, und das ist höchst selten. Er heiratete nochmals und wurde auch von dieser Frau verlassen. Heute lebt er die meiste Zeit in seinem Heimatland.

Evelyne ist im Ruhestand. Ich sehe sie sehr oft im Gottesdienst.

Den Bienen geht es gut, von 25 Völkern haben wir auf sechs reduziert. So sind wir beim Auswendiglernen der Namen schneller durch und haben auch sonst viel weniger Arbeit.

Von unseren vier Katzen leben noch drei. Sie sind allesamt ziemlich neurotisch, keine Ahnung, wieso. Hauptsache, sie gewähren uns immer noch ein knapp gehaltenes Wohnrecht in ihrem Haus.

«Unruhig ist unser Herz,
bis es Ruhe findet, oh Gott, in dir.»

Augustinus

Der nächste Schritt

Gesetzt den Fall, dass Sie meine Lebensreise bis hierhin begleitet haben: Wie geht es Ihnen jetzt?

Kann es sein, dass Sie sich vielleicht fragen: «Okay, und was kann ich nun tun?» Oder: «Inwiefern betrifft das Gelesene mich selbst? Welche Parallelen erkenne ich zu meinem eigenen Leben?» Oder gar: «Hand aufs Herz, könnte es sein, dass es in meinem eigenen Leben einen nächsten Schritt zu tun gäbe, den ich bisher nicht gegangen bin?»

In der Bibel steht: Wo der Geist des Herrn ist, da ist Freiheit. Ich, Zoë Bee, bürge mit meinem eigenen Namen und Leben dafür, dass diese Aussage wahr ist. Es lohnt sich mehr als alles andere, diese Freiheit kennen zu lernen.

Wenn Sie dabei Unterstützung brauchen, schreiben Sie mir an: autor@fontis-verlag.ch. Ihre Nachricht wird vertraulich behandelt und selbstverständlich nicht an Dritte weitergegeben.

Alles Liebe,
Zoë Bee

Dank

Vielen Dank meinem Mann Urs! Er hielt mir beim Schreiben monatelang den Rücken frei, hörte geduldig zu, wenn ich ihm meine weltall-umspannenden Probleme erzählte; er akzeptierte unfreiwilliges Fasten, weil ich einzukaufen vergaß, und war einmal mehr der kritische Förderer im Hintergrund.

Vielen Dank an alle Beterinnen und Beter, die so treu für mich gebetet haben, damit ich durchhielt und das Buch entstehen konnte! Allen voran Heidi Marguth und Christine Binggeli.

Vielen Dank an Aline Baumann! Sie war viel mehr als meine Supervisorin und gab dem Manuskript eine sinnvolle Struktur.

Vielen Dank an Beat Schulthess! Sorgfältig und voller Weisheit überprüfte er die geistlichen Inhalte des letzten Kapitels.

Und ein großes Dankeschön an den Fontis-Verlag! Während ich vor dem leeren weißen Blatt brütete, zweifelte ich manchmal am Gottvertrauen der Verlagsleitung in Bezug auf dieses Buch: Könnte es sein, dass sie sich verhört hatten? Doch sie unterstützten mich immer wieder, ich fühlte mich sehr getragen. Ganz herzlichen Dank, Dominik Klenk, Verlagsleiter, und Christian Meyer, Cheflektor, mitsamt dem Lektoratsteam mit Vera Hahn und Anne Helke.

Anmerkungen

....

[1] Dieses Mal definitiv fertig mit Kindern.

[2] Helanca ist ein hochelastisches, texturiertes Polyamidfilamentgarn.

[3] Eine englische Schreibschrift, die gerne in der Kalligrafie verwendet wird.

[4] Einer der Väter der Analytischen Philosophie; Philosoph, Mathematiker und Logiker.

[5] Netzdefinition: Dualseelen sind ursprünglich eine Seele, die sich in zwei Seelen geteilt hat.

[6] Das bezieht sich auf «Marienkind», das dritte Märchen aus den Kinder- und Hausmärchen der Brüder Grimm.

[7] Leicht abgeänderte Version des Märchens, wie es hier zu finden ist: https://www.grimmstories.com/de/grimm_maerchen/der_susse_brei; Stand: 1.6.2018.

[8] Die erste von sechs Strophen aus dem Gedicht «Gesang der Geister über den Wassern» von Johann Wolfgang von Goethe aus dem Jahr 1779 (Quelle: de.wikipedia.org).

[9] Albert Anker (1831–1910) war ein Schweizer Maler, Grafiker und Genremaler des schweizerischen Volkslebens.

[10] Heute Montenegro.

[11] sterilisieren.

[12] Siehe Kapitel 4.

[13] «Bünzli» ist im Schweizerdeutschen eine abwertende Bezeichnung für eine geistig unbewegliche, kleinkariert denkende und ausgeprägt gesellschaftskonforme Person, mithin ein Synonym für Spießbürger (Quelle: de.wikipedia.org).

[14] Meist wird die Alchimie für die Kunst gehalten, unedle Metalle in edle zu verwandeln, wie z. B. Blei in Silber oder Gold (das ist meist die Alchemie; beide Begriffe werden aber gerne für beides verwendet). Die Alchimie jedoch ist ein philosophisches System mit dem Ziel, die Mysterien der Schöpfung und des Lebens zu durchdringen. Der Alchimist versuchte den Mikrokosmos des Menschen mit dem Makrokosmos des Universums in Einklang zu bringen (Quelle unter anderem: https://www.wege.org/alchemie.html).

[15] Ein Trompe-l'œil (frz. «täusche das Auge», von *tromper*, «täuschen», und *l'œil*, «das Auge») ist eine illusionistische Malerei, die mittels perspektivischer Darstellung Dreidimensionalität vortäuscht (Quelle: de.wikipedia.org).

[16] Epheserbrief 5,20. Lutherbibel.

[17] Brockenhaus oder Brockenstube: schweizerische Bezeichnung für ein Sozialkaufhaus.

[18] Chräbeli, Brezeli, Biscuits, Chrömli, Guetzli, auch Guetzi, Güetzli, Güetzi, Guatzli = schweizerisch für Plätzchen.

[19] Nach dem Liedtext von Albert Frey: «Wo ich auch stehe» (nach Psalm 139,1–12).